■ 本书系广州市哲学社科规划2023年度课题"广州建设海洋强市研究：以涉海法律保障广州海洋经济高质量发展为视角"（2023GZGJ216）的研究成果。

厦门大学商法学论丛

Reshape the Limitation of Liability for Maritime Claims under the System of Civil and Commercial Law

民商法体系下海事赔偿责任限制的重塑

王沛锐 ◎ 著

厦门大学出版社
国家一级出版社
全国百佳图书出版单位

图书在版编目（CIP）数据

民商法体系下海事赔偿责任限制的重塑 / 王沛锐著. 厦门 : 厦门大学出版社，2025.5. --（厦门大学商法学论丛）. -- ISBN 978-7-5615-9753-8

Ⅰ. D997.4

中国国家版本馆 CIP 数据核字第 2025GT4159 号

责任编辑　郑晓曦
美术编辑　张雨秋
技术编辑　许克华

出版发行　厦门大学出版社
社　　址　厦门市软件园二期望海路 39 号
邮政编码　361008
总　　机　0592-2181111　0592-2181406(传真)
营销中心　0592-2184458　0592-2181365
网　　址　http://www.xmupress.com
邮　　箱　xmup@xmupress.com
印　　刷　厦门市明亮彩印有限公司

开本　787 mm×1 092 mm　1/16
印张　14
插页　2
字数　346 千字
版次　2025 年 5 月第 1 版
印次　2025 年 5 月第 1 次印刷
定价　68.00 元

本书如有印装质量问题请直接寄承印厂调换

厦门大学出版社
微信二维码

厦门大学出版社
微博二维码

谨以此书献给恩师何丽新教授。

总序

一直以来,厦门大学法学学科将海商法与保险法归入民商法体系。此种"独具特色"的教学和科研模式,虽然在一定程度上显得有些另类,却也颇能"自得其乐",并"创造性"地成就了一批从民商法视角研究海商法与保险法的青年才俊。保险法的民商法分支地位自不必说,但理论界对海商法在法律体系中的定位长期存有争议。海商法伴随以海为主的水上运输和国际贸易法律关系而生,国内学者多认为海商法是国际经济法的分支部门法,注重发挥和挖掘海商法的自体性,但对于民商法理念、制度的共通性思考较少。呈现在大家面前的是"厦门大学商法学论丛",以系列专著的形式集中探究海商法与保险法的前沿热点问题。此系列专著的作者均是本人指导的民商法学专业博士,他们潜心钻研、思想敏锐,有强烈的学术进取和创新开拓精神,在如马里亚纳海沟般"又窄又深"的海商法和似太平洋般"又宽又广"的保险法领域辛勤耕耘,犹如一股股涓流般地注入我国海商法保险法的研究长河。于是,本人应邀为序,希望越来越多的学子们为商法的"小众"分支——海商法与保险法的研究添砖加瓦。

海商法主要调整船舶关系和海上运输关系,存在相对独立的调整对象和较为完整的规范体系。从规范的表现形态而言,海商法是包含私法和公法、国内法和国际法等相关元素在内的法律规范的综合体。海商法中虽存在部分以海事主体的权利义务关系为调整对象的公法性条款,但并不影响民商法规范在海商法中的主体地位,海商法应定性为民法的特别法。

《民法典》堪称我国民事立法史上一座伟大的丰碑,是中国特色社会主义法律体系的重要组成部分,是民事领域的基础性、综合性法律。作为私法领域基本法,《民法典》具备统摄私法体系的功能。《民法典》的出台和实施,可以实现对我国私法体系的重大完善。《民法典》采用"民商合一"的立法体例,不仅调整民事活动和民事关系,而且规范商事活动和商事关系。《民法典》兼顾民法和商法共同的理念,兼容了民法性质和商法品格,不仅为各类民商事活动在民商法体系下提供基本行为规则,还给包括海商法保险法在内的商事法律规范留有必要的弹性空间。在民法典视域下研究海商海事制度,强调的是将海商法理论与民法理论有机融合,而非强行比照《民法典》的"身材"削足适履。这就要求,不得因《民法典》而改变海商法的特色制度和规定,而是要在制度层面使海商法的法律制度与民商法相关法律制度相衔接,在相同或相近的法理基础和法律原则下,形成相互联系或衔接的民商法体系,以强化海商法的系统性和完整性。

保险,其本义是通过商业行为而建构的风险损失分散制度,故保险法是调整商业保险关系(不包括社会保险关系)的法律规范总称。我国现行《保险法》将保险合同法和保险业法"合二为一",实现了保险私法与保险公法的融合。学界多有共识,先有海上保险法,后有陆上保险法。由于我国的保险业是舶来品,20世纪90年代的保险立法(包括《海商法》中的海上保险一章)多以借鉴国外保险法为研究进路,尤其是英国《1906年海上保险法》,对我国《海商法》的海上保险部分影响深远。在英美法系国家,保险法主要是作为一个独立的法律部门存在。而在我国,由于从海上保险制度演变发展而来的保险合同法在保险法中占据主体地位,保险法成为民商法的构成部分,自然是水到渠成。保险法作为民事特别法的内涵意蕴,意味着保险法既要遵循民法的一般规则,又要反映保险关系特性的特殊规定。《民法典》的法典性地位,对保险法的发展产生深刻影响,保险法也将为《民法典》的全面实施添砖加瓦。

基此,海商法学者多从海上保险法研究拓展至陆上保险法研究,海商法和保险法兼而研究的学者在国内较为常见,"厦门大学商法学论丛"因而以 MARITIME & INSURANCE LAW 为 LOGO,在海商法和保险法的研究中突出民法品格。但我们深知,本系列专著的研究内容中必存欠缺乃至错误,恳请各位专家批评指正。

本套丛书的出版得到了厦门大学法学院和厦门大学出版社的鼎力支持,在此一并表示感谢!

何丽新

序

海事赔偿责任限制制度是一项古老的海上制度，其起源甚至可以追溯至古罗马时期，经过多年的发展，这项制度并未淹没在历史的洪流中，相反，仍然在海上运输中发挥着举足轻重的作用。现代社会中，随着人类抵抗海上风险能力逐渐增强，海事赔偿责任限制制度赖以存在的基础也受到质疑，该项制度应如何进行完善以因应航运科技的冲击？海事赔偿责任限制制度的独特性是否削弱？这些问题难以回避。

本书是王沛锐博士跟随我参与2017年启动的《海商法》修订课题研究工作期间完成的学术结晶。在厦门大学研读四年期间，他参与了数十场专家论证会、研讨会和实地调研活动。在这个过程中，他敏锐地发现：海事赔偿责任限制制度虽在《海商法》修改建议稿中占据的篇幅不大，但船货双方却围绕这部分内容展开了多轮争锋，未能达成共识，特别是针对海事赔偿责任限制的权利主体、限制性海事请求的范围、海事责任限额等问题。于是，王博士收集大量国内外文献，对海事赔偿责任限制制度展开了深入而全面的研究。

如今，当我见证《民商法体系下海事赔偿责任限制制度的重塑》从最初的博士学位论文初稿逐渐完善成为今日的学术专著时，内心是充满欣慰与自豪的。王博士在博士论文写作期间的辛勤付出和写作的艰辛，至今仍历历在目。仅博士论文初稿，就经历了不少于十次的修改，对于我"满篇见红"的批注，他每次都是认真修改并反复推敲。在博士论文答辩后，还结合答辩专家的意见和最新的修法进程，对论文进行了思考、打磨和完善，这种严谨的治学精神让我欣慰。

本书的价值不仅在于对一项古老制度的系统性解构，更在于以第一手修法研讨的资料为基础，立足于民商法体系，为海商法特殊制度的完善提供给养，提出了具有前瞻性的解决方案。本书主要沿着以下思路展开，其中亮点颇多，值得读者关注：

一、历史的纵深

本书第一章，作者从古罗马的相关法言，到中世纪的习惯法，到近代英美法系国家的立法，再到现代的国际公约，查阅了大量历史文献，历经上千年的对比，全面梳理了海事赔偿责任限制制度的起源、历史演进和法理基础，在此基础上，总结了制度的发展和演变的规律、趋势。

二、现实的冲击

本书第二章，作者直面现代海上风险变迁对海事赔偿责任限制制度带来的冲击，从人类抵御海上风险的能力增强、海上风险分散机制的普及和海上运输经营方式的发展等方面展开论述，梳理了海上风险变迁的内在表现和外在影响，提出了海陆风险差异性的弱化，重新思考海事赔偿责任限制制度在当代所应当具有的功能。

三、体系的明晰

海商法在我国的法律体系定位至今尚存争议，存在"民法特别法说"、"国际经济法分支说"和"独立法律部门说"等，此导致海商法的发展缺乏来自传统法学理论体系的给养。本书第三章，作者用史料说话，从古代、中世纪、近代到现代的海商法历史古籍、法律文本、学说进行考察，提出现代海商法应为民法的特别法，海商法律制度的完善应回归民法特别法的定位。进而，在民事损害赔偿体系下对海事赔偿责任限制制度展开研究，以免责事由论为分析工具，构建了民法免责权体系，在此框架下，提出了重塑海事赔偿责任限制制度的建议。

四、本土的重塑

本书第四章，作者立足于《海商法》修法的背景，对我国海事赔偿责任限制制度的立法现状展开梳理，结合修法过程中与行业专家和学者的研讨和调研，提出了我国海事赔偿责任限制制度立法存在的不足和完善我国《海商法》海事赔偿责任限制制度的建议。

最后，我想指出的是，本书的某些观点，或许与海商法学界主流观点存在差异,甚至会在一定程度上颠覆某些传统海商法认知范式。但是,海商法本就是在大航海时代的颠覆中诞生的,相信作者也乐于倾听所有不同的声音,并不断对这部作品进行完善,这正是学术争鸣的魅力！期待这部诞生于《海商法》修法浪潮中的作品,能为我国海商法的发展贡献新生力量。

谨为序。

厦门大学法学院　何丽新

前言

2017年下半年，随着《海商法》（修改建议稿）审核研究第一次工作会议的召开，《海商法》修法研究工作正式揭开了序幕。来自各地的专家学者齐聚一堂，为了完善我国海商海事法律制度而奋斗着。也是在2017年，我有幸到厦门大学跟随恩师一起从事海商法的相关研究，几乎全程参与了这场修法研究工作，也因此结下了与海商法的缘分。如恩师所言，我是因本次修法研究而培养起来的一批博士生之一。在参与修法研究的过程中，我渐渐对海事赔偿责任限制制度产生了浓厚的兴趣。为何在海上能够出现不同于陆上的损害赔偿规则？为何船方和货方对责任限制制度的修改如此敏感？为何海事赔偿责任限制制度能够持续存在数百年，这一制度在当今应发挥何种作用？我国《海商法》关于海事赔偿责任限制制度的规定应如何完善？带着这些疑问，借助修法研究的机会，我对这一古老的制度展开了探索。本书主要记载了我对海事赔偿责任限制制度进行研究的主要过程，包括对制度源流的考察、对制度发力基础的梳理、对制度正当性质疑的回应、对制度在民法体系下定位的思考、对制度完善的对策建议等。

海事赔偿责任限制制度是海事领域的特殊损害赔偿规则，该制度通过"限制责任方赔偿责任"的法定形式对海上风险的承担进行再分配，旨在提高全体海上活动参与者的抗风险能力。在新航路开辟后长达数百年的时间里，这种限制赔偿责任的做法鼓励着人们前赴后继参与到"海上冒险"中——原本由经营航运的船方独自承担的巨大海上风险转变为全体海上活动参与者共担，这减轻了投资者的投资风险，增强了投资者投资航运的信心。从某种意义上讲，正是因为有了海事赔偿责任限制制度，投资者才能如此热衷于投资航运和海上贸易，因为大海所带来的不确定风险被限制在确定的范围内，而投资航运和贸易的回报却十分丰厚,特别是在地理隔绝尚未被完全打破的情况下。更为重要的是,海事赔偿责任限制制度不仅使得船方受益,随着资本向"海上冒险"投资的倾斜,航运和贸易市场得到迅猛发展,其红利也惠及全体海上活动的参与者。因此可以说,海事赔偿责任限制制度在航运和贸易业的发展过程中发挥着举足轻重的作用。在修法研讨过程中,海事赔偿责任限制制度的修改也受到了船货双方的广泛关注,因为制度的每一项修改都有可能给他们带来重大的影响。

对制度的创设者而言,海事赔偿责任限制的初衷是通过限制海上风险进而鼓励"海上冒险",是出于一种政策性的考量而非公平的考虑。[①] 这种做法确实突破了传统民法的"填平原则",牺牲了受损方获得足额赔偿的可能性,使得制度的正当性基础受到质疑。但是,用今天的眼光来看,这种制度正是立足于整个海洋事业发展的角度,强调海上风险的共担,与当今我国所倡导的"海洋命运共同体"理念不谋而合。海上事业并非某一方或个人的事业,而是关乎全体海洋活动参与者切身利益,海上事业的稳定发展,其成果能够使全体海上活动参与者共同获益,其风险也应由全体海上活动参与者共担。因此,海事赔偿责任限制制度并不是仅仅通过限制赔偿责任使船方获益,长远观之,其对整个航运和贸易业的发展也具有促进作用。

作为一项存在了数百年的法律制度,海事赔偿责任限制制度并非一成不变的,而是在发展的历史长河中随着客观情况的变化不断进行着优化,以回应对其正当性的质疑。近年来,随着科学技术的进步、海上风险分散机制的发展和海上运输经营方式的变化,人类所直接面对的海上风险逐渐弱化,海事赔偿责任限制所赖以存在的"海上风险相较于陆上风险更大,进而有必要对风险进行再分配"的前提似乎受到了一定程度的冲击。这不免让人产生疑惑:海事赔偿责任限制制度在创设之初的法理基础是什么?经过多年的发展,客观情况发生了重大变化,上述基础是否依然存在?在客观情况不断变化的背景下,海事赔偿责任限制制度的发展方向是什么?

鉴于此,本书回到海事赔偿责任限制制度的起源,探索其存在的法理基础;总结其在历史长河中的演变趋势;梳理海上风险在现代发生的变化、对制度产生的冲击以及制度可能的改进方向;立足于海商法是民法特别法的体系定位,探索海事赔偿责任限制制度在民法体系下的重塑之路。

[①] The "Bramley Moore"(1963) 2 Lloyd's Rep. 429.

目录 / CONTENTS

导论 …………………………………………………………………………… 1

第一章 海事赔偿责任限制制度的起源及历史演进 …………………… 22
 第一节 海事赔偿责任限制制度的源流考察 ………………………… 22
 第二节 海事赔偿责任限制制度的立法演变 ………………………… 34
 第三节 海事赔偿责任限制制度的发展趋势 ………………………… 41

第二章 海上风险的变迁对海事赔偿责任限制制度的冲击 …………… 57
 第一节 海上风险变迁的外在表现 …………………………………… 57
 第二节 海上风险变迁的内在影响 …………………………………… 61
 第三节 海上风险变迁下海事赔偿责任限制制度之反思 …………… 71

第三章 民法体系下海事赔偿责任限制制度正当性的重塑 …………… 88
 第一节 海商法与民法的关系探析 …………………………………… 88
 第二节 民法体系下海事赔偿责任限制的定性 …………………… 105
 第三节 免责权的构建与海事赔偿责任限制正当性的重塑 ……… 121

第四章 海洋强国的推进与我国海事赔偿责任限制制度的完善 …… 137
 第一节 我国海事赔偿责任限制制度的立法现状 ………………… 137
 第二节 我国《海商法》海事赔偿责任限制制度的立法困境 …… 149
 第三节 我国《海商法》海事赔偿责任限制制度的完善 ………… 161

结论 ………………………………………………………… 194

参考文献 ……………………………………………………… 196

后记 ………………………………………………………… 209

导论

一、一个"非主流"的制度

在传统民商法中,损害赔偿一直遵循的主流做法是"完全赔偿",以"填平"受损方的损失,这意味着责任人应该按照其所造成的实际损失进行赔偿,以填补受损方的损失。但是,在浩瀚的民商法海洋中,却存在着与上述原则相违背的"非主流"制度,这种制度允许责任人不承担全部的赔偿责任,而将一部分损害转由受损方承受,上述做法通常被称为"责任限制"(limitation of liability)。"责任限制"的做法在海上活动中的应用尤为频繁,通常体现为对"海事赔偿责任"的限制,经过数百年的发展,这一规则已经发展成为一项体系化的损害赔偿制度。为什么与传统损害赔偿规则相违背的"责任限制"会长期存在,其背后的法理基础是什么?这是在探索这一制度前必须厘清的。

海事赔偿责任限制制度作为损害赔偿中的"非主流",赋予责任人在一定条件下限制赔偿责任的权利。在这种制度下,责任人所应承担的损害赔偿数额并不当然地等于实际损失,而是以船舶的价值或者按照船舶吨位计算出的固定数额为限承担赔偿责任。海上活动中之所以能适用与陆上截然不同的损害赔偿规则,主要是基于"海上风险相较于陆上风险具有无限性和难以控制性"的特点。[1] 加之新航路开辟初期海上运力不足,[2] 统治者为了促进航运和贸易业的发展,纷纷通过立法的形式限制海上活动参与者的责任以鼓励海上冒险,这一

---

[1] See IMO: Official Records of the International Conference on the Limitation of Liability for Maritime Claims, September 27, 1976, LEG/CONF.5/6, pp.112-113.

[2] See Aleka Mandaraka-Sheppard, *Modern Maritime Law: Managing Risks and Liabilities*, Informa Law form Routledge, 2013, p.739.

旨在合理分担海上风险的制度由此产生,并成为世界范围内广泛承认的制度。基于促进航运和贸易业发展的考量,我国立法亦对海事赔偿责任限制制度作出了明确规定。

海事赔偿责任限制制度的另一个"非主流"之处,体现在它保护的是整个行业的利益,而非如慈母般的民法一样关注每一个个体。海商法是行业保护的法,这决定了其偏向于保护船东利益的立法意图。① 20世纪90年代初期《海商法》制定时,考虑到我国船队规模较小,航运业还比较落后,为了促进我国航运业的发展,其规定总体上也是比较偏袒于船方的,有关海事赔偿责任限制的规定亦是如此,这符合海商法的定位,极大地促进了我国航运业的发展。当然,本书认为,此处的船方应该作广义解释,包括所有参与海上事业的主体。

近年来,随着我国涉海国家战略的推进和国际形势的变化,海事赔偿责任限制制度所发挥的作用日渐凸显。首先,"一带一路"是我国正在积极推进的国家倡议,是促进贸易发展之路。由于我国与沿线各国的贸易往来绝大多数是通过海上运输的形式进行的,随着"一带一路"倡议的不断推进,贸易者不可避免地将受到海上风险的威胁。海事赔偿责任限制制度能够对巨大的海上风险进行有效分担,将提高贸易者的抗风险能力,助力"一带一路"倡议的稳步推进。其次,我国的海洋战略经历了从地方经济发展层面到国家战略发展层面的转变,发展的内容也从海洋经济扩展到海洋生态、海洋科技以及海洋权益保护层面。② 其中,海洋经济的发展在"海洋强国"战略中扮演着基础性作用。海事赔偿责任限制制度能够对海洋经济发展过程中的风险进行有效分担,是海洋经济稳定发展的保障。最后,建立现代化综合交通体系是"交通强国"战略的重要目标,而海上运输的发展是必不可少的内容。旨在合理分摊海上风险的海事赔偿责任限制制度无疑是促进航运业发展的有力手段,将在"交通强国"战略中发挥关键作用。总而言之,我国正经历社会迅速转型的时期,同时也正在步入一个充满风险的时代,这种社会的发展往往与风险并存,防范和化解各领域的重大风险是现阶段的优先性任务。③ 要保障我国在社会转型期的稳定发展,不仅要做到防范风险,还要主动应对和化解风险的挑战。当风险避无可避时,对风险

---

① 参见郭瑜:《海商法的精神——中国的实践和理论》,北京大学出版社2005年版,第190页。

② 参见沈满洪、余璇:《习近平建设海洋强国重要论述研究》,载《浙江大学学报(人文社会科学版)》2018年第6期。

③ 参见吴世坤、郭春甫:《社会重大风险起源、界定与防范化解》,载《社会治理》2019年第5期。

的应对和化解同样重要,而在海上活动中,海事赔偿责任限制制度正是化解无限的海上风险最有效的手段之一。从这个意义上看,海事赔偿责任限制制度在我国国家发展中发挥着重要的作用,海事赔偿责任限制制度能否公平分担海上风险,将关系我国的涉海国家战略能否稳步推进。

二、一些质疑的声音

海事赔偿责任限制制度确实在促进海上事业发展中发挥了很大的作用,这种作用使得制度创立至今屹立几百年而不倒,成为各国海商法的重要内容。然而,在海事赔偿中之所以能建立区别于民法损害赔偿的特殊规则,是建立在"海陆风险具有差异性"因而"需要对海上活动参与主体给予更多保护"的基础之上的。但 21 世纪以来,上述基础受到了较大程度的动摇,与其产生之时相比已不可同日而语——航海技术的发展使得海陆相对风险大大降低,导致海上和陆上的差别逐渐缩小;有限责任公司制度和保险的普及为海上风险的控制提供了替代选择;而在全球航运市场相对饱和的情况下,海事赔偿责任限制制度所发挥的促进航运业发展的作用逐渐丧失必要性;近年来,人工智能技术在海事领域的初步应用亦增加了海上风险的不确定性。上述客观基础的变化,导致海事赔偿责任限制制度产生时所赖以存在的基础受到了动摇,制度的继续存在可能使得船货利益的平衡受到冲击,甚至出现了不少主张废除海事赔偿责任限制的主张。[①]

除了上述废除的声音,改良这一制度的努力也未曾停止。海事赔偿责任限制制度自产生以来,虽然立法意图和整体框架并未有大的改变,但责任限制的权利主体、可以主张责任限制的海事请求、丧失责任限制的条件、责任限额等具体内容都随着客观情况的变化而改变,各国海商法和国际公约对海事赔偿责任限制制度的每一次修改无不体现船方和货方间的博弈和立法者对于平衡双方利益的努力。我国《海商法》制定时,对于海事赔偿责任限制这种"舶来品"持开放性的态度,用专章对该制度进行了规定。随着司法实践的深入,海事赔偿责任限制制度在我国也不断经历着完善,有关海事赔偿责任限制的司法解释出

---

① See Grant Gilmore, Charles L. Black, *The Law of Admiralty*, The Foundation Press, 1975, p.10; Carter T. Gunn, Limitation of Liability: United States and Convention Jurisdictions, 8 *The Maritime Lawyer*, 1983(1), p.29; Mustill Lord, Ships are Different- or are they? *Lloyd's Maritime and Commercial Law Quarterly*, 1992(4), pp.490-501.

台,相关程序性规定也在《海事诉讼特别程序法》中予以规定。可以说,海事赔偿责任限制在我国不断完善,发展成为适合我国国情的本土特色制度,不断促进我国航运和贸易业的发展。

笔者认为,无论是废除海事赔偿责任限制的主张,还是改良海事赔偿责任限制的努力,其前提都是通过制度的变革促进海上事业更好发展和维护船货利益的平衡。成文法的局限性决定了一项法律制度不可能永远满足客观情况的需要,这种局限性在迅速变化的航运市场中被放大。从我国《海商法》有关海事赔偿责任限制制度的规定看,这种局限性亦无法避免。90年代初期制度建立时,确实极大地促进了航运业的发展。但经过30多年的发展,当前我国既是航运大国,又是贸易大国。从维护我国国家利益的角度考量,包括海事赔偿责任限制制度在内的海商法特殊制度应如何调整其"天平"以维持船方和货方之间利益的平衡,是我国海商法制度在完善过程中难以绕开的问题。除此之外,在海事赔偿责任限制制度的正当性受到质疑的大背景下,如果仍然恪守海事赔偿责任限制制度原有的立法意图而不对制度进行变革,将会使得这项旨在公平分担海上风险的制度丧失正当性,甚至面临被废除的命运。缺少了海事赔偿责任限制这一限制海上风险的屏障,传统海上经济活动将完全暴露在巨大的海上风险中,稍有不慎将遭受巨大的损失。同时,制度设计者苦心维持的船货双方之间利益的平衡将受到破坏,不利于海上贸易业和海上运输业的协调运行,进而迟滞我国国家战略的发展。

三、未来何去何从

海商法学界有一个特殊的现象,作为一个法律部门,海商法在现有法律体系下的归属仍然成谜,我国理论界对于海商法属于哪一部门法至今未能达成统一的看法,目前存在多种学说。[①] 而在海商法教学中,海商法专业的学生在哪个部门法下进行培养也产生了不同的做法:部分海事院校把海商法作为一个独立的法律部门,部分学校把海商法作为国际法的组成部分,也有部分学校在民商法专业下培养海商法的学生。上述现象,源于海商法"自成一体"的特性。当前,我国学界普遍认为海商法具有自体性(self-contained characteristic of Maritime Law),即海商法自成一体、自给自足的特性。[②] 自体性是海商法的重

---

① 分别为"民法特别法说"、"国际经济法分支说"和"独立法律部门说"。参见司玉琢主编:《海商法》,法律出版社2012年版,第6页。

② 参见曹兴国:《海商法自体性研究》,大连海事大学2017年博士学位论文。

要特征之一,从海商法的起源和历史演进看,其在某些特定历史时期具有相当的独立性,在某些阶段海商法本身在调整海商海事法律关系上也是基本自足的,通常不依赖于民法。[①] 但是,对于自体性的强调,也导致海商法在我国法律体系下无法找到明确的定位,在发展过程中亦无法与其他法律部门形成优势互补。在海陆差异性逐渐弱化、民法和商法逐渐融合的今天,海商法是否仍然具备独立于陆上法律制度而自给自足的基础?这是在海陆风险变迁的背景下值得思考的问题,对该问题的回答决定了包括海事赔偿责任限制制度在内的海商法特殊制度未来的发展方向。

因此,在讨论海事赔偿责任限制制度的完善之前,必须先厘清这一制度属于哪一法律部门,应该在何种法律体系下发展和完善。基于这些疑惑,在本书的第三章第一节,笔者通过对史料的考察,指出海商法在历史发展中确实产生过自体性,但是,这一特性是在中世纪时随着海上运输的发展而出现的,是基于当时海上运输和陆上运输面临的风险具有差异性的客观事实。现代意义上的大部分海商法特殊制度也是当时产生的,这些制度具有区别于陆上法律制度的特性,甚至成为某些陆上法律制度的源头。但近代以来,产业革命的发展提高了海上活动参与者的抗风险能力,海商法的上述特殊性也因此逐渐减弱。而在现代,科学技术进一步发展,风险分担机制亦不断完善,海商法制度虽然仍保持一定的特殊性,但与陆上制度(民事法律制度)进行区分的基础已逐渐弱化。因此,对于海商法的体系定位,本书持"海商法为民法特别法"的观点,认为包括海事赔偿责任限制制度在内的海商法特殊制度的发展,亦应立足于民法特别制度的定位。在此基础上,本书以民法"公平观"[②]为尺度对海事赔偿责任限制制度的正当性基础进行考量,并探索海事赔偿责任限制制度在当代的完善路径。

四、站在前人肩膀上的研究

作为一个研究者,笔者无疑是幸运的。有关海事赔偿责任限制制度,受到了国内外学界的广泛关注,部分前辈已经对此问题进行研究并提出了富有建设性的观点,这使得笔者能够站在前人的肩膀上进行研究。

---

① 参见郭瑜:《海商法的精神——中国的实践和理论》,北京大学出版社2005年版,第93页。

② 本书采用民法的"公平观"而非"公平原则",其原因在于公平仅适用于交换关系和责任承担关系,无法涵摄人身关系法,称其为民法的基本原则并不严谨。参见徐国栋:《将"人前物后"进行到底》,载《人民法治》2016年第3期。

(一)现有研究概述

目前,我国国内研究海事赔偿责任限制的专著有2部,其中2008年何丽新、谢美山的《海事赔偿责任限制研究》是我国有关海事赔偿责任限制制度的开山之作,该书从起源、现状到具体的制度构建等方面对海事赔偿责任限制作了全面的介绍;[①]2013年杨俊杰所著《海事请求责任限制》在对海事赔偿责任限制的实体和程序问题进行介绍的同时,还对承运人责任限制以及油污损害赔偿责任限制作了研究,并简要论述了海事赔偿责任限制的国际私法问题。[②] 而在学位论文方面,目前在中国知网上可以检索到2篇涉及此专题的博士学位论文。分别由邬先江于2010年所著,[③]以及陈小曼于2012年成文,[④]后者已于2019年出版。[⑤] 上述两篇学位论文都对海事赔偿责任限制制度的法理基础、适用条件、丧失条件、限额的确定和权利的行使程序等方面进行了研究,邬先江的论文同时介绍了对于该制度的存废之争,指出目前该制度仍然存在的必要性,同时结合其从事海事审判工作的经验对海事赔偿责任限制实践中存在的问题进行分析并提出了解决的对策。上述两篇论文中,邬先江的论文更加注重实体问题的解决,而陈小曼的论文则更加注重程序性问题的分析。除此之外,国内有关海商法和海事法的专著或教材中,亦对海事赔偿责任限制制度进行了介绍。[⑥] 最后,亦有大量有关海事赔偿责任限制的论文在学术期刊上发表,仅在中国知网上检索到以"海事赔偿责任限制"为关键词的论文就达到208篇,[⑦]对海事赔偿责任限制制度的诸多理论和实务问题展开讨论,对于其主要内容,后文将进行梳理。

国外方面,涉及海事赔偿责任限制的专著有4本:(1)1988年首次出版,并已于2004年出版第四版的 *Limitation of Liability for Maritime Claims* 一书,作为国外海事赔偿责任限制的权威著作,其对海事赔偿责任限制的起源、制度的演进、适用条件、可限制赔偿责任的权利主体、限制性和非限制性海事请

---

① 何丽新、谢美山:《海事赔偿责任限制研究》,厦门大学出版社2008年版。
② 杨俊杰:《海事请求责任限制》,中国人民公安大学出版社2013年版。
③ 邬先江:《海事赔偿责任限制制度研究》,大连海事大学2010年博士学位论文。
④ 陈小曼:《海事赔偿责任限制制度研究》,西南政法大学2012年博士学位论文。
⑤ 陈小曼:《海事赔偿责任限制制度研究》,华中科技大学出版社2019年版。
⑥ 譬如,司玉琢:《海商法专论》,中国人民大学出版社2018年版,第342~380页;傅廷中:《海商法》,法律出版社2017年版,第323~385页;胡正良主编:《海事法》,北京大学出版社2016年版,第596~703页。
⑦ 最后检索时间:2024年9月20日。

求、责任限制权利的丧失、责任限额的计算、责任人主张海事赔偿责任限制的程序以及20世纪以来有关海事赔偿责任限制的国际公约等内容进行了比较全面的介绍。①（2）2012年出版的 *Shipowners' Limitation of Liability*，则从船舶所有人的视角，对不同立法和国际公约对船舶所有人责任限制的实体和程序性规定进行比较研究，并分析了船舶所有人在不同制度下的最佳选择。②（3）也有作者着眼于中美两国和国际公约的立法，对海事赔偿责任限制的权利主体、限制性海事请求、责任限制的丧失、责任限制基金、责任限制的程序以及油污损害赔偿下的责任限制、责任限制下法律的选择等进行了介绍。③（4）有学者对责任限制制度的起源和演变进行研究，介绍了目前通行的有关责任限制的国际公约，并论述了其与国内立法的关系。④博士学位论文方面，通过 PQDT ProQuest Dissertations & Theses（北美地区博硕士论文系统）、DART-Europe E-theses Portal（欧洲电子论文系统）、dissertation.com、Open Thesis 等英文学位论文查询系统，并未查询到有关"海事赔偿责任限制"或"船东责任限制"的博士学位论文。另外，有关海商法或海事法的专著也仅仅对海事赔偿责任限制作了简单的介绍。⑤通过 Google Scholar、HeinOnline、Westlaw 等数据库进行检索，亦可以发现大量以海事赔偿责任限制制度为研究对象的论文，这些研究为本书的写作奠定了理论基础。由于笔者语言能力的限制，法语、德语、意大利语等其他语种的文献，有待进一步获取。

（二）主要研究内容

海事赔偿责任限制制度是一个综合性的法律制度，涉及诸多法律问题。现有研究对这些法律问题进行了有益探索，本书尝试对这些研究成果进行梳理和总结。主要可以分为以下几个方面：

---

① Patrick Griggs, Richard Williams, Jeremy Farr, *Limitation of Liability for Maritime Claims*, Informa Law from Routledge, 2004.

② Barnabas W.B. Beynolds, Michael N. Tsimplis, *Shipowners' Limitation of Liability*, Kluwer Law International, 2012.

③ Chen Xia, *Limitation of Liability for Maritime Claims: A Study of U.S. Law, Chinese Law and International Conventions*, Kluwer Law International, 2001.

④ Norman A. MartÍnez GutiÉrrez, *Limitation of Liability in International Maritime Conventions: the Relationship between Global Limitation Conventions and Particular Liability Regimes*, Routledge, 2011.

⑤ See Thomas J. Schoenbaum, *Admiralty and Maritime Law*, 5th Edition, Thomson West, 2012, pp.809-838.

1. 关于海事赔偿责任限制的起源和发展

根据对史料的考察,对于责任限制的记载贯穿古罗马、中世纪和近现代,但关于海事赔偿责任限制的起源目前没有统一的定论,有学者撰文指出古罗马时期的特有产制度和损害投偿制度是现代海事赔偿责任限制制度的起源。① 而有学者则认为,船舶所有人享有责任限制的权利最早应追溯到《阿马尔菲表》(Amalphitan Table)。② 有学者提出海事赔偿责任限制起源于12世纪以前的康孟达契约(the Commenda Contract)。③ 也有学者指出,海事赔偿责任限制制度直到14世纪才开始产生,并在地中海的海上运输中被适用。④ 有学者则指出,这一时期的《康索拉多海法》(Consulate of the Sea)⑤中关于船舶共有人可主张限制赔偿责任的记载,才是海事赔偿责任限制制度的萌芽。⑥ 有学者认为我们目前所说的海事赔偿责任限制的概念应追溯到17世纪欧洲大陆的立法。⑦ 亦有学者认为海事赔偿责任限制制度起源于法国,彼时,路易十四的《海事敕令(路易十四海事条例)》(the Marine Ordonance of Louis XIV)中开始出现相关记载,并在1807年被纳入法国《商法典》中。⑧

总之,无论海事赔偿责任限制滥觞于何时,从现有研究中可以看出,限制海事赔偿责任的理念经历了从古罗马到中世纪再到近现代的发展过程,如今仍然发挥着作用。

---

① 参见邬先江、陈海波:《海事赔偿责任限制制度的法理基础及其历史嬗变》,载《浙江社会科学》2010年第11期。

② 现存船东享有责任限制权利的最早证据是《阿马尔菲表》,其具体颁布时间难以认定,但多数观点认为其颁布时间为11世纪。参见何丽新、谢美山:《海事赔偿责任限制研究》,厦门大学出版社2008年版,第3~4页;Zepnepoya Ozcayir, *Liability for Oil Pollution and Collisions*, Informa Law Routledge, 1998, p.299.

③ James J. Donovan, The Origins and Development of Limitation of Shipowners' Liability, 53 *Tulane Law Review*, 1979(4), p.1001.

④ Frederic R. Sanborn, *Origins of the Early Marine & English Commercial Law*, New York William S Hein & Co., 1938, p.120.

⑤ 其手抄本汇编最早出现的时间是1340年,首次以印刷形式出现是1494年版本,参见Stanley S. Jados, *Consulate of the Sea and Related Documents*, The University of Alabama Press, 1975, pp.14-16.

⑥ 吴焕宁主编:《海商法》,法律出版社1996年版,第346页。

⑦ Killingbeck Serge, Limitation of Liability for Maritime Claims and Its Place in the Past Present and Future-How Can It Survive, 3 *Southern Cross University Law Review*, 1999(1).

⑧ 傅廷中:《论港口经营人在国际贸易运输中的法律地位》,载《清华法学》2008年第5期。

2. 关于海事赔偿责任限制的性质

大部分学者认为海事赔偿责任限制是海商法赋予海上活动参与者的一项限制赔偿责任的法定权利。但是对于这种权利的具体属性,目前尚未形成统一的看法。司玉琢教授对海事赔偿责任限制的权利特征进行梳理和总结后,指出在民法的理论框架下,海事赔偿责任限制的性质与形成权十分类似。[①] 有学者则进一步指出,海事赔偿责任限制即海事赔偿领域中的有限责任制度,是一种具有优位权性质的特殊的形成权。[②] 但是,傅廷中教授持不同的观点,认为从权利产生的效果看,海事赔偿责任限制是一项抗辩权。[③] 最高人民法院在相关答复中亦持相同的观点,肯定了海事赔偿责任限制的抗辩权属性。[④]

亦有少数学者认为海事赔偿责任限制并不是一项权利。有学者提出,从本质上讲,海事赔偿责任限制并不是当事人的权利,而仅仅是一种旨在确定和实现某一海事索赔案件中债权或债务数额的法律制度。[⑤] 亦有学者指出,向海事法院申请海事赔偿责任限制的行为仅仅是被索赔人在诉讼中对海事索赔人提出的索赔请求的抗辩,并非独立的诉。[⑥]

值得指出的是,国外学者对海事赔偿责任限制的性质鲜有关于形成权和抗辩权的争论。[⑦] 有观点指出,海事赔偿责任限制并不从属于权利,而从属于赔偿,[⑧]其被大多数学者认为是一种公共政策,旨在鼓励全体海上活动参与者勇敢地面对海上风险,而不必担心因为遭受索赔而造成巨大的难以弥补的损失。[⑨] 当然,对于海事赔偿责任限制是实体权利还是程序性权利,目前无论在国内还

[①] 司玉琢:《海事赔偿责任限制优先适用原则研究——兼论海事赔偿责任限制权利之属性》,载《环球法律评论》2011年第3期。

[②] 李伟:《论海事赔偿责任限制的本质及其法律属性》,载《社会科学辑刊》2011年第4期。

[③] 傅廷中:《船舶优先权与海事赔偿责任限制的价值冲突与协调》,载《法学研究》2013年第6期。

[④] 参见最高人民法院:《关于招远市玲珑电池有限公司与烟台集洋集装箱货运有限公司海事赔偿责任限制申请一案请示的答复》。

[⑤] 徐仲建:《论船舶优先权与海事赔偿责任限制的冲突和协调》,载《法学杂志》2012年第1期。

[⑥] 雷霆:《论在我国援用海事赔偿责任限制的性质及其影响》,载《中国海商法年刊》2001年刊。

[⑦] 笔者以为,此有可能是英美法系国家缺少相应概念所致。

[⑧] 参见[美] G. 吉尔摩、C.L.布莱克:《海商法》,杨召南等译,中国大百科全书出版社2000年版,第1227~1233页。

[⑨] 譬如,Thomas J. Schoenbaum, *Admiralty and Maritime Law (Practitioner Treatise Series)*, Thomson West, 2009, p.136; Aleka Mandaraka-Sheppard, *Modern Maritime Law: Managing Risks and Liabilities*, Informa Law form Routledge, 2013, p.739.

是在国外,都存在不小的争议。①

从现有研究看,关于海事赔偿责任限制的法律属性并未有统一的定论,由此使得海事赔偿责任限制的行使程序、与其他权利冲突时的优先级、相对人的对抗方式等方面存在不明确之处。

3. 关于海事赔偿责任限制的权利主体

在海事赔偿责任限制产生之初,船舶所有人普遍经营自己所有的船舶,参与海上冒险并享有海事赔偿责任限制的权利主体也仅局限于船东所有人。后来,随着资本的积累,船舶所有人所拥有的船舶越来越多,大型航运企业也开始出现。这使得船舶经营方式不断改变,船队规模也逐渐壮大,在很多船舶中,船舶所有人已经不实际经营和管理船舶,而是将船舶转租或者交由职业的船舶管理人进行。上述人员因为实际控制和使用船舶而承担着与船东一样的海上风险。② 在这种情况下,船舶承租人、经营人、管理人等主体开始参与到海上冒险中,责任限制的权利主体也由此扩张。③ 同时,随着海难救助人和责任保险人参与到海上活动中,法律也赋予他们限制赔偿责任的权利,因为他们同样面临着海上风险,有可能因此而遭受索赔。④ 对于上述主体可以主张海事赔偿责任限制,现有研究已经达成了共识。

此外,对于其他在海上活动中扮演重要角色的主体,譬如航次承租人、港口经营人、试航新船的所有人以及被拖船舶的所有人等,现行立法虽然尚未明确赋予他们享受海事赔偿责任限制的权利,但是不少学者对他们成为海事赔偿责任限制权利主体的可能性展开了研究,主要存在以下观点:

(1)航次租船的承租人

不少学者认为海事赔偿责任限制的权利主体应包括广义的船舶承租人,⑤即包括所有类型的船舶承租人。⑥ 持上述观点的学者主要是基于享有海事赔偿

---

① See Patrick Griggs, Richard Williams, *Limitation of Liability for Maritime Claims*. 3rd Edition. Lloyd's of London Press, 1998, p.337.
② 施文、伍载阳:《海事赔偿责任限制的几个问题》,载《法学研究》1994年第3期。
③ 司玉琢:《海商法专论》,中国人民大学出版社2018年第4版,第359页。
④ 何丽新、钱小敏:《"船舶经营人"的识别——兼评〈最高人民法院关于审理海事赔偿责任限制相关纠纷案件的若干规定〉第12条》,载《中国海商法研究》2011年第1期。
⑤ 参见李天生:《论航次承租人海事赔偿责任限制权》,载《大连海事大学学报(社会科学版)》2015年第5期;See Barnabas W. B. Reynolds & Michael N. Tsimplis, *Shipowners' Limitation of Liability*, Kluwer Law International, 2012, pp.29-34;参见邬先江:《船舶承租人海事赔偿责任限制权利初探——兼评"The CMA Djakarta"轮案》,载《河北法学》2005年第4期。
⑥ 包括光船租船的承租人、定期租船的承租人、航次租船的承租人等。

责任限制的法律基础已经由对船舶的所有、准所有转向了基于对船舶的利益及相应风险、责任的承担。航次承租人不是船舶的所有人,亦不实际使用船舶,但是仍然需要因为船舶所载货物的损失而面临索赔,因此仍然可以主张海事赔偿责任限制。此外,有部分学者则认为海事赔偿责任限制的权利主体不包括航次租船的承租人。持此种观点的学者认为航次租船合同本质上是运输合同而非传统意义上的租船合同,在航次租船合同下,船舶的营运完全由出租人控制,承租人并不占有和使用船舶,其仅仅需要按照合同约定交付货物并支付运费,而不承担船舶营运的风险,因此不能享有海事赔偿责任限制的权利。[①] 除此之外,随着集装箱运输的普及,箱位(舱位)租赁亦成为承租的方式之一,箱位(舱位)承租人租赁部分船上的仓位从事海上货物运输。由于箱位承租人也有可能面临来自货主的索赔,因此亦有不少学者认为应该赋予其限制赔偿责任的权利。[②]

(2)港口经营人

港口经营人虽然不直接从事海上运输,但却是海上运输与陆上运输的重要载体。有学者从我国的港口经营业的现状、国际立法例以及我国现行立法的角度分析,认为港口经营人成为海事赔偿责任限制主体具有现实意义。[③] 有学者提出,港口当局亦应该受到责任限制的保护,因为船舶的进出港以及停泊是一项高风险的作业。[④] 有学者提出警告,对于港口当局的引航员责任机制的规定涉及费用问题,如果引航员无法享受责任限制,将让本来就很高的引航费变得更高。[⑤] 有学者则提出反对意见,认为港口经营人的活动不具备海事的特征,因此不能作为海事赔偿责任限制的主体。[⑥]

[①] 参见傅廷中:《海事赔偿责任限制与承运人责任限制关系之辨》,载《中国海商法研究》2018年第2期;See Robert Force, *Admiralty and Maritime Law*, Federal Judicial Center, 2013, p.138;参见关正义、陈敬根:《无船承运人相关法律问题研究》,载《中国海商法年刊》2007年刊。

[②] 参见海洋行政体制改革的法律保障研究课题组:《集装箱箱位承租人海事赔偿责任限制问题研究》,载《法学杂志》2014年第6期;彭先伟:《集装箱箱位承租人海事赔偿责任限制问题初探》,载《中国海商法年刊》2010年刊。

[③] 参见王媛媛:《港口经营人海事赔偿责任限制主体》,载《集装箱化》2007年第7期。

[④] See Gray Allan, James Matthew, Comment on the Plot of the Pilot: Pilotage and Limitation of Liability in Maritime Law, 25 *Australian & New Zealand Maritime Law Journal*, 2011(1), p.2.

[⑤] See Woonings Kerryn, The Plot of Pilot: Pilotage and Limitation of Liability in Maritime Law, 24 *Australian & New Zealand Maritime Law Journal*, 2010(2), p.136.

[⑥] 参见傅廷中:《论港口经营人在国际贸易运输中的法律地位》,载《清华法学》2008年第5期。

(3)试航船舶的所有人

试航新船因为还未取得船舶证书,在实践中是否构成海商法意义上的船舶仍有争议。但是,基于扶持造船业、与国际立法接轨以及鼓励保险业发展之需求,有学者认为仍应该承认试航新船的船舶所有人享受海事赔偿责任限制的权利。[1]

4. 关于海事赔偿责任限制的责任限额

关于海事赔偿责任限制限额的提高,学者们已经达成广泛的共识,并提出了提高限额的建议。有学者指出,提高限额是立法趋势,应从经济发展与人民生活水平提高的实际出发,遵循利益平衡与公平原则,以"人身伤亡充分赔偿、财产损失适当赔偿"为准则,适当调整我国海事赔偿责任限制的限额,同时,应引入责任限额的动态调整机制,以克服固定责任限额的局限性。[2] 有学者认为海事赔偿责任限制所达成的船货双方的平衡是一种十分敏感的平衡,常常会受到经济波动的影响,因此应该不断提高。[3]

有的学者则更为理性,认为我国当前海事赔偿责任限制的限额虽然过低,但是,仅仅从经济发展的变化(通过国内生产总值反映)就推定我国应该适用更高的责任限额标准的做法过于草率。[4] 有的学者则进一步指出,海事赔偿责任限额在确定时需要遵循利益平衡和公平原则以协调各方利益,具体体现在海上运输经营主体与债权人利益的平衡,以及不同海上运输经营主体各自利益的平衡上。在考虑是否提高限额时,应以三个因素为考量标准:其一,通货膨胀使货币贬值的程度;其二,航海技术的发展对人类风险承受能力的提高程度;其三,船载货物价值的提高对海运风险的影响程度。[5]

由此可见,海事赔偿责任限额应该提高,是大部分学者的共识,但对于应该如何提高以及提高时应考虑何种因素,未有定论,而对于责任限额应该提高到什么水平,鲜有学者提出具体的具有建设性的方案。其原因在于,责任限额的

---

[1] 参见王婷婷、单红军:《论试航新造船的海事赔偿责任限制权利》,载《山东大学学报(哲学社会科学版)》2015年第3期。

[2] 参见仲海波:《我国海事赔偿责任限额完善之研究》,载《海大法律评论》2016—2017年刊。

[3] See Karan Hakan, Revising Liability Limits in International Maritime Conventions: A Turkish Perspective, 34 *Journal of Maritime Law & Commerce*, 2003(4), pp.616-628.

[4] 参见夏元军:《海事赔偿责任限制权利的扩张与平衡》,载《上海大学学报(社会科学版)》2017年第4期。

[5] 参见古宏亮:《浅论我国海事赔偿责任限制制度的完善》,载《现代商业》2010年第8期。

提高虽然有利于海事赔偿责任限制制度向民法损害赔偿规则靠拢,但是,由于此举将损害船方的利益,甚至有可能打破船货双方利益的平衡从而影响航运和贸易的发展,在缺乏充分调研的情况下,学者们的观点倾向于保守而非贸然改变责任限额的规定。

除此之外,关于拖航中承托方与被拖方责任限额的计算,即子船和母船在计算责任限额时是否视为一个整体的问题,在司法实践中常引发争议。目前出现了多种限额的计算方式,尚未形成一致看法。① 国外方面,有学者则对载驳船(母船)及其驳船(子船)的责任限制问题进行研究,认为鉴于海事赔偿责任限制制度的初衷是为了把船舶所有人的责任限制在其所投资的范围内,应该将子母船都视为一个整体,以两者的价值或者以两者的吨位计算出的限额为限确定责任人的责任,因为两者都是投资者为经营运输而投入的资产。②

5.关于海事赔偿责任限制的丧失条件

当前国际上通行的责任限制的丧失条件为《1976年海事索赔责任限制公约》第4条确立的标准,在该标准下,索赔方如果证明责任人"故意造成损害或者明知可能造成相应的损害后果而仍然轻率地作为或者不作为",则责任人无法主张海事赔偿责任限制。我国海商法也基本采这一标准。对于上述规定,有学者指出,《1976年海事索赔责任限制公约》将举证责任施加给了原告(索赔方),由此造成了在公约下责任限制的权利变得几乎难以丧失。③ 有学者对各国国内法和国际公约的演变进行研究后指出,丧失条件越来越严格(责任限制的权利越来越难丧失)是难以扭转的趋势。④

目前,也有大量研究指出了现有规定的弊端。有学者指出,有关丧失责任限制的规定过于原则,法院可以自由地将所有他们想要施加的内容都加入这种

---

① 譬如"整体限额连带"、"双重限额连带"以及"按份限额连带"等限额计算方式,参见邵琦、李薇:《海上拖航侵权中连带责任下的海事赔偿责任限制问题探讨》,载《中国海商法研究》2013年第1期。

② See Robert S. Crowder, Is a Lash Lighter a Vessel for Purposes of Shipowner Limitation of Liability? 22 *Tulane Maritime Law Journal*, 1997(1), pp.284-285.

③ See Debra L. Doby, The Wreck of the Andrew J. Barberi: Revaluating the Role of the U.S. and E.U. Limitation of Liability Statutes, 23 *Florida Journal of International Law*, 2011(2), pp.324-325.

④ 参见夏元军:《海事赔偿责任限制权利的扩张与平衡》,载《上海大学学报(社会科学版)》2017年第4期。

规定中,这造成法院的自由裁量权过大,这一规定也形同虚设。① 有学者认为当前海事赔偿责任限制丧失标准过于简单,亟须进一步明确。譬如,过错主体是否包括雇员、代理人,过错标准中"明知……而轻率……"对应的是何种过错程度,仍然存在争议。此外,举证责任的分配也不合理,目前举证责任在索赔方,但索赔方并不随船,对船货的情况并不掌握,这往往将造成举证不能。② 也有学者提出相似意见,认为我国《海商法》第209条关于责任限制丧失条件的规定过于原则化,在具体的适用过程中常出现不同的理解,明确丧失责任限制的条件具有重要的意义。③ 有学者指出,根据现行标准,判断责任人是否有权主张海事赔偿责任限制,其依据为责任人的主观心理状态,而由于责任人鲜有自认其错,法官在实践中只能通过考察客观的案件事实来判断当事人的主观过错情况,这给司法裁判带来很大的挑战。④ 有学者则从不同的角度提出了看法,认为上述宽松的规定是允许法院主动调整责任限制制度以实现公平价值取向的一种途径,应予以肯定。⑤ 但也有学者表达了顾虑,认为对上述标准的解释应该谨慎。否则,将产生不确定的后果——丧失海事赔偿责任限制的标准如果过于严格,海事赔偿责任限制将会变得难以丧失,不利于维护贸易者的利益;而如果标准过于宽松,海上活动参与者限制赔偿责任的权利将会很容易丧失,不利于促进航运业的发展。⑥

6.关于海事赔偿责任限制制度的公平问题

有学者提出警告,海事赔偿责任限制将带来严重的不公平。⑦ 有学者甚至提出海事赔偿责任限制制度与民法的损害赔偿原则相悖。⑧ 但是,不少学者提出相反看法,认为海事赔偿责任限制恰恰是公平原则的具体体现。⑨ 有观点指

---

① See Grant Gilmore, Charles L. Black, *The Law of Admiralty*, The Foundation Press, 1975, pp.10-20.
② 参见崔岩:《浅析海事赔偿责任限制权利的丧失》,载《中国水运》2006年第10期。
③ 参见王建瑞:《海事赔偿责任限制制度的十个问题》,载《中国海商法年刊》2010年刊。
④ 参见林焱:《严重违法航行者应丧失海事赔偿责任限制权利》,载《人民司法》2017年第14期。
⑤ See Donald C. Greenman, Limitation of Liability Unlimited, 32 *Journal of Maritime Law and Commerce*, 2001(1), pp.282-286.
⑥ 参见刘晓雯:《论海事赔偿责任限制权利的丧失》,载《山东对外经贸》2000年第5期。
⑦ See Grant Gilmore. Charles L.Black., *The Law of Admiralty*, The Foundation Press. 1975, p.10.
⑧ 俞国平:《论我国海事赔偿责任限制制度》,载《航海技术》2006年第3期。
⑨ 何丽新、饶玉琳:《海商法》,厦门大学出版社2004年版,第257页。

出,海事赔偿责任限制通过法定的形式对海事损害赔偿的数额进行了明确规定,与民法的基本法理并不冲突。① 有学者认为责任限制制度是对民法原则的发展,是在海事领域所适用的特殊损害赔偿规则。② 同时也有学者强调海商法的特殊性,认为在司法实践中海商法的规定受到优先适用,因此责任限制制度是海商法创设的基于商业风险分担的制度,并没有与民法的原则冲突。③

关于海事赔偿责任限制制度是否公平的问题,学者们持不同的观点,并未达成一致。但是,这些研究为本书论证海事赔偿责任限制制度的法理基础提供了参考,为本书利用民法的"公平观"评价制度的公平性指明了方向。

7. 关于海事赔偿责任限制制度的存废

早在20世纪70年代就有学者对大规模海损事故中限制责任人赔偿责任的制度提出了质疑。④ 而在20世纪90年代,英国两位大法官的论战则使得海事赔偿责任限制的存废问题被大规模讨论——英国大法官Mustill勋爵在1993年就对海事赔偿责任限制存在的正当性提出了质疑,⑤David Stell法官则在随后提出了不同的观点,认为海事赔偿责任限制的存在仍然具有必要性。⑥ 在此之后,司法界和学术界展开了对这一问题的大讨论,目前形成了废除、保留和改良三派观点。责任限制制度是否应该被废除,至今尚未有定论。⑦

在现有研究中,认为应该废除海事赔偿责任限制的理由主要包括:科学技术的发展已经提高了人类对抗海上风险的能力,因此不应该再设立偏袒于海上运输从业者的制度;⑧海事赔偿责任限制不符合民法上的损害赔偿原则,剥夺了

---

① 张湘兰主编:《海商法》,武汉大学出版社2014年版,第276页。
② 司玉琢、吴兆麟:《船舶碰撞法》,大连海事大学出版社1995年第2版,第239页。
③ 郭靖祎:《海商法与破产法的冲突与弥合》,载《华东政法大学学报》2018年第1期。
④ See Grant Gilmore, Charles L. BLACK, *The Law of Admiralty*, The Foundation Press, 1975, p.10.
⑤ Mustill Lord, Ships are Different- or are they? *Lloyd's Maritime and Commercial Law Quarterly*, 1992(4), pp.490-501.
⑥ David Steel, Ships are Different: the Case for Limitation of Liability, *Lloyd's Maritime and Commercial Law Quarterly*, 1995(1), pp.77-87.
⑦ Donald C. Greenman, Limitation of Liability Unlimited, 32 *Journal of Maritime Law and Commerce*, 2001(1), p.315.
⑧ 参见[加]威廉·台特雷:《国际海商法》,张永坚等译,法律出版社2005年版,第263页;See Mustill Lord, Ships are Different- or are they? *Lloyd's Maritime and Commercial Law Quarterly*, 1992(4), pp.490-501.

受害方获得全额赔偿的权利;①责任限额过低无法满足实际损失的需要,尤其是在人身损害赔偿案件中,这造成严重的不公;②现代航运业的保护措施日益丰富,使得海事赔偿责任限制制度丧失了存在的正当性。③

而认为应该保留海事赔偿责任限制制度的理由则包括:科学技术提高了人类抵抗海上风险的能力,但船舶的大型化、自动化、集装箱化和专门化同样带来新的风险,事故所造成的损失仍处在较高水平,因此仍须对海上风险予以控制;④海事赔偿责任限制制度不仅对海上运输业有利,而且能够促进商品和技术的流通,同时还能够鼓励海上救助业和海上保险业的发展,对各国经济的发展都具有重要意义;⑤海事赔偿责任限制制度改变了船方需要独立承担海上风险的不公平现状,其所追求的是实质公平,只要设定合理的赔偿责任限额,将能够维持促进航运业发展和保护贸易者利益的平衡;⑥海事赔偿责任限制能够确保在诉讼中赔偿金额的确定性,是处理复杂案件合理并且经济的手段,亦有利于

---

① 参见杨荣波:《海事赔偿责任限制制度的补充赔偿机制》,载《中国海商法研究》2012年第4期;See Gauci Gotthard, Limitation of Liability in Maritime Law: An Anachronism? 19 *Marine Policy*, 1995(1), p.69.

② See A. H. E. Popp, Limitation of Liability in Maritime law-An Assessment of Its Viability from a Canadian Perspective, 24 *Journal of Maritime Law and Commerce*, 1993(1), p.339; See also Kim Hyun, Shipowners' Limitation of Liability: Comparative Utility and Growth in the United States, Japan, and South Korea, 6 *U. S. F. Maritime Law Journal*, 1994(2), pp.385-386.

③ See Mark A. White, The 1851 Shipowners' Limitation of Liability Act: Should the Courts Deliver the Final Blow, 24 *Northern Illinois University Law Review*, 2004(1), p.850; See also Malcolm Clarke. The Transport of Goods in Europe: Patterns and Problems of Uniform law, *Lloyd's Maritime and Commercial Law Quarterly*. 1999(1), pp.36-52.

④ 参见司玉琢、吴兆麟:《船舶碰撞法》,大连海事大学出版社1995年第2版,第1~2页;Craig H. Allen, Limitation of Liability, 31 *Journal of Maritime Law and Commerce*, 2000(2), pp.279-280.

⑤ 参见司玉琢:《海商法专论》,中国人民大学出版社2018年版,第342~343页;谢庆演:《略论船舶所有人的责任限制问题》,载《法学评论》1985年第1期。

⑥ See Karan Hakan, Revising Liability Limits in International Maritime Conventions: A Turkish Perspective, 34 *Journal of Maritime Law & Commerce*, 2003(4), pp.615-616; See also Donald C. Greenman, Limitation of Liability: A Critical Analysis of United States Law in an International Setting, 57 *Tulane Law Review*, 1982(5), p.1140.

受损方快速获得赔偿。①

改良派的学者虽然承认海事赔偿责任限制存在的正当性基础已经动摇,在某些案件中限制赔偿责任亦会带来严重不公,但普遍认为彻底废除海事赔偿责任限制的做法不符合各国的航运和贸易利益,应该改良海事赔偿责任限制制度,使之符合时代的需求。②

五、进一步研究的方向

现有文献为本书探索海事赔偿责任限制制度奠定了基础,使得笔者有幸站在前人的肩膀上对海事赔偿责任限制制度进行研究,但同时也对本书的研究提出了更高的要求。本书将立足于前辈们的研究,从以下方面寻求新的突破点,力求推动关于海事赔偿责任限制制度的研究更进一步。

1. 立足客观情况的新变化

现有对于海事赔偿责任限制的系统性研究多发表于多年以前,部分研究是基于我国在20世纪末、21世纪初的航运和贸易状况展开的。但如今,随着船货之间力量格局的变化、我国国家战略的改变、国际形势的演变以及科学技术的发展,与海事赔偿责任限制立法相关的客观情况已然发生了变化。本书将立足于上述新情况,以海陆风险的新变化为着眼点,对海事赔偿责任限制制度在现代所面临的问题作出研判,探索制度的完善之路。

2. 重视与法学理论的共性

从研究的角度看,有大量研究立足于海商法的自体性,认为海商法理论是自给自足的,应该将海事赔偿责任限制制度置于海商法律体系中进行研究,鲜有从整个民事损害赔偿体系的高度对海事赔偿责任限制制度进行研究。在海商法的体系定位不明确、学界争议多年而未有定论的背景下,③海事赔偿责任限

---

① See Allen Jacqueline, To Limit or Not to Limit: Limitation of Liability on West Australian Waters- A Call for Reform, 24 *Australian & New Zealand Maritime Law Journal*, 2010(2), pp.93-103; See also Jason A. Schoenfeld, Michael M. Butterworth, Limitation of Liability: The Defense Perspective, 28 *Tulane Maritime Law Journal*, 2004(2), p.242.

② See Graydon S. Staring, The Roots and False Aspersions of Shipowner's Limitation of Liability, 39 *Journal of Maritime Law & Commerce*, 2008(3), p.317; See Patrick J. Bonner, Limitation of Liability: Should It be Jettisoned after the Deepwater Horizon, 85 *Tulane Law Review*, 2011(1), p.1205; See also Killingbeck Serge, Limitation of Liability for Maritime Claims and Its Place in the Past Present and Future-How Can It Survive, 3 *Southern Cross University Law Review*, 1999(1), pp.25-29.

③ 目前有民法特别法说、国际经济法分支说、海商法自体性说等观点。

制的研究如果片面立足于其特殊性,将无法与其他学科交融并形成有效的互动,导致海商法研究成果的碎片化,无法形成统一的理论体系。本书将在坚持海商法是民法特别法的前提下,探索海商法在法学体系下的共性,以传统法学理论为海事赔偿责任限制制度的完善提供必要的给养。

3. 探索司法实践问题的解决之路

现有研究普遍重视理论探讨而忽略了实证研究,这导致某些研究的问题导向性不强,研究成果未能服务于海事司法实践。目前,关于海事实践中涉及海事赔偿责任限制的争议问题,仍然有相当大一部分未得到解决,主要包括:(1)海商法的体系定位、海事赔偿责任限制制度的性质;(2)海事赔偿责任限制权利主体的具体范围;(3)责任人丧失海事赔偿责任限制权利的具体标准和举证责任的分配;(4)海事赔偿责任限制责任限额标准的确定;(5)海事赔偿责任限制制度的存废;(6)海事赔偿责任限制制度与民事损害赔偿制度的司法适用问题。上述问题,有待进一步研究。

针对现有研究的不足,本书将立足于最新的航运、贸易实践和国际形势的变化,结合最新的国际立法和我国国家战略的需求对海事赔偿责任限制制度进行研究。在研究的角度上,不再局限于海商法的特殊性,而是立足于民法体系对海事赔偿责任限制的制度构建进行研究,利用民法深厚的理论基础为海事赔偿责任限制制度的构建提供理论给养。同时,立足于航海实践中的争议问题,考察航运企业的实际经营状况和经营风险、重大海难事故中的实际损失、海事赔偿责任限制案件中的获赔比例等数据,为解决海事实践中的争议问题提供数据支持。

六、概念的厘清

本书的主要研究对象是海事赔偿责任限制这一旨在公平分摊海上风险的制度及其在现代的完善对策。该制度从产生至今经历了从习惯、国内立法到国际公约的演进过程,其国际性与特殊性逐渐增强;从依托于民事立法到衍生出一套独立的海上赔偿制度,与民法体系渐行渐远。海事赔偿责任限制之所以能作出不同于民法损害赔偿规则的规定并最终自成体系,是建立在"鼓励航运和贸易业发展的紧迫需求"与"海上和陆上的风险具有差异性的客观事实"这两个基础之上的,已如前述。但如今,随着科学技术的发展以及鼓励海上冒险政策的转向,海陆差异性已经逐渐减弱,上述区别于民事领域所普遍采用的"赔偿实际损失规则"的特殊制度存在的正当性基础开始遭受质疑。因此,本书尝试在我国《民法典》时代重新梳理海商法与民法之间特别法与一般法的关系,促进民事立法的体系化。在此基础上,立足于民法体系,对海事赔偿责任限制制度进行考察,以民法理论为给养寻求对海事赔偿责任限制制度的完善,以期重塑海事赔偿责任限制的正当性。

海事赔偿责任限制制度有狭义和广义之分。以我国为例,狭义的海事赔偿责任限制制度仅指《海商法》第十一章所规定的海事赔偿责任限制制度,涉及一般人身伤亡和财产损失所引起的索赔,包括旅客运输的人身伤亡和财产损失。而广义的海事赔偿责任限制制度还包括专门适用于有关船舶油污损害、船舶运输有毒有害物质损害所引起的索赔的责任限制制度,这些损害所引起的赔偿额通常较大,除了涉及一般损害的赔偿,还包括恢复环境的巨额成本,因此一般采用独立的赔偿责任限制基金单独计算。这类损害赔偿又可以分为三个小类型,分别为:(1)油轮造成的持久性油类污染损害赔偿;(2)船舶运输有毒有害物质所造成的污染损害赔偿;(3)油轮造成的非持久性燃油以及其他船舶(除油轮以外的船舶)造成的燃油污染损害赔偿。其中第(1)类、第(2)类由于造成的污染比较严重,与其他海事请求适用同一个责任限制基金将带来不公平,因此通常采用特定的责任限额并适用独立的责任限制基金。而第(3)类索赔,根据最高人民法院司法解释的规定,仍然适用《海商法》"海事赔偿责任限制"章的规定。[①]本书的研究范围为狭义的海事赔偿责任限制制度,即我国《海商法》"海事赔偿责任限制"章所规定的适用于一般人身伤亡和财产损失索赔的责任限制机制,包括对油轮造成的非持久性燃油污染以及其他船舶造成的燃油污染损害赔偿责任的限制。

七、整体研究思路

从微观层面上看,本书的具体研究内容可以分为四个面向。

第一章是关于海事赔偿责任限制制度的起源和历史演进的介绍。首先明确了海事赔偿责任限制制度的起源和具体内涵,提出现代意义上的海事赔偿责任限制制度最早可以追溯到中世纪时期的《阿马尔菲表》,是指"在海损事故发生后,责任人有权依据法律的规定主张将其对事故所引起的赔偿责任限制在一定范围内的法律制度"。在此基础上,对海事赔偿责任限制产生时的社会背景

[①] 参见《最高人民法院关于审理船舶油污损害赔偿纠纷案件若干问题的规定》第19条第2款。

和正当性基础进行探索,指出海事赔偿责任限制的产生是发展航运业的需求,是维护本国航运和贸易利益的需要,是提高全社会抗风险能力的考量,其本质上是一种海上风险的分摊机制,旨在改善船货双方在风险承担上的不公平,是对一般损害赔偿原则的人为矫正。其次,对海事赔偿责任限制从中世纪的习惯法到近代欧美的主权国家立法再到现代的国际公约的演变过程进行梳理。最后,对海事赔偿责任限制制度的发展规律进行总结,提出海事赔偿责任限制在发展过程中呈现出"责任限制的权利主体不断扩张、丧失责任限制的条件不断严格以及责任限额不断提高"的发展趋势。

第二章是关于海上风险变迁及其对海事赔偿责任限制制度的冲击。首先总结了现代以来海上风险变迁的具体表现,主要包括科学技术的发展、风险分散机制的普及和海上运输经营方式的变化。其次,分析了海上风险变迁可能带来的主要影响——海陆风险差异性的弱化使得对海上活动参与者给予倾斜保护的做法受到质疑,海事赔偿责任限制制度的正当性基础受到冲击,进而导致海事赔偿责任限制制度逐渐"解限制化"。同时,考虑"海难事故仍然造成巨大的损失、新技术的普及带来新的风险、人工智能技术的应用给风险带来不确定性以及海事赔偿责任限制制度在风险分散中扮演着不可替代的作用"等方面的因素,提出海事赔偿责任限制制度在当代仍然具有存在的必要性。最后,基于海陆风险差异性的弱化、海上风险分散渠道的丰富以及全球航运形势的改变等客观情况的变化,提出海事赔偿责任限制制度的正当性已然受到冲击。为确保海事赔偿责任限制制度继续发挥促进航运和贸易业发展的作用,通过制度的完善对其正当性进行重塑具有必要性。

第三章是民法体系下海事赔偿责任限制制度的反思与正当性重塑。首先,通过对海商法从古代到中世纪再到近现代的演进历程进行分析,指出现代海商法"自成一体"的属性具有限度,其性质当属民法的特别法。随后,指出我国海商法理论研究过分注重海商法的特殊性,而忽略了其与陆上法律制度的共性,这种海商法"自成一体"观念的固守使得海商法理论研究既不被我国法律体系所认可,也无法从传统法学体系中获得理论支撑,面临着被边缘化的危机。在海上风险变迁的背景下,海商法具体制度的完善应该在民法体系下进行,以民法理论为指导。其次,论证了海事赔偿责任限制制度是民法损害赔偿的特别制度,并分析了民法体系下海事赔偿责任限制的实体性权利和程序性权利之争,以及抗辩权、形成权和请求权之争。在此基础上,试图以免责事由理论为分析工具对海事赔偿责任限制的性质进行探索,提出海事赔偿责任限制本质上是海事赔偿领域的一种法定免责事由,明确海事赔偿责任限制制度在民法体系下的定位。最后,通过对现有理论和立法进行梳理,指出现有理论将免责事由认定为责任的消极构成要件,混淆了责任不成立的抗辩和免除赔偿责任的事由之间的关系,与"先有责任后有免责"的逻辑相矛盾。为了解决现有理论在解释上的错位,提出免责权的概念并对海事赔偿责任限制的免责权属性进行论证。在此基础上,立足于海陆风险差异性逐渐缩小的客观事实,以民法免责权理论为指导探寻重塑海事赔偿责任限制制度正当性的路径,为我国《海商法》海事赔偿责任限制制度的完善奠定基础。

第四章是关于我国海事赔偿责任限制立法的现状、困境和完善对策。首先,分别梳理了海峡两岸暨港澳海事赔偿责任限制制度的起源和立法现状,提出我国海峡两岸暨港澳的海事赔偿责任限制立法由于航运和贸易发展政策的差异,存在规定上的差别,但通过海事赔偿责任限制制度促进航运和贸易业的发展是共同的追求。同时,在海上风险变迁的背景下,通过制度的变革重塑海事赔偿责任限制的正当性,也是海峡两岸暨港澳立法的共同期望。其次,立足于我国《海商法》的规定,以我国海事赔偿责任限制案件为分析样本,总结了在海上风险变迁的背景下,我国海事赔偿责任限制立法存在的"权利主体不明确、保护范围未明晰、丧失权利的条件难认定以及责任限额的提高方案难确定"等问题。最后,提出完善我国《海商法》海事赔偿责任限制制度的对策:责任限制的权利主体应逐步扩张、责任限制的权利客体应进一步明确、责任限制的权利内容应实现与民事损害赔偿制度的和谐发展。

本书在结论部分重申了海事赔偿责任限制制度在航运和贸易业发展中发挥的重要作用,提出海事赔偿责任限制制度在当代仍然具有存在的意义。但是,随着海陆风险差异性的弱化,海事赔偿责任限制的特殊性应该被逐渐弱化,以促进"控制被索赔方所面临的风险"和"保护索赔方的利益"两者之间的平衡,进而重塑海事赔偿责任限制制度在当代的正当性。具体而言,应通过权利主体的明确、权利边界的明晰和责任限额的提高,使之回归民法体系,成为民事损害赔偿制度在海事领域的特别规定,而非完全脱离陆上法律规定的特权。

第一章

海事赔偿责任限制制度的起源及历史演进

海事赔偿责任限制是海事领域中一项古老的制度,经历了多年的发展,制度本身发生了一些调整以因应客观情况的变化,但是其内核未曾改变,一直在海事领域中发挥着公平分摊海上风险的重要作用。对海事赔偿责任限制制度的起源和历史演变进行考察,可以探寻海事赔偿责任限制的制度初衷和发展规律,为制度的完善奠定基础。

第一节 海事赔偿责任限制制度的源流考察

一、海事赔偿责任限制制度的内涵及起源

(一)海事赔偿责任限制制度的内涵

关于海事赔偿责任限制制度,虽然有大量研究都尝试给其下定义,但仅存在措辞上的细微差别,对于海事赔偿责任限制制度的概念阐释,现有研究具有高度的共识。所谓海事赔偿责任限制,是指在发生海损事故后,在法律允许的范围内或者除了法律保留的某些特别海事请求之外,责任人有权依据法律的规定主张将其对事故所引起的赔偿责任限制在一定范围内的法律制度。[1]

---

[1] 参见司玉琢:《海商法专论》,中国人民大学出版社2018年版,第342页;傅廷中:《海商法》,法律出版社2017年版,第323页;胡正良主编:《海事法》,北京大学出版社2016年版,第596页;何丽新、谢美山:《海事赔偿责任限制研究》,厦门大学出版社2008年版,第51页;Barnabas W.B. Reynolds, Michael N. Tsimplis, *Shipowners' Limitation of Liability*, Kluwer Law International, 2012, p.3; Thomas J. Schoenbaum, *Admiralty and Maritime Law*, West, 2012, p.809.

由上述概念可知,海事赔偿责任限制制度的核心内涵在于责任人在遭受海事索赔时拥有免除部分赔偿责任的权利。而作为一项法定特权,这种权利的行使并非无限,而是受到了严格的限制:首先,海事赔偿责任限制制度是海上特有的制度,因此其权利的行使被限制在海事领域。只有在遭受了特定的海事赔偿请求时,责任人才能主张限制赔偿责任。如果非因海上风险而造成的索赔,责任人无权主张海事赔偿责任限制,这是基于海上风险相比于陆上风险更难以控制的特征。其次,可以主张海事赔偿责任限制的海事请求仅限于限制性海事请求,即仅有法律保留之外的特定海事请求所引起的索赔,责任人才能主张海事赔偿责任限制的权利。随着航运业的发展,海上活动中所面临的风险不断增加,可以主张海事赔偿责任限制的请求范围也不断扩张。如今,国际公约和各国国内立法一般对不可主张海事赔偿责任限制的海事请求(非限制性海事请求)作出规定,虽然上述规定不尽相同,但基本上是基于专属管辖、共同海损、公共利益等因素的考量而对海事赔偿责任限制的权利作出限制。譬如,当前国际上适用范围较广的《1976年海事索赔责任限制公约》第3条即明确规定了五类不可主张海事赔偿责任限制的索赔,同时在第2条第1款规定了六类限制性海事请求,并允许缔约国根据实际情况对限制性海事请求作出保留。① 因此,只有当海事索赔请求属于限制性海事请求的范围,同时又不属于非限制性海事请求的范畴,权利人方可主张海事赔偿责任限制。再次,对权利人主观心理状态的限制。如果造成的损失是由于责任人的过错造成的,责任人将无权主张责任限制。当然,是否构成过错以及认定过错的标准存在不同的规定,法官在具体案件的审判中对过错的认定亦拥有一定的自由裁量权。最后,可以主张海事赔偿责任限制的主体应局限于"遭受海上风险的主体"。在产生之初,海事赔偿责任限制亦称为船舶所有人责任限制,顾名思义,其权利主体仅包括船舶所有人。后来,由于参与海上冒险的主体逐渐丰富,暴露在海上风险中的主体亦随之增加,船舶承租人、经营人、管理人等参与海上冒险的主体也逐渐被赋予限制赔偿责任的权利,以实现海事赔偿责任限制制度有效控制海上风险的目的。

(二)海事赔偿责任限制制度的起源

关于海事赔偿责任限制的起源,现有研究最早将其追溯至古罗马时期,认为体现了公平正义原则的特有产制度和损害投偿制度是最初确立船舶所有人

---

① 参见《1976年海事索赔责任限制公约》第18条第1款有关缔约国对公约条款作出保留的规定。

责任限制制度的理论基础,海事赔偿责任限制制度也由其发展而来。① 笔者认为,这样的论断具有一定的依据,但并不严谨。的确,罗马法中出现的相关法言已经体现了责任限制的理念,在"特有产之诉"(I.4,7,4)和"损害投偿之诉"(I.4,8pr.)中,主人因奴隶未经其同意从事交易而遭受追诉,以及由于奴隶的非行而遭遇索赔,赔偿责任仅限于其"特有产"之范围,即承担的是有限责任。② 在这一时期,罗马家庭在家父权的笼罩之下形成一个封闭的整体,加上对债的相对性原则的严格遵守,索赔方只能基于合同关系向家子或者奴隶索赔,而无法请求在海上活动中实际获得收益的家父或主人承担相应的责任。但是,随着海上活动日益频繁,这种风险分担的失衡渐渐地无法满足海上贸易发展的需要,由此,古罗马裁判官通过告示在航运业中创设针对船舶经营人之诉。③ 根据告示,若某人任命其奴隶为一条船的船长,对于奴隶在被授权范围内的行为所引起的索赔,索赔方可以提起针对船舶经营人之诉,直接向主人主张全额赔偿。(I.4,7,2)④ 此时,主人作为"船舶经营人",对于奴隶在海上活动中的行为所引起的索赔,依然需要承担全部责任,而无法将责任限制在"特有产"的范围内。需要说明的是,上述告示中所指"船舶经营人"并不仅仅局限于船舶所有人(船东),还可以包括从船舶所有人处有期限或者无期限租赁船舶且获得船舶收益的人。

---

① 邬先江、陈海波:《海事赔偿责任限制制度的法理基础及其历史嬗变》,载《浙江社会科学》2010年第11期。

② 参见徐国栋:《优士丁尼〈法学阶梯〉评注》,北京大学出版社2019年版,第561、567页。I.4,7,4:"此外,采用了特有产之诉和主人得利之诉,尽管未得主人之同意缔结了交易,但如果他已从中获得某种利润,他应就这一利润之全额承担责任。如果他没有从中获得某种利润,他应就允许的特有产之全额承担责任。"I.4,8pr.:"由于奴隶的非行,如他们实施了盗窃、抢劫财产、损害或侵辱,发生损害投偿诉权,在这种诉讼中,允许受判处的主人要么承受讼额估价,要么交出加害人。"

③ 参见王莹莹:《论"增加之诉":罗马法代理与有限责任现象之解读并法学家与裁判官力量之展示》,法律出版社2011年版,第33页。

④ 参见徐国栋:《优士丁尼〈法学阶梯〉评注》,北京大学出版社2019年版,第559页。I.4,7,2:"为了同样的理由,裁判官允许其他两种全额诉权,其中一种称作针对船舶经营人之诉;另一种称作总管之诉。在某人任命其奴隶为一条船的船长,而由于他被任命主持的事务,他就某事缔结了契约的情况下,发生针对船舶经营人之诉。它之所以叫作针对船舶经营人之诉,乃因为船舶每日利润所属的人叫作船舶经营人;在某人任命奴隶主管小店铺或任何业务,而因为任命他主管的事务,他就某事缔结了契约的情况下,发生总管之诉,而它之所以叫作总管之诉,乃因为被任命主管业务者称作总管。"

(D.14,1,1,15)[①]船舶经营人可以是家父或者家子,也可以是主人或者奴隶,亦没有性别上的要求。(D.14,1,1,16)[②]而在现代航运中,船舶经营人亦包括船舶所有人和光船承租人,以及受上述主体委托经营和管理船舶的人。[③] 他们从事着经营活动,与船舶所有人和光船承租人一样面临着海上风险。可见,虽然古今中外对船舶经营人的措辞存在差异,[④]但是其内涵较为统一,都是指在一定条件下直接或间接占有船舶,并对船舶享有使用、收益或者处分权的主体,既可以指船舶所有人,在某些情况下也可以指其他主体。

由上述论述可知,以特有产和损害投偿制度为代表的分担和限制风险的理念对日后产生的公司有限责任制度、海事赔偿责任限制制度、加害人请求限度(酌减制度)[⑤]等限制责任的制度有深远的影响。但在古罗马时期,海上经营活动中所普遍适用的依然是全额赔偿的原则,未出现有关限制海事赔偿责任的规定。因此,有关海上活动参与者享有限制赔偿责任权利的具体制度还要追溯至中世纪时期,现存有关海事赔偿责任限制制度的最早文献是《阿马尔菲表》,该碑文中开始出现船舶所有人可以主张限制赔偿责任的零星记载,[⑥]经过一系列海事实践,并伴随着新航路开辟中鼓励和促进航运业发展的需求逐渐形成现代意义上的海事赔偿责任限制制度。有关海事赔偿责任限制立法的历史演变和发展,在本书后文会详细梳理,此不赘述。

二、海事赔偿责任限制制度产生时的社会背景

探寻海事赔偿责任限制存在的价值,必须回到海事赔偿责任限制的源头,立足于特定的社会背景对海事赔偿责任限制的作用进行考察。回到海事赔偿

---

① See Samuel P. Scott, *The Civil Law: including The Twelve Tables, The Institutes of Gaius, The Rules of Ulpian, The Opinions of Paulus, The Enactments of Justinian, and The Constitutions of Leo*, Vol. IV, The General Trust Company, 1932, p.202.

② See Samuel P. Scott, *The Civil Law: including The Twelve Tables, The Institutes of Gaius, The Rules of Ulpian, The Opinions of Paulus, The Enactments of Justinian, and The Constitutions of Leo*, Vol. IV, The General Trust Company, 1932, p.202.

③ 参见司玉琢主编:《海商法大辞典》,人民交通出版社1997年版,第805页。

④ 古罗马的裁判官告示中,船舶经营人的拉丁文原文为"exercitorem",对应的英文单词为"exercitor",而目前有关海事赔偿责任限制的国际公约多用"operator"指代船舶经营人。

⑤ 即将责任人的责任直接限制在"不影响其生计或履行其法定扶养义务所必需的资金"之范围。

⑥ See Travers Twiss, *The Black Book of the Admiralty: with an Appendix*, Cambridge University Press, 2012, pp.3-54.

责任限制的源头,我们可以发现,海事赔偿责任限制是当时特殊时代所催生的,是人类进一步探索海洋、大规模发展洲际航运贸易的需要。而这种制度之所以能够在产生后存在了几百年时间,至今仍然为各国海商法律制度所采纳,其原因在于如今这一制度仍然对促进航运和贸易发展产生巨大的作用。

(一)发展航运业的需求

现代意义上的海事赔偿责任限制制度产生于新航路开辟前后,彼时,洲际贸易和洲际运输间的供需矛盾凸显:新大陆的发现和贸易活动所产生的巨额利益使得洲际贸易需求日渐增加,而航运业的发展则相对滞后,其原因在于投资者对经营海上运输所面对的风险并没有准确的判断,对于独自面对巨大的海上风险缺乏信心。就算保险制度的产生和进一步发展可以有力地分担部分海上风险,但是由于"海上风险"相比于"陆上风险"具有无限性和不可控制性的特点,决定了可保性的降低和保险费的增长,使得保险业在控制海上风险中发挥的作用十分有限。[1] 海上风险无法得到有效控制,严重打击了投资者经营海上运输的积极性,而对船队投资的缺乏也导致了海上运力严重不足,资本家海外扩张的雄心也因此受到钳制。为了促进海上贸易的发展,亟须通过限制海上运输投资者所面临的责任以鼓励海上冒险(包括海上运输、海难救助以及海上保险等),[2]在这种背景下,海事赔偿责任限制制度由此产生。立法者通过法定的形式将船舶所有人所面临的风险限制在一定的范围内——早期欧洲的责任限制立法采取委弃制,船舶所有人可以选择放弃船舶的所有权以免除赔偿责任。[3] 由于保护受害人以及发展海运业的需要,海事赔偿责任限制的限额演变为以航次终了时肇事船舶的价值及运费为限,而在当代,责任限额的计算日趋科学化,以船舶吨位为计算基础的金额制成为计算责任限额的主要方式。[4] 但无论计算方法及其限额如何,海事赔偿责任限制制度把责任人的无限责任限制在有限的范围内,投资者不需要因为难以估量的海上风险而承担无限的赔偿责任,这极大地提高了投资者的积极性,投资者对航运业的投入也因此逐渐提高,促进了航运业的发展。

---

[1] See Official Records of the International Conference on the Limitation of Liability for Maritime Claims, September 27, 1976, LEG/CONF.5/6, pp.112-113.

[2] See Aleka Mandaraka-Sheppard, *Modern Maritime Law: Managing Risks and Liabilities*, Informa Law form Routledge, 2013, p.739.

[3] 通常包括船舶、船上设备以及该航次所得运费。

[4] 参见何丽新、谢美山:《海事赔偿责任限制研究》,厦门大学出版社2008年版,第75~83页。

(二)维护本国航运和贸易利益的需要

海事赔偿责任限制制度仅仅是海商法的一个缩影,作为旨在保护海上运输和贸易的法律,所有海商法制度在促进本国航运经济进而维护本国海上利益中都发挥着重要的作用,尤其是在新航路开辟后。"地理大发现"将新旧大陆联系在一起,海洋成为国家崛起的必争之地,壮大本国海上力量成为必然选择。加之重商主义继续盛行,为了鼓励资本投入、创新、财富积累,合同自由、过错责任原则等大行其道。而作为生产力过剩的情况下输出商品进而开拓海外市场的重要工具,海上运输业成为发展的重点,壮大本国的船队亦成为立法者的首要任务。

"地理大发现"的践行者和受益者——英国正是通过海商海事法律体系的建设助力其垄断海上贸易并建立日不落帝国,其中在英国确立海上霸主地位中扮演关键作用的当数1651年颁布的《航海法案》(Navigation Acts)。该法案规定英国本土与其殖民地之间的海上货物运输,只能由英国籍的船舶承担,由此鼓励和保护了本国航运业的发展,并促进了本国船队的壮大;同时,该法案亦严重打击了当时强大的海运国荷兰的海上航运,为日后确立垄断地位并建立日不落帝国奠定了基础,这也直接导致了英荷战争的爆发。1654年战争以荷兰的失败而告终,双方签订了《威斯敏斯特合约》(Treaty of Westminster),荷兰被迫承认《航海法案》中保护英国本国航运利益的规定。此后,英国于1734年制定《船舶所有人责任法》(Responsibility of Shipowners Act,1734),赋予船舶所有人限制赔偿责任的权利。[①] 这对于鼓励海上冒险,壮大英国的商船队起着重要的作用。英国凭借着《航海法案》确立了大西洋的经济秩序,通过《船舶所有人责任法》鼓励了航运业的发展,建立了包括北美在内的殖民地。

但是,上述立法单方面维护英国本土的利益,却严重损害了殖民地的利益。随着民族解放运动的兴起,北美殖民地率先奋起反抗。[②] 随后,北美独立战争爆发,殖民地人民通过《独立宣言》摆脱英国所确立的以宗主国为核心的贸易和航运秩序。美国独立后,随着商船队迅速崛起,美国与英国等海运国家产生激烈竞争。在Lexington号一案中,由于拥有责任限制立法,英国船东与美国船东

[①] 该法明确规定,船舶所有人对于船长或者船员侵占、私藏或者盗走金、银、钻石、珠宝、宝石等承运货物所引起的索赔,赔偿责任仅限于船舶及其属具的价值,加上相关航次所赚取的运费数额。参见 James J. Donovan, The Origins and Development of Limitation of Shipowners' Liability, 53 *Tulane Law Review*, 1979(4), p.1007.

[②] 刘天骄:《大西洋立法者之争——从〈航海法案〉看英第一帝国秩序的变迁》,载《开放时代》2016年第6期。

相比获得了巨大的优势。[①] 这种优势被美国缅因州参议员 Hannibal Hamlin 认为会伤害到美国船队的利益,他随后提出了名为《为限制船东责任及其他》(To Limit the Liability of Shipowners and for other Purposes)的法案,认为应该效仿英国的责任限制立法,这样会使得美国的海运业能够与英国的海运业处于平等的竞争地位。[②] 该提案催生了美国的船舶所有人责任限制立法,保证了美国船东的竞争地位,并在随后有力地促进了美国航运业的发展。

(三)提高全行业对抗海上风险能力的考量

在国际贸易中,海商法还通过共同海损、单位责任限制、承运人免责等制度,在参与海运活动的各方主体间通过偏袒船东的制度创造了一种法定的不平等,使得海上贸易中承运人拥有诸多法定的免责与限责事由,这是对船货双方在面临海上风险时不公平地位的人为矫正,本质上是统治者通过法律法规这一国家治理的常用手段对海上风险进行社会化分担,以提高海上活动参与者的抗风险能力。

事实上,统治者在国家治理过程中对社会风险进行分担的做法自古有之,并广泛存在于当代的制度中。除了海上领域的海事赔偿责任限制制度,陆上同样有分散风险的法律制度。公司有限责任制度和破产制度是对投资者所面临的商业风险的限制,在遭受索赔时,公司股东可以将责任限制在其投资的范围内,这本质上是将风险分散到每一个参与商业活动的社会主体。之所以会有此种限制赔偿责任的制度设计,有学者指出,在于一行为有可能引起多种损害后果,并有可能引发巨额的赔偿,稍有不慎将给个人或者企业带来难以逆转的影响,不利于各行业的发展。[③] 此种制度设计,与海事赔偿责任限制制度有相同的初衷,即将无限的风险有限化,以鼓励当事人从事相关活动。除此之外,刑法中正当防卫制度的设立亦是为了有效分担社会风险——通过免责事由的规定有效分担了正当防卫行为所产生的风险,从而起到鼓励行为人实施正当防卫的作用。[④] 由此可以避免正当防卫人承担难以估量的行为后果,而限制其进行相关防卫行为。由此可见,风险的社会化分担是社会有序运行和经济平稳发展的必

[①] New Jersey Steam Navig. Co. V. The Merchants' Bank of Boston (The Lexington), 47 U. S. (6 How.) 344, 379(1848).

[②] Cong.Globe, 31st Cong., 2d Sess. 331(1851). Cited from James J. Donovan, The Origins and Development of Limitation of Shipowners' Liability, 53 *Tulane Law Review*, 1979(4), pp. 1012-1013.

[③] 曾世雄:《损害赔偿法原理》,中国政法大学出版社2001年版,第25页。

[④] 陈璇:《正当防卫中风险分担原则之提倡》,载《法学评论》2009年第1期。

要手段,立法者在调整社会关系时已经普遍适用这种风险分担的模式,旨在平衡多方主体的利益,促进社会的和谐与行业的平稳发展。这种做法追求的是一种社会本位或国家本位的思想,通过公平分担风险而维持社会的正常秩序和行业的正常运行。因此,在风险社会下,联合社会主体共同应对难以预估的风险,以实现对社会风险的有效分担,是提高社会整体抗风险能力的必要手段。

概言之,海事赔偿责任限制作为一种限制风险的工具,诞生于新航路开辟后鼓励航运业发展的特殊历史背景,是当时主要工业国家对外扩张下扶持航运和贸易业发展的特定产物。工业革命完成后,由于生产力过剩,主要工业国家亟须在对外输出商品的同时获取生产资料。在这种背景下,一国亟须发展本国的航运业以确保商品的输出以及对资源的掠夺,而以海事赔偿责任限制制度为代表的、旨在控制海上风险的海商法制度与国家的发展战略不谋而合,因而成为各国所广泛使用的风险治理工具,对航运业和贸易业的发展起到了很强的推动作用。

三、海事赔偿责任限制制度存在的法理基础

(一)对海事赔偿责任限制公平性的质疑

公平是法律永恒的追求,是法律所应当始终奉行的价值观,在诸多情形下,公平甚至被看作是法律的等价物。[①] 然而,作为海商法特别制度的海事赔偿责任限制制度,则在限制被索赔方赔偿责任的同时牺牲了索赔方获得全额赔偿的权利,这种做法似乎违背了法律所追求的公平。在民法损害赔偿制度中,弥补受害人损失是宗旨,恢复损害前的原状是准则,但是在海事赔偿责任限制制度下,受害人的损失显然没有得到全部弥补,恢复损害前的原状更是无从说起。基于海事赔偿责任限制的此种特性,Lord Denning 在 The Bramley Moore 一案中曾经指出:"海事赔偿责任限制制度与法律所追求的公平无涉,其实质是风险分摊的手段,目的是促进贸易的健康发展。"[②] 该论述肯定了海事赔偿责任限制的政策性而对其公平性提出了质疑。亦有学者认为,海事赔偿责任限制以牺牲索赔方的利益为代价保护船方的利益,违背了公平的原则。[③] 从这个角度看,海事赔偿责任限制似乎违背了法律所追求的公平,其公平性受到了不小的质疑。

[①] 参见[英]彼得·斯坦、约翰·香德:《西方社会的法律价值》,王献平译,中国法制出版社2004年版,第86页。

[②] "The Bramley Moore"(1963) 2 Lloyd's Rep. 429.

[③] Grant Gilmore, Charles L. Black, *The Law of Admiralty*, The Foundation Press,1975, p.10.

但是,本书认为,从海事赔偿责任存在的历史背景以及海事实践的特殊性看,海事赔偿责任限制制度仍然有其法理基础,一直恪守着民法的公平观。① 诚如何丽新教授所言,海事赔偿责任限制符合海上运输中船货利益平衡的需要,是公平的具体体现,这种海商法的特殊制度公平地分担了责任方和受害方的风险,是公平内涵的直接体现,并非与公平无涉。② 而早在1625年,格劳秀斯就指出船舶所有人责任限制是符合公平要求的。③ 为了探索海事赔偿责任限制制度的公平性,本书拟结合海事司法实践和海事赔偿责任限制产生时的时代背景,对海事赔偿责任限制制度遵循民法公平观的法理基础展开探索。

(二)对质疑的回应:海事赔偿责任限制是公平分担风险的手段

对海事赔偿责任限制的公平性进行探索,必须先确立公平的标准。然而,正如博登海默所言:"正义有着一张普洛透斯似的脸(a Protean Face),变幻无常,其形状和样貌随时可能发生变化。"④古今中外,公平的标准亦错综复杂,其具体内涵至今仍然鲜有定论。基于此,本书试图以经济学的价值理论为分析工具,探寻在交换关系和责任承担关系中的公平问题,以此为基础树立公平的标准。

在交易过程中,公平常常表现为交换物和被交换物在价值上的合适比例,而在涉及责任的分担时,公平则表现为当事双方在责任分配上的妥当性。⑤ 在海上货物运输中,船方承担将货物运抵目的港并在运输过程中对抗海上风险的义务,同时获得收取运费的权利;而货方承担支付运费的义务,同时享有获得运输服务的权利。由此观之,在海上货物运输中,公平体现为船方和货方在权利和义务上的平衡:货方向船方支付一定的运费,作为对价,船方向货方提供货物运输服务。评价这种运费和运输服务的对价是否公平,可以借助经济学的价值理论进行评判。⑥ 正如徐国栋教授所言,所谓公平,就是交换物与被交换物在价

---

① 公平原则仅适用于交换关系和责任承担关系,并无法涵摄人身关系法,称其为民法的基本原则并不妥当,因此本书采用"公平观"而非"公平原则"。参见徐国栋:《将"人前物后"进行到底》,载《人民法治》2016年第3期。

② 参见何丽新、谢美山:《海事赔偿责任限制研究》,厦门大学出版社2008年版,第71~74页。

③ 参见张新平:《海商法》,中国政法大学出版社2002年版,第62页。

④ [美] E.博登海默:《法理学——法律哲学与法律方法》,邓正来译,中国政法大学出版社2004年版,第261页。

⑤ 参见徐国栋:《将"人前物后"进行到底》,载《人民法治》2016年第3期。

⑥ 参见何丽新、王沛锐:《民法公平原则下海事赔偿责任限制正当性之重塑》,载《中山大学学报(社会科学版)》2021年第2期。

值上的一种对比度,从这个意义上看,公平问题就是价格—价值问题。[①] 根据马克思主义的价值论,所谓价值,是"由劳动、效用和稀缺性所决定的资源与人的福利的关系"[②]。而根据传统的经济学理论,对于某一事物价值的评价,常常使用效用价值论和劳动价值论两套评价体系,前者以商品给购买者带来的效用为基础,是一种主观价值论;后者以生产该商品所耗费的人类劳动为标准,是一种客观价值论。下文将分别以经济学的主观价值论和客观价值论为分析工具,寻求公平的量化规定,对海上运输关系中交换物与被交换物的价值进行衡量,以探索船货双方的权利义务关系是否达到公平的标准,在此基础上评价海事赔偿责任限制制度在海上运输中所发挥的作用,回应对海事赔偿责任限制公平性的质疑。

所谓劳动价值论,是指商品的价值由凝结在商品中无差别的人类劳动所决定,即认为商品固有一种不受环境或人类估价影响的价值,是一种从客观角度评价商品价值的理论。[③] 在客观价值论的平等观下,海上货物运输中船货双方的付出和获得的收益是否符合公平的标准?根据海上货物运输合同的规定,货主(托运人)向船方(承运人)支付一定的运费,同时将货物运抵启运港,作为对价,船方接收货物并提供将货物安全运抵目的港的运输服务。在上述关系中,如果运费的计算是基于船方运输货物所耗费的无差别的人类劳动,则这种交易似乎是符合市场规律的,亦是公平的。但是,在上文的分析中,有一点因素被忽略了——船方所面临的海上风险。在海上运输中,船方一方面要承担航行中的必要开支,譬如船员工资、运输过程中的补给、油料、保险费用等,还要承受海上风险所可能带来的损失,如海上风险造成的船舶或货物毁损。前者为航行过程中的固定成本,后者为潜在成本,但是同样有可能给船方造成巨大的损失。海上风险所带来的潜在成本亦可以折算为无差别的人类劳动,然而,在运费的计算上,通常只对固定的成本予以考虑,对于潜在成本鲜有列入计算的范围,这对海上运输中直面海上风险的船方而言,显然不公。货主在交付货物后风险便转移到船方,在整个海上运输过程中,船方需要独自面对风险,但是却没有因此得到相应的对价。由此观之,从劳动价值论的角度衡量,海上货物运输中船方和

---

① 徐国栋:《民法哲学》(增订本),中国法制出版社2015年版,第533页。
② 徐国栋:《公平与价格—价值理论——比较法研究报告》,载《中国社会科学》1993年第6期。
③ 参见[美]熊彼特:《经济分析史》(第1卷),朱泱等译,商务印书馆1991年版,第98页。转引自徐国栋:《民法哲学》(增订本),中国法制出版社2015年版,第533页。

货方的权利义务关系显然不符合公平的标准。

所谓效用价值论,是指商品的价值取决于该商品在特定环境中对个人需求的满足程度。基于此,在这种价值理论下,商品的价值是主观的、因人而异的,由商品的实际效用以及在市场中的稀缺程度所决定。效用价值论是一种区别于劳动价值论的主观价值评判标准,这种主观价值论更能体现出海上运输中船货双方权利义务的失衡——作为服务商品的海上货物运输的价值,取决于货物运抵目的港后所能实现的价值,同时受到当时航运市场饱和程度的影响。譬如,在新航路开辟初期,由于地理上的隔绝尚未被完全打破,新旧大陆之间的贸易往往能够实现数倍甚至数十倍的利润,丝绸、香料、烟草甚至奴隶的运输都能够给货方带来巨大的收益。加上海上运力有限,彼时,海上运输成为一种稀缺的服务性商品。上述因素决定了海上货物运输能够产生巨大的效用,具有很高的价值。但是,国际货物运输中通常按照货物重量、货物体积或者货物FOB价格(离案价格的1‰~5‰)计算运费,鲜有考虑货物到达目的港后所能实现的价值。这使得货方所付出的运费成本和船方所提供的运输服务价值极不相称,因此有学者指出,船方最主要的权利仅仅是收取运输费用,这种费用与货物在流通领域所能实现的价值相比是极其有限的,也是微薄的。同时,船方还要独自面对难以估量的海上风险,并承担由此可能造成的损失。① 概言之,对货方来说,船方所提供的运输服务具有较高的价值,但是其只需要支付固定数额的运费,同时不需要承担海上风险,这种收益和付出的不匹配,体现了船方和货方在海上货物运输中权利和义务的不对等。

综合以上论述,无论从客观价值论还是主观价值论考量,海上货物运输中船方和货方的利益关系都无法达到平衡,主要原因在于海上风险分担的不平等,由此导致船方和货方在风险承担时的失衡。那么,基于风险成本而提高运费又是否可行?本书认为,答案是否定的。将风险成本转嫁到运费中显然有助于改善船方所面临的不公平处境,但是海商法不仅仅是追求公平的法律制度,还是一部保护行业的法律,担负着促进航运业发展的重任。② 如果将风险这种潜在成本纳入运费的计算范围,显然会使得海运运费处于较高的水平,不利于提高贸易者使用海运的积极性,不利于促进航运业的发展。因此,妥善的解决之道是通过一种风险共担的机制,在船方和货方之间公平分担海上风险。

---

① 邬先江:《海事赔偿责任限制制度研究》,大连海事大学2010年博士学位论文。
② 参见何丽新、陈永灿:《海商法特性论》,载《中国海商法年刊》2009年刊。

(三)海事赔偿责任限制的法理基础:民法公平观的具体体现

由以上论述可以得出结论,在主客观价值论的公平观下,海上运输中船方与货方的权利义务皆无法达到平衡——在新航路刚刚开辟的时代,航运技术相对落后,抵御海上风险的能力也相对较弱,在远洋航行时,常常因为海损事故而遭受巨大的损失,而由于信息不对称以及地域隔绝的影响,货物运抵目的港后往往能够以高价出售,由此获得高额的利润,这与托运人所付出的运费成本是极不相称的。在这种背景下,现代意义上的海事赔偿责任限制产生了,这种机制改变了船方独自面对海上风险的现状,通过将船东的责任限制在有限范围内的做法,把一部分风险转嫁到货主身上,由此实现海上风险分配的公平。

对于海事赔偿责任限制制度公平性的质疑,是基于海上活动中船方可以限制赔偿责任的表象,但是却忽略了海上风险分配不均的本质,因此仅仅看到海商法对船方的特别保护所带来的不公平。需要明确的是,海商法特殊制度不仅仅关注船货双方在形式上的平等,还关注他们在海上活动中风险的承担和成本的投入,并试图矫正其中的不公平。[1] 从这个意义上看,海商法追求的是实质上的公平,海商法特殊制度的立法目的是寻找对全行业最有利的解决方案。[2] 在海上货物运输中,船方和货方组成海上利益的共同体,航运业的发展同时能够为贸易的发展奠定基础,而贸易业的发展又带动了航运市场的繁荣。由此可见,海事赔偿责任限制制度的存在使得海上风险得到了有效分担,不仅提高了全体海上活动参与者的抗风险能力,还实现了现代侵权责任法所追求的分配正义的目的,符合民法公平观的要求。

需要指出的是,与海事赔偿责任限制制度一样,侵权责任法的公平责任原则所遵循的也是民法的公平观,但海事赔偿责任限制制度与公平责任有着本质的区别。所谓公平责任原则,在实践中所调整的并非典型的侵权行为,其所适用的情形,是在侵权方和被侵权方都不存在过错的情况下,对责任的一种公平分配。公平责任并非一个独立的归责原则,而只是在当事双方都没有过错的情况下处理纠纷的特殊规则。[3] 而在海事赔偿责任限制中,引起海事索赔的责任方显然具有一定程度的过错,只是法律明确规定当过错没有达到一定程度时,责任人仍然可以主张限制赔偿责任的一种制度。

---

[1] 何丽新:《论新民商立法视野下〈中华人民共和国海商法〉的修订》,载《中国海商法研究》2011年第2期。

[2] 郭瑜:《海商法的精神——中国的实践和理论》,北京大学出版社2005年版,第190页。

[3] 参见杨立新:《侵权责任法》,法律出版社2018年版,第55～56页。

概言之,海事赔偿责任限制制度的产生确实有促进航运业发展的政策性考量,但是,其本身亦具有相应的法理基础。通过从主客观价值论角度的考察,海事赔偿责任限制制度的产生,正是公平分担海上风险的要求。海事赔偿责任限制并非对民法损害赔偿原则的违背,贯彻的依然是民法的公平观,是对一般损害赔偿原则的人为矫正,以突破传统损害赔偿原则之僵硬性,符合衡平原则。由此观之,海事赔偿责任限制制度是民法公平观在海事赔偿领域的具体体现,这也是海事赔偿责任限制制度所赖以存在的法理基础。数百年来,航运和贸易业的发展形势不断变化,但是海事赔偿责任限制制度却一直存在,正是因为其一直恪守着公平观的要求。

第二节 海事赔偿责任限制制度的立法演变

一、中世纪地中海沿岸船东责任限制的萌芽

海商法来源于海事实践,而海事实践又在一定程度上推动了海商法新制度的产生与发展,两者相辅相成。综观海商法史籍,上古时期的《苏美尔法典》[①](the Code of Sumer)以及《汉穆拉比法典》[②](the Code of Hammurebi)便已经开始出现关于航海规则的记载,这是随着航海实践的发展而逐渐形成的。早期的海商海事法律法规仅限于对船舶、船员以及近岸运输的规定,而关于分担海上风险的法律,则要到公元前8世纪左右才出现:彼时,地中海沿岸已经形成常态化的海上贸易,位于地中海东部的罗得岛成为海上交易的中心,罗得人也在海上航运实践中不断创设出新的海事规则,并通过整理形成了通行于地中海地区的《罗得海法》(Lex Rhodia)。《罗得海法》的原文规定早已无从考证,目前仅能从一些罗马法学家的著作中探得其中的零星规定,其中,《学说汇纂》(Digest)第14卷第2题对《关于共同海损的罗得海法》进行了讨论,由此可知

---

① 《苏美尔法典》第3条规定:"不依照指定他的航线行驶而使船失事者,除船价本身外,应对船主人按……计算租船之费。"参见由嵘、张雅利、毛国权:《外国法制史参考资料汇编》,北京大学出版社2004年版,第3页。

② 《汉穆拉比法典》又进一步扩充了有关海商海事的内容,对造船、租船、船员、船舶碰撞等作了规定。详见该法典第234条至第240条。参见由嵘、张雅利、毛国权:《外国法制史参考资料汇编》,北京大学出版社2004年版,第34页。

罗得人已经建立起了"共同海损"这一旨在公平分摊海上风险的制度。① 分摊海上风险的制度随着海上贸易的发展而逐渐萌芽,但是,对于同样旨在分担海上风险的海事赔偿责任限制制度,目前能够发现的关于这一具体制度的最早记载则要等到中世纪。最早的关于船东享有海事赔偿责任限制的记载源于《阿马尔菲表》,②其具体形成时间不明,多数学者认为该碑文产生于公元11世纪。③ 从其具体条文分析,已经出现了对船东享有海事赔偿责任限制的初步规定,将船方的责任限制在相对有限(对船舶的投资)的范围内。④ 在此之后,有关船东责任限制的规定出现在一些海商法典中。譬如,在巴塞罗那形成的《康索拉多海法》赋予船舶所有人限制赔偿责任的权利,并明确船舶共有人遭受索赔时,仅以他们对船舶的份额为限承担赔偿责任。⑤

海事赔偿责任限制之所以在中世纪开始萌芽,有其独特的社会历史背景。海上贸易在当时有了长足的发展,贸易距离的加大不仅使得投资成本增加,船东所面临的风险也逐渐增大,因为航行距离的增加亦意味着船舶所面临的海上风险将无法与早期的沿海航行相比,此时的海上风险往往比陆上风险更加难以控制,而船舶所有人随船管理也越来越困难,这意味着其无法掌控海上冒险的一切事项,在这种背景下,将船东责任限制在其冒险资产范围内的制度由此产生。⑥ 海事赔偿责任限制能够在一定程度上保护本国投资者的利益,进而鼓励

---

① 该法的内容是,在发生风暴时,可以弃货减轻船的负载以逃出危险区域。灾难过去后,失去货物的货主可以根据运送合同起诉船舶经营人。而船舶经营人可以起诉那些货物被救的货主要求分摊损失。船舶经营人可留置被救的货物达到这一目的。参见 D. 14,2,2pr. 保罗:《告示评注》第34卷。转引自徐国栋:《古罗马的海事风险及其法律规制》,载《华东政法大学学报》2016年第5期。译文参见王小波:《〈罗得海商法〉研究》,中国政法大学出版社2011年版,第221页。

② 《阿马尔菲表》的英文版本,参见 Travers Twiss, *The Black Book of the Admiralty : with an Appendix*, Cambridge University Press, 2012, pp.3-54.

③ 参见何丽新、谢美山:《海事赔偿责任限制研究》,厦门大学出版社2008年版,第3~4页;Zepnepoya Ozcayir, *Liability for Oil Pollution and Collisions*, Informa Law, 1998, p.299.

④ See Travers Twiss, *The Black Book of the Admiralty : with an Appendix*, Cambridge University Press, 2012, pp.39-41.

⑤ The Rebecca, 20 F. Cas. 373, 376 (D. Me. 1831) (No. 11,619); 4 R. Marsden, The Law of Collisions at Sea 129 (11th ed. 1961), p.129. Cited from James J. Donovan, The Origins and Development of Limitation of Shipowners' Liability, 53 *Tulane Law Review*, 1979(4), pp. 1001-1002.

⑥ See Editorial Board of Columbia Law Review. Notes:Limitation of the Liability of Shipowners, 35 *Columbia Law Review*, 246, 247 (1935).

海上冒险并促进本国船队的发展,海事赔偿责任限制制度在这一时期的萌芽也为日后新航路的开辟奠定了基础。除此之外,《阿马尔菲表》中有关责任限制的规定亦具有深远的影响,这一限制船东责任的做法随着地中海海上贸易的扩张而传播到更远的地方——从地中海沿岸传播到大西洋沿岸除不列颠岛以外的贸易区,之后传播至北海和波罗的海地区,并在这些地区确立起这一原则。[①] 当然,这一阶段只是出现零星的立法,仍然处于海事赔偿责任限制立法的萌芽阶段,并未出现统一的海事赔偿责任限制制度。譬如,以《阿马尔菲表》为代表的中世纪海事赔偿责任限制立法虽然出现了船舶所有人享有责任限制的规定,但其规定仅限于零星条文,并未形成体系化。[②]

概言之,赋予船东主张责任限制的立法随着中世纪地中海的航运实践开始萌芽。这一时期的立法主要以零星条文的形式在海商法汇编中出现,可以主张海事赔偿责任限制的主体仅限于船舶所有人(共有人),而责任限额也仅以责任人对船舶的投资为限。

二、近代欧美国家海事赔偿责任限制的立法

虽然早在中世纪的海法中就出现了有关限制船舶所有人责任的记载,但船东责任限制形成体系化,并发展为现代意义上的海事赔偿责任限制制度,则要追溯到17世纪欧洲大陆的海事立法。[③] 新航路开辟之前,受到航海和导航技术的限制,贸易活动一般仅限于近海,即使存在长途的海上运输,其航线亦沿着海岸,与跨洋航行相比,风险较小。因此,海上运输和陆上运输所面临的风险差异并不明显,在海上运输中采用与陆上运输一样的损害赔偿规则并不会产生不公平。这也导致了责任限制的理念虽早已萌芽,但在之后的一段时期并未被推广开来。随着新航路的开辟,洲际贸易所获得的巨大利润刺激了远洋运输的需求,在跨洋运输中,船舶所面临的来自海上的风险逐渐增加,船舶所有人往往可能因为某一次风暴而遭受船舶和货物的全部损失。为了促进航运和贸易业的发展,控制海上活动参与者所面临的风险具有必要性,现代意义上的海事赔偿责任限制制度也是在此时逐渐在主要航运国家间确立。从这个意义上说,我们

---

① David R. Owen, The Origins and Development of Marine Collision Law, 51 *Tulane Law Review*, 1977(1), p.764.

② 参见何丽新、谢美山:《海事赔偿责任限制研究》,厦门大学出版社2008年版,第11页。

③ Killingbeck Serge, Limitation of Liability for Maritime Claims and Its Place in the Past Present and Future-How Can It Survive, 3 *Southern Cross University Law Review*, 1999(1), p.3.

目前所说的海事赔偿责任限制的概念应追溯到17世纪欧洲大陆的立法,规定责任限制的条款当时被包含于具有海事效力的民事法典中。①

在1681年法国路易十四颁布的《海事敕令》中即可觅得海事赔偿责任限制的踪迹。② 该法明确规定如果船舶所有人委弃其船舶和运费,则对于因船长的行为所引起的索赔,可以免除赔偿责任。③ 由此确立了将船舶所有人的海上风险限制在其海上资产范围内的责任限制制度。上述规定在1807年法国制定《商法典》时仅作了措辞上的细微修改就被正式编入法典中,并最终纳入《拿破仑法典》。④ 由于拿破仑军队在其占领的地区强制施行《拿破仑法典》,随着法兰西第一帝国版图的扩张,这一制度的影响力亦逐渐扩大,甚至成为欧洲和拉丁美洲一些国家海商法的一部分,并于随后的几百年中成为主要海运国家所广泛承认的制度。⑤

值得指出的是,尽管上述有关船舶所有人责任限制的立法并没有直接被英国和美国所采纳,但这一立法及其注释在后来亦逐渐受到这两个国家的海事法庭相当程度的重视,并作为普通海商法的证据来使用(evidence of the General Maritime Law)。⑥ 随后,英美两国亦逐渐形成限制船东责任的立法。在英国法下,Morse v. Slue是海事赔偿责任限制立法的导火索,该案中法院认为船舶所有人需对货物的损失负责,即使货物的毁损是由于被盗,且船舶所有人并没有过错。⑦ 这引起了船方的不满,在后来的 Boucher v. Lawson 一案中,船上载

---

① Killingbeck Serge, Limitation of Liability for Maritime Claims and Its Place in the Past Present and Future-How Can It Survive, 3 *Southern Cross University Law Review*, 1999(1), p.3.
② 傅廷中:《论港口经营人在国际贸易运输中的法律地位》,载《清华法学》2008年第5期。
③ Richard Peters, *Admiralty Decisions in the District Court of the United States for the Pennsylvania District* (1807), Vol.2, Published by Patrick Byrne, reprinted in 30 F. Cas. at 1206. Cited from James J. Donovan, The Origins and Development of Limitation of Shipowners' Liability, 53 *Tulane Law Review*, 1979(4), p.1004.
④ See James J. Donovan, The Origins and Development of Limitation of Shipowners' Liability, 53 *Tulane Law Review*, 1979(4), p.1004.
⑤ 譬如德国、荷兰、比利时、意大利、俄国、西班牙、葡萄牙、巴西、阿根廷、智利等国的海商法中,都可见到极其相似的规定。See James J. Donovan, The Origins and Development of Limitation of Shipowners' Liability, 53 *Tulane Law Review*, 1979(4), pp.1004-1005.
⑥ Richard Peters, *Admiralty Decisions in the District Court of the United States for the Pennsylvania District* (1807), Vol.2, Published by Patrick Byrne, reprinted in 30 F. Cas. at 1203. Cited form James J. Donovan, The Origins and Development of Limitation of Shipowners' Liability, 53 *Tulane Law Review*, 1979(4), p.1005.
⑦ Morse v. Slue(1674).

运的葡萄牙金币被船长和船员所偷,法院依旧认为船舶所有人需要承担无限责任。① 该案的船舶所有人提出上诉,上诉法院则认为船舶所有人并不应该为此负责。② 在该案后,船舶所有人要求责任限制的呼声日益高涨,因为他们即使没有过错,也可能因为所雇佣的船员的过错而面临破产,议会亦意识到这将阻碍贸易和航运的发展。③ 这也推动了英国1734年《船舶所有人责任法》的通过,该法允许船舶所有人限制其对某些海事请求的赔偿责任。④ 在这之后,经过了1786年⑤和1813年⑥两次修订,立法进一步扩大了船舶所有人的权利范围,增加了船舶所有人可以主张海事赔偿责任限制的海事请求。英国的上述责任限制立法被认为是具有广泛代表性的法律,是第一部专门规定船舶所有人责任限制的法律,并成为现代意义上的海事赔偿责任限制的蓝本。该法案规定船舶所有人的赔偿责任不超过"船舶的价值及运费",被认为是船价制的最早记载。⑦

随后,Lexington号一案中,英国船东由于可以享受责任限制,与美国船东相比获得了巨大的优势。⑧ 这种优势被美国缅因州参议院的Hannibal Hamlin认为是会伤害到美国船队的利益的,并随后提出了名为《为限制船东责任及其他》的法案,认为应该效仿英国的责任限制立法,这样会使得美国的海运业能够与英国的海运业处于平等的竞争地位。⑨ 虽然该法案引起了激烈的争论,但经过修改后,美国仍然于1851年通过了《船舶所有人责任限制法》(Shipowners'

---

① Boucher v. Lawson (1734).

② Mustill Lord, Ships are Different- or are they? *Lloyd's Maritime and Commercial Law Quarterly*, 1992(4), p.496.

③ Patrick Griggs, Limitation of liability for maritime Claims: the Search for International Uniformity, *Lloyd's Maritime and Commercial Law Quarterly*, 1997(1), p.370.

④ 该法明确规定,船舶所有人对于船长或者船员侵占、私藏或者盗走金、银、钻石、珠宝、宝石等承运货物所引起的索赔,赔偿责任仅限于船舶及其属具的价值,加上相关航次所赚取的运费数额。参见 James J. Donovan, The Origins and Development of Limitation of Shipowners' Liability, 53 *Tulane Law Review*, 1979(4), p.1007.

⑤ An Act to Explain and Amend and Act and for Giving a Further Relief to the Owners of Ships (1786), 26 Geo. 3, c. 86.

⑥ An Act to Limit Responsibility of Ship Owners in Certain Cases(1813), 53 Geo. 3, c. 159.

⑦ 参见何丽新、谢美山:《海事赔偿责任限制研究》,厦门大学出版社2008年版,第78页。

⑧ New Jersey Steam Navig. Co. V. The Merchants' Bank of Boston (The Lexington)(1848).

⑨ Cong.Globe, 31st Cong., 2d Sess. 331(1851).Cited form James J. Donovan, The Origins and Development of Limitation of Shipowners' Liability, 53 *Tulane Law Review*, 1979(4), pp.1012-1013.

Limitation of Liability Act，1851)。[①] 该法不仅使得美国船东在与英国船东的竞争中摆脱了劣势地位，同时还极大地促进了资本涌向造船、航运业。[②] 基于此，亦有学者认为海事赔偿责任限制制度的产生是出于国家防卫的考量。[③] 此处所指防卫(defence)，并非指战争中的防卫，而是在国家间贸易战争中所采取的反制措施。美国的责任限制立法虽然经历了数次修改，但是其条文并未有大的改变，至今仍然担负着促进航运和贸易业发展的关键作用。[④]

概言之，海事赔偿责任限制的立法在近代欧洲得到了发展，并逐渐体系化，现代意义上的海事赔偿责任限制制度的雏形由此形成，各国为了保护本国利益亦普遍建立起此种制度。这一时期的立法逐渐分化为两条路径，在欧洲大陆，有关海事赔偿责任限制的规定普遍出现在民事法典中，而英国和美国则采用单行法的形式对海事赔偿责任限制制度作出专门规定，但各国立法中海事赔偿责任限制的权利主体和可以主张海事赔偿责任限制的海事请求都有所扩张。

三、现代海事赔偿责任限制立法的国际统一

海事赔偿责任限制制度起源于地中海沿岸，随着欧洲人的船队被带到全球，如今已成为一种具有全球影响力的制度。近代以降，随着对本国航运和贸易业保护的持续重视，各主要航运和贸易国的海商海事立法开始建立和完善这一通过公平分担海上风险以达到促进航运业和贸易业发展目的的特殊制度。[⑤] 而随着经济全球化的不断发展，有关海事赔偿责任限制的国际公约不断涌现。海事赔偿责任限制制度的国际统一性不断增强，其原因在于责任限制制度发挥作用的前提是构建国内外统一的责任限制体系：责任限制制度如果仅仅得到国内立法的承认，则无法真正发挥其作用，因为被侵权人可以通过择地行诉的方

[①] See Act of Mar. 3, 1851, ch. 43, § 3, 9 Stat. 635.

[②] See James J. Donovan, The Origins and Development of Limitation of Shipowners' Liability, 53 *Tulane Law Review*, 1979(4), p.1019.

[③] John E. Purdy, The Recent Amendment to the Maritime Limitation of Liability Statutes, 5 *Brooklyn Law Review*, 1935(1), p.43.

[④] 最新修订于1996年，但与1851年的版本相比较，并未有实质性的改变。See the Federal Limitation of Shipowners Liability Act, 46 U.S.C.App. § 183(1996).

[⑤] 1681年，法国路易十四颁布《海事条例》(*The Marine Ordinance of Louis XIV*)对船舶所有人的责任限制进行了规定。随后，德国、荷兰、比利时、意大利、西班牙等欧洲国家和巴西、阿根廷等南美洲国家的立法纷纷以其为蓝本，规定了船东责任限制的权利。See James J. Donovan, The Origins and Development of Limitation of Shipowners' Liability, 53 *Tulane Law Review*, 1979(4), pp.1003-1005.

式在没有海事赔偿责任限制制度的法域提起诉讼,进而规避这一制度,海事赔偿责任限制制度也失去了其意义。①

在海事赔偿责任限制统一化进程中,出于维护本国航运利益的考量,航运发达国家在促进海事赔偿责任限制立法的统一中显得尤为积极,这保证了公约的缔约国数量。而在早期责任限制立法的统一化中,对等原则(principle of reciprocity)作为重要的工具在其中发挥着重要的作用,在形式上保证了责任限制在未缔结条约的国家之间的适用。② 所谓对等原则,也称为互惠原则,即一国对于他国公民或者法人的权利加以限制或者给予方便时,他国也可相应地加以限制或应该给予相应的方便。在责任限制中,依据对等原则,若一国法院在一定条件下给予另一国船舶所有人责任限制的权利,则受惠国亦应在同样条件下给予施惠国船舶所有人海事赔偿责任限制的权利,这保证了责任限制公约的适用范围。

值得指出的是,在海事赔偿责任限制走向国际化的过程中,扮演着最重要地位的当数 1897 年成立的国际海事委员会(Committee Maritime International,CMI)。在该委员会的主持下,国际社会特别是各主要航运国家开始聚集起来讨论海事赔偿责任限制的国际统一问题,并于 1924 年在布鲁塞尔通过了首部有关海事赔偿责任限制的国际公约③(以下简称《1924 年责任限制公约》)。但由于对公约的主要条款并未达成共识,当时的主要航运大国如美国、英国、德国等均未加入该公约,由此导致该公约统一国际海事赔偿责任限制立法的目标未能实现。在随后的总结和讨论中,又根据《1924 年责任限制公约》存在的问题,草拟了《1957 年海船所有人责任限制国际公约(草案)》(以下简称《1957 年责任限制公约》)。但是,受制于民间组织的身份,草拟公约的各项活动无法得到保障,而公约的权威性亦受到质疑。政府间海事协商组织(Inter-governmental Maritime Consultative Organization,IMCO)④的成立改善了上述责任限制公约在强制力上的尴尬境地,并于 1976 年在伦敦通过了《海事索赔责任限制公约》(Convention on Limitation of Liability for Maritime Claims,1976),由于大部分航运和贸易大国都参加了该公约,公约无论在影响

---

① Barnabas W.B. Reynolds, Michael N. Tsimplis, *Shipowners' Limitation of Liability*, Kluwer Law International, 2012, p.5.
② 参见何丽新、谢美山:《海事赔偿责任限制研究》,厦门大学出版社 2008 年版,第 17 页。
③ 《关于统一海船所有人责任限制若干规定的国际公约》。
④ 1982 年 5 月 22 日起,政府间海事协商组织 IMCO 改名为国际海事组织(International Maritime Organization,IMO)。

力还是适用范围上都大大超越了前面两部公约。鉴于通货膨胀导致海事赔偿责任限制限额的实际缩水,为了维持船货之间利益的平衡,《〈1976年海事索赔责任限制公约〉1996年议定书》(Protocol to the Convention on Limitation of Liability for Maritime Claims,1996,以下简称《1996年议定书》)和《〈1976年海事索赔责任限制公约〉1996年议定书》的2012年修正案(Amendment of the Limitation Amounts in the Protocol of 1996 to the Convention on Limitation of Liability for Maritime Claims,1976,以下简称《2012年修正案》)提高了海事赔偿责任限制的限额,但是在丧失海事赔偿责任限制的条件、限制性海事请求的范围、可以主张海事赔偿责任限制的主体以及海事赔偿责任限制的程序性规定等方面,基本没有改变。由此可见,《1976年海事索赔责任限制公约》已经奠定了当代海事赔偿责任限制统一立法的基础,海事赔偿责任限制的国际统一基本形成。有关海事赔偿责任限制的国际公约的陆续出现,反映出海事赔偿责任限制已然成为一项在全球范围内被广泛接受的制度。我国虽然没有加入《1976年海事索赔责任限制公约》,但是《海商法》有关海事赔偿责任限制的规定是参照公约制定的。

概言之,20世纪以来,贸易和航运已经逐渐成为一项全球化的活动,构建国际统一的海商海事立法成为各国普遍的期望。在这种趋势的推动下,海事赔偿责任限制立法亦逐渐走向统一,即使在非缔约国,也普遍以海事赔偿责任限制的国际公约为蓝本制定本国的法律。当然,国际公约仅仅是各国相互妥协的产物,各国基于维护本国船东和货主利益的考量,往往会选择适用不同的责任限额标准。[①]

第三节　海事赔偿责任限制制度的发展趋势

海事赔偿责任限制从产生以来,经历了从习惯法、主权国家立法到国际公约的演变,其内容不断丰富,从零星的条文发展为具备完整体系的海事赔偿责任限制制度。在这个过程中,随着客观情况的变化,海事赔偿责任限制的权利主体、责任限额以及丧失赔偿责任限制的标准等规定都不断经历着调整和发

---

① 目前国际通行的海事赔偿责任限额标准分别为:《1976年海事索赔责任限制公约》所确立的标准、《〈1976年海事索赔责任限制公约〉1996年议定书》所确立的标准以及上述议定书的2012年修正案所确立的标准。

展,以保证海事赔偿责任限制制度能够继续发挥作用。

一、责任主体逐渐扩张

(一)狭义的船舶所有人

在早期的海上运输中,由于造船技术和航海水平的限制,海上运输的类型较为单一,以自船自运为主,对外承担责任的主体也仅有船舶的所有者,与之相对应,海事赔偿责任限制的权利主体也仅局限于船舶所有人(船东),① 因此早期立法普遍将这一制度称为"船东责任限制制度"。

1681年的《海事敕令》中明确享有海事赔偿责任限制的权利主体为"船舶所有人",其责任以船舶价值和运费为限。② 英国1734年的《船舶所有人责任法》③亦明确"船舶所有人"对于某些债务的责任④仅限于船舶、船舶属具以及该航次所赚取的运费。⑤ 随着航运业的发展,该法在1786年⑥和1813年⑦经历了两次修改,扩大了可以主张责任限制的债务范围,但是限制赔偿责任的权利主体仍然为船舶所有人。⑧ 直到1894年英国的《商船航运法》(Merchant Shipping

---

① 譬如,《1734年船舶所有人责任法》规定对于被船长或者船员侵占、私藏或者盗走的金、银、钻石、珠宝、宝石和其他货物或商品所造成的灭失或者损害所承担的赔偿,船舶所有人可以将责任限制在船舶及其属具的价值,加上相关航次所赚取的运费数额。See Norman A. Martínez Gutiérrez, *Limitation of Liability in International Maritime Conventions: the Relationship between Global Limitation Conventions and Particular Liability Regimes*, Routledge, 2011, p.11.

② Richard Peters, *Admiralty Decisions in the District Court of the United States for the Pennsylvania District* (1807), Vol.2, Published by Patrick Byrne, Reprinted in 30 F. Cas. at 1206. Cited form James J. Donovan, The Origins and Development of Limitation of Shipowners' Liability, 53 *Tulane Law Review*, 1979(4), p.1004.

③ *Responsibility of Shipowners Act* (1734), 7 Geo. 2, c. 15.

④ 对于被船长或者船员侵占、私藏或者盗走的金、银、钻石、珠宝、宝石和其他货物或商品所造成的灭失或者损害所承担的赔偿责任。

⑤ See Norman A. Martínez gutiérrez, *Limitation of Liability in International Maritime Conventions: the Relationship between Global Limitation Conventions and Particular Liability Regimes*, Routledge, 2011, p.11; James J. Donovan, The Origins and Development of Limitation of Shipowners' Liability, 53 *Tulane Law Review*, 1979(4), p.1007.

⑥ An Act to Explain and Amend and Act and for Giving a Further Relief to the Owners of Ships (1786), 26 Geo. 3, c. 86.

⑦ An Act to Limit Responsibility of Ship Owners in Certain Cases (1813), 53 Geo. 3, c. 159.

⑧ See James J. Donovan, The Origins and Development of Limitation of Shipowners' Liability, 53 *Tulane Law Review*, 1979(4), pp.1008-1009.

Act，1894)仍然明确只有"船舶所有人本人"可以主张责任限制。①

(二) 广义的船舶承租人

在海上运输中，船方需要承担无限的海上风险及由此可能带来的损失，而收取的运费却十分有限，这显然不利于鼓励海上运输业的发展。因此，在海上运输中，对巨大的海上风险进行再分配成为必然。海事赔偿责任限制的初衷正是为了对海上风险进行公平分配。在这种制度下，船东与货主被视为一个整体，他们共享着利益——航运的发展同时有利于贸易的发展，通过航运，货物可以安全运抵目的港进而实现增值，给货主带来收益；他们同时也共担着风险——在货物遭受毁损或灭失时，船舶所有人仅仅需要赔偿部分损失，剩下的部分由货方独自承受。此种制度设计，与海商法促进航运和贸易业发展的宗旨不谋而合。如此一来，通过海上风险的分担机制，巨大的海上风险得到有效分摊，所有面临海上风险的个体都无须独自面对巨大的海上风险，充分提高了全行业的抗风险能力。由此可见，保护在海上活动中承受风险的主体是海事赔偿责任限制制度的宗旨，也是海事赔偿责任限制权利主体突破狭义的船舶所有人向广义船舶所有人转变的理论基础。除此之外，责任限制主体从狭义的船舶所有人向广义的船舶所有人转变还有其现实原因：19世纪中叶，随着海上运输业的发展，海上运输方式逐渐丰富，经营中的分工亦日益细化，船舶承租人、经营人和管理人等相继参与到船舶的营运中，这些主体转承了船舶所有人对外承担责任的义务，自然也应该继承其享受责任限制的权利。在此之前，享有海事赔偿责任限制的权利基础是基于对船舶的所有，而在此之后，权利基础转变为对船舶的准所有，甚至转变为基于对海上风险的承担。

为了因应船舶经营方式多元化的需要，美国1851年的《船舶所有人责任限制法》首次突破了"船舶所有人"这一主体的限制，将享受海事赔偿责任限制的主体扩张到光船承租人。② 而20世纪初关于海事赔偿责任限制的国际公约除了肯定承租人享受责任限制的权利外，还将其扩大到经营船舶的人——《1913年关于责任限制的国际公约(草案)》将海事赔偿责任限制的权利主体扩张至期

---

① Section 503(1)，Merchant Shipping Act，1894 (UK).
② See Morin S. Christopher，The 1851 Shipowners' Limitation of Liability Act：A Recent State Court Trend to Exercise Jurisdiction over Limitation Rights，*Stetson Law Review*，1998，p.422.

租承租人和航次承租人。① 以上述草案为蓝本制定的《1924年责任限制公约》亦采用了相同的规定,同时还增列了船舶经营人和船舶管理人为可主张海事赔偿责任限制的权利主体。《1957年责任限制公约》《1976年海事索赔责任限制公约》及后续的修正案亦明确船舶承租人、船舶经营人和船舶管理人为海事赔偿责任限制的权利主体。

需要说明的是,目前适用范围较广的《1976年海事索赔责任限制公约》虽然明确"承租人可以主张责任限制",但是对于"承租人"则作了模糊化的处理,并未明确是何种类型的"承租人"。② 此举除了能赋予各缔约国法院更多的自由裁量空间,以增加缔约国数量,亦确保了保护船方的"安全网"不出现漏洞,使得所有面临风险的船方主体都享有主张责任限制的权利。

除此之外,受到1953年Alder诉Dickson案法院判决之影响,③为避免因为雇员的过失而遭受追诉,船公司纷纷在合同中增加特别条款,明确约定承运人的雇佣人和代理人同样可以援引承运人免除赔偿责任的权利,此即所谓的"喜马拉雅条款"。而在责任限制领域,也出现了相应的规定以防止对船舶雇员的差别待遇以及所谓"择人起诉"的问题。《1957年责任限制公约》将海事赔偿责任限制的权利主体扩张至"执行职务时之受雇人"④。

在海事赔偿责任限制的发展过程中,随着客观情况的变化,可以主张责任限制的主体扩张至广义的船舶所有人,正是为了确保将所有船方主体的风险控制在有限的范围内,避免出现某些主体无法主张责任限制而使得责任限制的"保护网"出现漏洞,使得无法主张责任限制者通过内部关系(如船舶租赁关系)向其他船方主体索赔,致使海事赔偿责任限制制度丧失将全体海上"冒险者"的责任控制在有限范围内的作用。由此可见,海事赔偿责任限制权利主体的扩张,是制度发展的必然,是因应航运和贸易业的发展而作出的变革。

(三)超越船舶所有人

英国的Tojo Maru案中救助人应负过失责任的判决无疑加速了享受海事

---

① 参见公约第11条:"When the managing owner, or in the event of affreightment, either on time-charter, on the voyage or otherwise, the principal charterer is liable in respect of one of the causes mentioned in Art.7 or in Art.8, the provision of this Convention shall apply to him like to the shipowner."

② 目前,国际海上运输中承租人一般包括光船承租人、期租承租人和航次承租人。

③ Alder v. Dickson And Another (1954) 2 Lloyd's Rep, p.122.

④ 参见公约第6条第2款。

赔偿责任限制主体的进一步扩张。① 在该案中,受雇于救助人的一位救援人员负责从事对"东城丸"号的救助作业,但其在水下作业时因过错而导致被救船舶毁损,救助人在遭受索赔时主张海事赔偿责任限制。该案一直被上诉至英国上议院,上议院法官认为,根据《1957年责任限制公约》的规定,只有因处于船上的雇员的过错所引起的索赔或者非处于船上的雇员在船舶航行期间的过错所引起的索赔,船舶所有人方可主张责任限制。② 但是,上述案件中救援人员在事发时并不处于船上,损失也不是在船舶航行期间造成的,因此船舶所有人无权主张责任限制。③ 显然,救助人也是海上活动的重要参与者,是维护海上运输安全的重要角色,救助人实施救助作业时同样面临着来自海上的风险,如果无法主张海事赔偿责任限制,将严重打击救助人参与海难救助的积极性。在上述案件发生之后,认为海难救助人可以主张海事赔偿责任限制的呼声高涨,出于平等保护海上活动参与者的考量,《1976年海事索赔责任限制公约》第1条明确"救助人"亦可主张海事赔偿责任限制。

此外,在发生海事侵权后,责任保险人有可能会因为被保险人的行为而承担赔偿责任,此时,保险人因为承担了被保险人的责任而处于与其他赔偿责任人一样的法律地位。同样的,在这种情况下,被保险人享有的限制赔偿责任的权利,责任保险人亦应该被赋予。否则,若被保险人因为享有责任限制的权利而仅赔偿部分损失,但保险人却因为无法主张责任限制而承担全部损失的保险赔偿,显然不公。同时,由于海上风险的无限性,如果没有海事赔偿责任限制制度,保险人在承保时将无法准确衡估保险费用,即使勉强承保,也必将收取高额的保费,不利于提高海上经营活动的效率。对此,《1976年海事索赔责任限制公约》第1条第6款明确规定,保险人与被保险人"在同一限度内"主张海事赔偿责任限制。当然,该公约"同一限度内"的表述,并没有明确保险人是否享有独立的限制赔偿责任的权利,容易引起"保险人责任限制的权利是否会因为被保险人丧失该项权利而丧失"的疑问,后文将对此问题进行剖析,此不赘述。

(四) 小结

海事赔偿责任限制制度赋予海上活动参与者限制赔偿责任的权利,该制度

---

① Tojo Maru (1971), 1 Lloyd's Rep. 341.
② 参见公约第1条第1款第b项。
③ See Norman A. Martínez Gutiérrez, *Limitation of Liability in International Maritime Conventions: the Relationship between Global Limitation Conventions and Particular Liability Regimes*, Routledge, 2011, p.32.

自产生以来,责任限制的权利主体从狭义的船舶所有人发展到广义的船舶所有人,最后再扩张到超越了船舶所有人的范畴(救助人、保险人),这是海事赔偿责任限制制度为因应客观情况的变化所进行的自我变革。海事赔偿责任限制制度是保护船舶一方的"安全网",制度的有效运行有赖于"安全网"上不出现漏洞,即责任限制的权利主体必须完整,否则将使得制度失去其控制海上风险的作用。[①] 当然,主体的范围并非无限扩张,只有在实际案件中承担责任的主体,才有主张海事赔偿责任限制的权利。

二、责任限额逐渐提高

(一)海事赔偿责任限制限额的间接提高

责任限额的间接提高,源于限额计算方式的改变。海事赔偿责任限制制度产生之初,责任人的责任范围一般仅限于其海上冒险资产,主要包括船舶、属具以及责任人所赚取的运费。责任人只要放弃上述资产,即可免除赔偿责任。这种责任限额的计算方式以一定的资产(物)为基础,并不与责任人挂钩,因此被称为"基于物的有限责任"。由于海损事故的发生通常会使船舶发生损坏,船舶的价值大打折扣,受损方因此仅能获得少量赔偿,在船舶全损的情况下,受损方的损失甚至完全无法得到弥补。基于此,各国立法和国际公约开始出现不与责任人的海上资产直接挂钩的责任限额计算方式,通常以船舶吨位乘以每吨的单位限额计算出总的责任限额,无论船舶是否损坏,责任人所承担的赔偿责任都不会改变。这种责任限额的计算方式以责任人的全部资产为基础,因此被称为"基于人的有限责任"。责任限额计算方式的科学化间接提高了赔偿限额的实际水平。

1.基于物的有限责任:以海上冒险资产为限承担责任

现代意义上的海事赔偿责任限制立法产生于新航路开辟之初,制度的初衷在于将投资者的责任控制在其投入海上活动的资产中,而不因为海上冒险活动的损失而影响其陆上资产,此举有助于鼓励有实力的投资者参与海上冒险,因为即使遭受损失,冒险者只须放弃自己的海上投资而无须承担额外的赔偿责任,亦不会导致自己的陆上财富减少。但如果船舶安全返回,单航次的巨大利润将给投资者带来巨大的财富。由此可见,在海事赔偿责任限制制度建立初

---

① 例如,若航次租船的承租人不可主张责任限制,则债权人可以向其索赔,上述承租人反过来再通过航次租船合同向船舶所有人索赔,海事赔偿责任限制制度保护船方的作用将丧失。

期,海上投资者通常以全部冒险资产为限承担赔偿责任。

在重商主义以及鼓励海上冒险需求的催生下,限制海上风险的制度逐渐萌芽。彼时,洲际贸易的进行离不开承载货物的运输工具,对运输工具(船舶)的投入,被视为早期探索者进行海上冒险的全部投资。因此,委弃所有海上资产以免除责任人的赔偿责任,成为早期控制海上风险的一种方式。这种制度被称为委弃制(abandonment system),是指船舶所有人有权选择通过放弃该航程冒险资产(venture assets)①的方式,免除该航程的冒险债务(venture debts),包括因货物的毁损或灭失产生的赔偿、因海事侵权而产生的责任以及海难救助、共同海损分担和沉船或沉物的打捞所产生的费用等。这种责任限制的方式减轻或免除了责任人根据民事损害赔偿制度所应承担的责任。关于委弃制最具代表性的立法是1681年法国路易十四颁布的《海事敕令》,②该法赋予船舶所有人主张海事赔偿责任限制的权利,并明确规定如果委弃其船舶和运费,船舶所有人可以免除赔偿责任。③

其次,执行制亦是早期控制船方责任所经常采用的方式。所谓执行制(performance system or execution system),是指对于航行过程中所产生的债务,债权人只能请求法院对责任人的船舶(海上资产)进行强制执行,而不得对其他财产(陆上资产)另有主张。在实际案件中,船舶所有人的海上财产一般仅限于承担该航次运输的船舶和所赚取的运费。有关执行制的最早记载出现在德国的《汉莎敕令》(the Hanseatic Ordinances)中,④该敕令将船舶所有人的责任限制在船舶的价值上,并明文规定所有的索赔必须通过对船舶的拍卖程序,即必须通过强制执行该船以获得赔偿。⑤ 与委弃制一样,执行制下责任人亦以船舶及其运费为限承担赔偿责任,两者均属于基于"物"的责任限制计算方式。但执行制并非依据船舶所有人的意志而实现,而是依法生效,且法院可依职权

---

① 一般包括但不限于承运船舶及其属具、该航次的运费以及前述资产的替代物(如保险赔偿金)。

② 傅廷中:《论港口经营人在国际贸易运输中的法律地位》,载《清华法学》2008年第5期。

③ Richard Peters, *Admiralty Decisions in the District Court of the United States for the Pennsylvania District*(1807), Vol.2, Published by Patrick Byrne, Reprinted in 30 F. Cas. at 1206. Cited form James J. Donovan, The Origins and Development of Limitation of Shipowners' Liability, 53 Tulane Law Review, 1979(4), p.1004.

④ 何丽新、谢美山:《海事赔偿责任限制研究》,厦门大学出版社2008年版,第77页。

⑤ See Norman A. Martínez Gutiérrez, *Limitation of Liability in International Maritime Conventions: the Relationship between Global Limitation Conventions and Particular Liability Regimes*, Routledge, 2011, p.7.

主动适用。此外,执行制下执行责任人的海上财产并偿还债务后的余额应返还船舶所有人,而不归受害人所有。

最后,除了委弃制和执行制,随着航运实践的发展,还出现了船价制这种从"基于物的有限责任"向"基于人的有限责任"转变的责任限额计算方式。船价制指船舶所有人对因船舶在营运或航行中所引起的索赔,赔偿的限额仅限于肇事船舶的价值及其运费,超出的部分将免于赔偿。与委弃制和执行制一样,在船价制下船舶所有人的赔偿限额亦以船舶的价值和运费为基础进行计算,但只须将与船舶及运费等值的金钱支付给债权人,即可免除无限的赔偿责任,船舶所有人同时也能够继续使用船舶以获得收益,此更有利于海运业的发展。由此可见,船价制既带有"基于物的有限责任"的特点,又存在某些"基于人的有限责任"的特征,是一种过渡性的制度。因此,各国关于船价制的规定也不尽相同,其核心差异在于评估船价的时间节点,根据此差异可以分为"事后的船价制"和"事前的船价制"。欧洲大陆有关海事赔偿责任限制的早期立法多采用事后的船价制,以发生海难事故的船舶的价值作为确定海事赔偿责任限额的依据。[①] 美国1851年的《船舶所有人责任限制法》虽未具体明确确定船价的时间节点,[②] 但在 the City of Norwich 案中,法院认为应该选择航程终止时(the end of voyage)作为评估船舶价值的适宜节点,在该案中,航程终止于船舶沉没时。[③] 同时,法院指出,由于船舶并没有完成航程从而船东未收到的运费亦不应该算入责任限制基金中。[④] 上述法域下所采用的事前船价制的计算标准,本质上依然属于物的有限责任,即以物(船舶)作为责任限制的计算依据,随着船舶价值的高低变化,海事赔偿责任限制的限额也随之出现浮动,并未摆脱物的有限责任的特点。而在英国法下,虽然1734年《船舶所有人责任法》采用的也是船价制,但船东的责任限额则根据事故发生前船舶的价值来计算。[⑤] 这是责任限额计算方式从"基于物的有限责任"向"基于人的有限责任"的重大转变。在此种制度下,即使船舶发生全损,索赔方也不会因此而无法获得赔偿,此有利于平衡当事人双方的权利义务关系,避免责任方利用责任限制制度而逃脱全部赔偿责任。

---

① See Putnam, The Limited Liability of Shipowners for Master's Faults, 17 *American Law Review*, 1883(1), pp.11-12.
② See *Act of Mar.* 3, 1851, ch. 43, § 3, 9 Stat. 635.
③ The City of Norwich(1886), 118 U.S. 468, pp.491-493.
④ The City of Norwich(1886), 118 U.S. 468, pp.491.
⑤ See Note, Limitation of Shipowners' Liability: the Brussels Convention of 1957, 68 *Yale Law Journal*, 1959(1), p.1680.

2.基于人的有限责任:责任人以一定的金额为限承担责任

无论是委弃制、执行制还是事前的船价制,都是将责任限额完全与物进行挂钩,这不可避免地会产生以下弊端:首先,无论是委弃船舶以免除赔偿责任还是以航程终止时的船舶价值为限承担赔偿责任,都过分牺牲了受损方的权利,导致船货间利益失衡。在遭受海难事故后,船舶难免会遭受损害甚至全损,此时仅仅采用上述基于委弃船舶或者航次终止时船舶价值的计算方式,将无法满足受损方的索赔需求,甚至在船舶全损的情况下导致受损方得不到任何赔偿。其次,不利于航运业的健康发展。船舶价值与赔偿限额直接挂钩,意味着投入运营的船舶价值越高,船舶所有人将遭受更多的索赔。这实际上间接鼓励了船舶所有人将低价值船舶投入运营,而这些船舶往往是设备老旧、落后、缺乏维护的,这不仅增加了海难事故的数量,还不利于船舶的更新换代。最后,烦琐的程序是上述责任限额计算方式广受诟病的另外一个原因。效率是商业所追求的价值取向,但是在上述方式中,必须通过出售或拍卖船舶(委弃制和执行制),或者至少通过法定程序对船舶进行估价(船价制)后才能完成从物到赔偿金的转变,此种责任与物进行交换的原始理赔方式跟高速发展的航运和贸易业的发展格格不入。

早在船价制时期,英国就试图摆脱物的有限责任所带来的不公,在1734年《船舶所有人责任法》中以事前的船价制来确定海事赔偿责任限制的限额,此种计算方式使得海事赔偿责任限制逐渐实现了从"基于物的有限责任"向"基于人的有限责任"的过渡,已如前述。虽然此种做法并未完全摆脱"物的有限责任",船舶所有人依然会试图使用价值较低的船舶以降低其赔偿责任,同时也难以摆脱对船舶进行估价或拍卖所需要的烦琐程序,但在此种事前的船价制下,受损方不因船舶的全损而无法得到赔偿。随着船价制的弊端日益显现,英国1854年的《商船航运法》(*Merchant Shipping Act*,1854)首次引入金额制的规定,但仅仅限于人身伤亡所引起的损害赔偿,并不适用于财产损失。[①] 1894年的《商船航运法》正式确立了金额制,明确规定有关人身伤亡所引起的索赔,不超过船舶吨位乘以每吨15英镑的限额;而对于财产损失,则不超过每吨8英镑。[②] 随着《1957年责任限制公约》改船价制为金额制,金额制逐渐成为世界上主要航运国家所采用的责任限额计算方式,我国《海商法》亦采金额制。

---

① See Section 504,Merchant Shipping Act,1854.
② See Section 503,Merchant Shipping Act,1894.

金额制下,船舶所有人的赔偿限额与肇事船舶的吨位挂钩,立法对每吨的赔偿限额作出规定。在计算责任限额时,法官按照船舶的吨位乘以每吨的责任限额计算出船舶所有人可以享有的责任限额标准。采用金额制的计算方法使得海事赔偿责任限制摆脱了"基于物的有限责任"所带来的弊端,无论船舶价值大小,船舶所有人等责任主体对船舶每次事故所引起的债务,都按照船舶的吨位来计算。这种责任限额的计算方式改变了以往责任限额与船价直接挂钩的做法,避免船舶所有人为了降低责任限额而使用低价值的船舶进行经营,客观上有利于船舶的更新换代,提高航运业的抗风险能力,这与海事赔偿责任限制促进海运业健康发展的制度初衷是不谋而合的。金额制所采用的计算方式为船舶的吨位乘以每吨的责任限额最终得出总的责任限额,在某种程度上看,这种数额是确定的,不会因为航运业的行情变化以及船舶是否毁损而出现波动,但是,正因为这种数额的确定,导致金额制存在一个与生俱来的弊端,即随着时间的推移,通货膨胀因素的影响以及船舶载运货物价值的提高将使得责任限额出现实际缩水。事实上,对于目前国际上被广泛采用的责任限额标准,从《1976年海事索赔责任限制公约》到《1996年议定书》再到上述议定书的《2012年修正案》逐步提高限额以实现船货双方利益的平衡,正是对责任限额的人为修正,以克服金额制随着时间的变迁所带来的不利影响。

(二)海事赔偿责任限制限额的直接提高

综观有关海事赔偿责任限制的国际公约,海事赔偿责任限制自采用金额制以来,责任限额一直处于不断上升的趋势。从《1976年海事索赔责任限制公约》到该公约的《1996年议定书》,责任限额标准根据船舶吨位的不同提高了2～5倍,而上述议定书的《2012年修正案》所采用的标准则继续将责任限额提高了51%。国际公约所规定的责任限额之所以会不断提高,主要是基于以下三个方面的考量:

1.实际损失

海事赔偿责任限制的适用使得索赔方往往无法获得与实际损失等额的赔偿,然而,这并不意味着海事赔偿责任限制限额的确定可以完全不考虑实际损失——如果责任限额过分接近实际损失,控制海上风险的目的将无法实现;而如果责任限额过分偏离实际损失,则有可能因为过分侵害索赔方利益,不利于海上风险的公平分担,不符合海事赔偿责任限制制度促进航运和贸易业发展的初衷。

在目前通行的有关海事赔偿责任限制的国际公约制定的过程中,实际损失一直是考量的主要因素之一。随着船舶的大型化和集装箱运输的普及,单艘船舶及船上货物的价值逐渐提高,一旦遭受损失,赔偿额有可能是天文数字,如果依然采用原来的责任限额,将给受损方带来严重的不公。此外,船舶燃油污染往往造成巨大的损失,但目前国际上通行的有关燃油污染的公约仍然将燃油污染所引起的索赔认定为限制性海事请求,并适用海事赔偿责任限制的规定,未规定独立的限额。① 这使得实际损失与责任限额的差距在某些案件中相当悬殊。为了防止实际损失的变化造成船货双方利益的失衡,《1996 年议定书》建立了常态化的海事赔偿责任限额调整机制,并将事故造成的损害金额作为修正责任限额的考量因素之一。② 在 IMO 法律委员会第 96 次会议上,澳大利亚代表团提交了建议提高《1996 年议定书》责任限额的提案,其论据之一就是在部分案件中限额过低而实际损失过高,导致实际获赔比例极低。③

2.通货膨胀

在金额制下,通货膨胀是导致赔偿责任限额缩水的最主要因素。从目前比较流行的有关海事责任限制的国际公约来看,不管是从《1976 年海事索赔责任限制公约》到该公约的《1996 年议定书》对于责任限额的提高,还是从《1996 年议定书》到《2012 年修正案》的进一步调整,对于公约所规定的限额是否提高以及应该提高到什么程度,其中最主要的考量因素便是通货膨胀。

由于受通货膨胀的冲击,从《1957 年责任限制公约》开始,采用金额制的国际公约每隔一段时间都必须经历责任限额的调整,以抵消通货膨胀所造成的实际赔偿限额的缩水。与《1957 年责任限制公约》相比,《1976 年海事索赔责任限制公约》大幅提高了责任限额;同时,为了计算的科学化,对于责任限额的计算不再仅仅采用吨位乘以限额的简单计算方式,而是采用了按照船舶吨位大小分级计算的方法,即"吨位级距计算法",使得计算结果更接近于实际船价。这种计算方式在当时可谓是先进的立法。《1976 年海事索赔责任限制公约》有关责任限额的规定在当时被认为是里程碑式的,因为其既确保了受害人能拿到相对

---

① 参见《2001 年船舶燃油污染损害民事责任国际公约》第 6 条。
② 该议定书第 8 条第 5 款规定:"在对修正限额的提案采取行动时,法律委员会应考虑到事故的经验,尤其是由事故造成的损害金额、币值的变化和提议的修正对保险费用的影响。"
③ 澳大利亚代表团指出:"在 2009 年 3 月的案件中,Pacific Adventurer 轮造成了严重的燃油污染,实际清污费为 2500 万美元,但在适用海事赔偿责任限制的情况下,根据《1996 年议定书》的标准,并按照船舶的吨位计算出的责任限额仅为 7556400 SDR(按照 2009 年 3 月 31 日的兑换比率,折合 1129.73 万美元),实际获赔比例极低。"参见 IMO:《国际海事组织法律文员会第九十六届会议文件》LEG96/12/1。

足够的赔偿金,又保障了责任人拥有限制责任的权利,被多数国家所普遍接受,我国《海商法》第十一章在制定时基本是参照该公约而制定的。然而,随着20世纪八九十年代经济快速发展和通货膨胀的冲击,《1976年海事索赔责任限制公约》中的限额已经难以涵盖相关索赔。[①] 这无疑使得受损方在海事索赔案件中处在十分不利的地位,打破了海事赔偿责任限制制度苦心维系的船货双方利益的平衡。因此,《1996年议定书》被通过并将原有的责任限额进行了较大幅度的提升,根据吨位的不同,提高幅度为原有限额的2~5倍。此外,提高了公约所适用的小型船舶的起算吨位,从《1976年海事索赔责任限制公约》的"不超过500吨"提高到了"不超过2000吨",此种变化符合国际运输船舶大型化的趋势。而在国际海事组织法律委员会第99次会议上,日本代表团再次提出提高责任限额的提案,该提案通过调研得出1996年到2010年《1996年议定书》签约国的通货膨胀率将近45%,从而计算出的新的修正案所应该适用的责任限额的涨幅。最终,缔约国通过了《2012年修正案》。该修正案综合考虑修正案生效前的通货膨胀情况,将《1996年议定书》有关海事赔偿责任限制的限额标准提高了51%。[②]

3.船货利益平衡

船货利益的平衡是海商法所追求的价值。海商法有关制度如承运人责任制度、共同海损制度、海难救助制度、海上保险制度等,都设计了一套看似偏袒于船方的法律制度,究其原因,在于海陆风险具有差异性,海上风险相比于陆上风险更具难以预测性和不可克服性的特点,亟须建立一种海上风险的分担机制,将巨大的海上风险所带来的成本公平地分摊于国际货物买卖中的双方当事人——船方和货方,其目的在于维持船货之间利益的平衡。作为海商法的特殊制度,海事赔偿责任限制的设计初衷亦是如此,其目的在于保护面临巨大海上风险的船东一方,通过控制其所承受的海上风险而实现实质意义上的公平,已如前述。但是,随着客观情况的变化和船货双方力量的此消彼长,海事赔偿责任限制制度亦通过不断的调整,维持船货之间微妙的平衡。

随着科学技术的不断发展,如今的航海已经不再是过去意义上的所谓"海上冒险",人类抵抗海上风险的能力有所提高,这说明海上活动参与者所面临的

---

① Norman A. Martínez Gutiérrez, *Limitation of Liability in International Maritime Conventions：the Relationship between Global Limitation Conventions and Particular Liability Regimes*, Routledge, 2012, p.103.

② 参见《国际海事组织法律文员会第九十九届会议报告》LEG99/14,第11页。

来自海上的威胁也有所减弱。在这种情况下,对船方的保护力度应该有所调整,通过责任限额的提高维持船货双方利益的平衡——责任限额提高意味着船方将承担更多的责任,而受损方所分担的海上风险将逐渐减少,这符合海陆风险差异性逐渐弱化的客观情况。当然,海事赔偿责任限制具有很强的政策性,责任限额的高低亦取决于一国的航运政策:基于促进本国航运业的发展,以航运业为支柱的国家多采用较低的责任限额以保护船方的利益,而对贸易大国而言,采用较高的责任限额则有利于维护本国贸易者的利益。

(三)小结

概言之,随着客观情况的变化,海事赔偿责任限制不断进行着调整,以维持控制责任方风险和维护索赔方利益的平衡。从海事赔偿责任限制的发展看,责任限额的不断提高是必然的趋势。海事赔偿责任限制自产生以来,责任限额计算方式的日趋科学化间接提高了责任限额的水平,而各国基于通货膨胀、实际损失以及本国利益的考量,亦不断调整着责任限额。

责任限额是海事赔偿责任限制中一项关键性的规定,决定了责任限制的程度,责任限额的变化对海事赔偿责任限制制度的功能产生了决定性的影响。随着责任限额的提高,绝大多数案件中实际赔偿额已经逐渐向实际损失靠拢,甚至在部分案件中已经接近实际损失,这意味着该制度对于责任方的保护力度逐渐降低,使得海事赔偿责任限制单方面保护责任方的天平逐渐平衡。

三、权利的丧失条件逐渐严格

根据海事赔偿责任限制制度的规定,船舶所有人有权主张减免其对某一事故所承担的赔偿责任。责任人在享有海事赔偿责任限制的权利时,索赔方的利益因此受到了损害,这在原则上是被允许的,因为通过权利的赋予,船舶所有人所拥有的权利已经被决定。但是,这并不意味着船舶所有人没有对应的义务,作为一项法律赋予的特殊权利,限制海事赔偿责任的主张并非不受限制地被允许。[①] 为了防止权利被滥用,该项制度还设置了丧失限制赔偿责任权利的条件,当权利人触发上述条件时,将丧失主张海事赔偿责任限制的权利。在海事赔偿责任限制发展的过程中,丧失条件逐渐严格化和明确化。严格化意味着权利人丧失责任限制权利的触发条件越来越高,权利人也越来越难以丧失该权利;而

---

① 参见[德]汉斯·布洛克斯、沃尔夫·迪特里希·瓦尔克:《德国民法总论》,张艳译,中国人民大学出版社2019年版,第301页。

丧失条件的明确化则意味着权利人能够更加明晰地了解自己的权利边界,这也有助于防止其权利的丧失。

(一)过错的标准

有关海事赔偿责任限制的早期立法中并未找到有关丧失赔偿责任条件的规定,目前有关丧失条件的最早记载,始于英国法。[①] 在1786年修订的《责任限制法》(Limitation of Liability Act,1786)中,明确船舶所有人主张责任限制的前提条件为责任人对于损失的发生没有"知情或私谋"(knowledge or privity)。[②] 也就是说,如果责任人存在"知情或私谋",将丧失限制海事赔偿责任的权利。这种规定被美国1851年的《船舶所有人责任限制法》所借鉴,[③]该标准一直延续至今,并未改变。[④] 在1813年的修法中,英国责任限制的丧失标准作了细微的更改,变更为"过失或私谋"(fault or privity)。[⑤] 而随着20世纪有关海事赔偿责任限制国际公约的产生,丧失条件随着国际公约的变革进一步产生变化。《1924年责任限制公约》将船舶所有人的过错标准明确为"行为或过失"(act or fault),也就是说,如果损害是由于责任人的行为直接造成,或者因为其过失导致的,则责任人无权主张海事赔偿责任限制。[⑥]《1957年责任限制公约》则明确规定责任主体丧失责任限制权利的条件为实际过失或私谋(actual fault or privity)。[⑦] 而到了《1976年海事索赔责任限制公约》,这种丧失责任限制的条件则更加严格和明确。[⑧] 此外,与之前的公约相比,只有损失是责任人本人的过错行为造成的,责任人才会丧失主张免责的权利,责任人的雇员或代理人不在此列。当然,需要注意的是,由于大陆法系国家和英美法系国家对于过

---

① See Patrick Griggs, Limitation of Liability for Maritime Claims: the Search for International Uniformity, *Lloyd's Maritime and Commercial Law Quarterly*, 1997(3), p.371.

② An Act to Explain and Amend and Act and for Giving a Further Relief to the Owners of Ships(1786),26 Geo. 3, c. 86.

③ Act of Mar. 3, 1851, ch. 43, §3, 9 Stat. 635. Section 3. See Joseph C. Sweeney, Limitation of Shipowner Liability: Its American Roots and Some Problems Particular to Collision, 32 *Journal of Maritime Law & Commerce*, 2001(1), p.261.

④ 美国责任限制立法最新修订于1996年,但是与1851年的版本相比较,并未有实质性的改变,丧失海事赔偿责任限制的条件仍为"知情或私谋"。参见 the Federal Limitation of Shipowners Liability Act(1996),46 U.S.C.App. §183.

⑤ An Act to Limit Responsibility of Ship Owners in Certain Cases (1813). 53 Geo. 3 c. 159.

⑥ 参见公约第2条第1款。

⑦ 参见公约第1条第1款。

⑧ 公约第4条规定:"如经证明,损失是由于责任人本人故意造成这一损失,或者明知或能造成这一损失而轻率地采取的行为或不为所引起的,该责任人便无权限制其责任。"

错的表述和界定存在区别,[①]法院在具体案件中认定当事人的主观心理状态时可能存在偏差。

从上述丧失责任限制的条件看,从"知情或私谋"、"过失或私谋"到"本人的行为或过失",接着发展为"实际过失或私谋",最后变为"故意或明知可能造成损害而轻率为之",海事赔偿责任限制权利丧失的条件越来越严格。权利人从一开始只要对损失的发生是"知情"的则有可能丧失责任限制的权利,到如今必须是主观上具有故意或者明知可能造成损失而为之才会丧失,而且索赔方对于责任人的过错必须承担证明责任,可见丧失赔偿责任限制的条件越来越苛刻。易言之,海事赔偿责任限制这项法定权利变得越来越难以丧失。

(二)举证责任

除了过错的标准不断严格和明确,丧失赔偿责任限制权利的举证责任分配也不断朝着有利于船舶所有人的方向发展。在《1976年海事索赔责任限制公约》之前,无论是英国《1813年船舶所有人责任限制法》,还是美国《1851年船舶所有人责任限制法》,抑或是《1924年责任限制公约》和《1957年责任限制公约》,均未直接规定对于责任人具有过错的举证责任问题。但是,上述有关海事赔偿责任限制立法的规定均采用"船舶所有人在没有知情/私谋/过失/故意……的情况下,有权主张责任限制"的措辞。这表明船舶所有人在举证证明不存在上述过错的前提下,才可以主张海事赔偿责任限制,由此可见,上述立法在责任限制的丧失上采用的是"谁主张、谁举证"的规则,即船舶所有人必须证明其对于损失没有存在过错,此种举证责任规则与普通民事诉讼中的一般规则一致。

从《1976年海事索赔责任限制公约》开始,举证责任的规定发生了变化。公约首次采用了"如经证明,该损失是由于责任人……该责任人便无权限制其责任"的表述,"如经证明"说明责任人的过错需要"被证明",即索赔方需要对责任人的过错承担证明责任,如果无法证明,被索赔方依然能够主张限制赔偿责任。由此可见,举证责任被倒置,需要受损方证明船方主体存在上述过错的情形,船方主体才会丧失主张海事赔偿责任限制的权利。所谓举证责任之所在,败诉之所在,将举证责任进行倒置的做法,无疑将更多的义务施加给索赔方,使得海事赔偿责任限制更难被主张丧失。不仅如此,《1976年海事索赔责任限制

[①] 在大陆法系,过错一般分为故意(直接故意和间接故意)与过失(疏忽和懈怠);在英美法系,一般分为实际心理状态的过错(故意、放任和懈怠)与非实际心理状态的过错(没有预见但应当预见损害发生)。

公约》还增加了"损失同一性"的限制,使用了"该损失"(such loss)的措辞,这表明权利人的过错行为与造成的损失要存在因果关系,才会丧失海事赔偿责任限制的权利。

(三)小结

概言之,无论是国际公约还是国内立法,有关海事赔偿责任限制丧失条件的规定都朝着不断严格和明确的方向发展。在过错程度上,对于责任人的要求越来越低,只要责任人不存在故意或特别严重的过错,就不会丧失主张海事赔偿责任限制的权利。除此之外,对于责任人过错的证明责任被倒置,需要由索赔方予以证明,加上"损失同一性"这一因果关系上的要求,责任方丧失海事赔偿责任限制被加上了诸多限制。上述规定的变化,让海事赔偿责任限制成为一项几乎"难以争辩"的权利。[1]

---

[1] See The "Breydon Merchant"(1992),1 Lloyd's Report. 373,376.

第二章

海上风险的变迁对海事赔偿责任限制制度的冲击

海事赔偿责任限制是海上活动中所特有的制度,致力于公平分担海上风险,削弱海陆风险差异性所带来的不公。但是,海上风险并非一成不变,海上航行距离的变化、船载货物的丰富以及科学技术的发展等因素都会对海上风险产生影响,进而影响海事赔偿责任限制存在的正当性基础。基于此,本章将探索海上风险变迁的具体表现及其影响,重新评估在现代海上风险下海事赔偿责任限制制度的正当性,为制度的完善奠定基础。

第一节 海上风险变迁的外在表现

一、抵御海上风险能力的提高

综观人类的航海史,人类抵御海上风险的能力随着航运业的发展逐渐增强,这与航海技术的发展密不可分。正如有学者所言,航海是一门由技艺(art)、技术(technology)发展为科学(science)的学科。[①] 早期的航海实践产生于人类的生产生活,对物质资料生产的需求催生了航海技术的萌芽和发展。这一时期的船舶形态较为简单,驾驶主要依靠船员的"船艺"。而随着生产力的不断提高,航海不仅仅为了满足生存的需要,而逐渐成为物资、商品交换和运输的方式,航海规模的扩大也催生了航海技术的进一步发展,动力的变革使得船舶逐渐走向蒸汽时代甚至电气时代,航行区域亦逐渐从沿岸走向大洋,这对航海

---

① 冯兴耿:《航海技术辩证法》,大连海事大学出版社1995年版,第31~34页。

提出了更高的要求。正是在这种情况下,航海逐渐发展成为一门"技术"。而现代以来,随着船舶开始走向大型化、复杂化和智能化,远洋航行已经发展成为一种包含天文、地理、造船、通信等领域的"科学"。

科学技术的发展直接促进了航海技术水平的提高,这也使得人类抵御海上风险能力逐渐增强——18世纪以来,在以牛顿力学为代表的经典力学体系的推动下,蒸汽机被发明并促使了工业生产从手工工具到机械化生产的转变。在船舶动力上,船舶逐渐摆脱风帆而实现了机械化运行。在船舶材料上,冶铁技术的发展也使得船舶实现了从木质向钢质船的过渡。而在导航上,航用六分仪和天文钟逐渐在船上普及。上述进步不仅提高了航程,还增加了航行的安全性。19世纪下半叶开始的第二次技术革命,使得人类进入"电气时代",电力的普及也为无线电通信技术和无线电探测和测距(雷达)的发明奠定了基础,从而使得海上航行中的信息沟通更加流畅,并进一步提高了船舶航行的适航性。而"二战"后,第三次技术革命更是使得科学技术有了质的飞跃,电子计算机的发明和逐渐普及使得船舶的操控和运行更加智能,实现了驾驶、通信和航行记录的自动化,减少了人力成本并降低了人为过失的可能性。同时,空间技术的发展也使得GPS(全球定位系统)、AIS(船舶自动识别系统)、VTS(船舶交通管理系统)、GMDSS(全球海上遇险和安全系统)以及ECDIS(电子海图显示与信息系统)等机制建立,更好地提升船舶航行的安全性。如今,第四次科技革命正向我们袭来。随着人工智能技术的应用,无人船舶在海上运输中开始被应用,这有利于降低人为疏忽造成海损事故的概率。

概言之,在航海技术的发展过程中,产业革命带来的技术革新是主要的推动因素,极大地加速了运载工具建造、导航技术和通信技术等航海相关领域的发展,提高了人类对抗海上风险的能力。

除了鼓励海上冒险的政策考量,[①]海事赔偿责任限制制度产生的另一个重大前提,在于海上风险相比于陆上风险具有难以控制性和无限性的特点,[②]因此需要通过相关制度对海上风险进行公平分担,这是建立在人类抵御海上风险的能力严重不足的背景下的。然而,海事赔偿责任限制制度毕竟是基于海上风险而产生的,随着科学技术的发展,船舶实现了大型化、专业化、高速化、自动化、

---

① See Aleka Mandaraka-Sheppard, *Modern Maritime Law: Managing Risks and Liabilities*, Informa Law form Routledge, 2013, p.739.

② See Official Records of the International Conference on the Limitation of Liability for Maritime Claims, September 27, 1976, LEG/CONF.5/6, pp.112-113.

电子化,抗风险的能力有了质的飞跃。这对海事赔偿责任限制存在的根基产生了冲击,海事赔偿责任限制制度的作用正逐渐被削弱。申言之,在绝对自然风险保持不变的情况下,科学技术的进步增强了人类抵御海上风险的能力,使得海上相对风险逐渐减弱,把航运业再称为"海上冒险"而限制船方的责任,似乎变得不合时宜,船舶所有人可以享受责任限制的合理性开始受到质疑。① 在这种情况下,是否还有必要基于海陆风险的差异性而对船方所面临的海上风险予以限制,成为应该被重新考虑的问题。

二、海上风险分摊机制的普及

海商法本身可视为一套成本分摊体系,其中很多特殊的制度都是为了分摊相对无限的海上风险而建立的,海事赔偿责任限制制度亦是如此。② 但是,现代以来,以海上保险为主要代表的风险分散机制的普及,使得船方所面临的海上风险得到有效分散,对海上风险的格局产生了不小的影响。

强制保险制度的适用提高了投保率,有效地分散了海上风险。当前,随着船舶的大型化和船载货物种类的增加,海难事故造成受害方的损失越来越大,而责任方的赔偿能力往往有限,受害方合法权益常常无法得到保障。基于此,在某些容易造成重大损失的领域如海上运输有毒有害物质、原油运输、旅客运输等,法律普遍引入了强制保险制度,旨在通过保险的方式让受损方的损失得以弥补。譬如,国际公约如《1996年国际海上运输有毒有害物质损害责任和赔偿公约》《2001年国际燃油污染损害民事责任公约》《2002年海上旅客及其行李运输雅典公约》以及《2007年内罗毕国际船舶残骸清除公约》等都引入了强制保险制度,要求承运人必须购买保险或者提供财务担保。在此背景下,海上风险由船舶所有人(被保险人)转嫁到保险人处,船舶所有人也因此不直接暴露于海上风险之下,其所面临的海上风险得到了有效的分散,避免其因为单一海难事故而遭受难以逆转的后果。

除此之外,商业保险的不断发展亦为海上风险的分担提供了新的渠道。现代以来,保险业有了巨大的发展:商业保险机构不断开发新的险种,使得保险规

---

① 参见[加]威廉·台特雷:《国际海商法》,张永坚等译,法律出版社2005年版,第263页;Mustill Lord, Ships are Different- or are they? *Lloyd's Maritime and Commercial Law Quarterly*, 1992(4), pp.490-501; Steel David, Ships are Different: the Case for Limitation of Liability, *Lloyd's Maritime and Commercial Law Quarterly*, 1995(1), pp.77-87.

② 郭瑜:《海商法的精神——中国的实践和理论》,北京大学出版社2005年版,第190页。

模和范围逐渐扩大。① 保险基金的投资和运用水平进一步提高,增加了保险企业的偿付能力,各国对保险企业的监督和管理的加强也促进了保险事业的发展,保障了社会经济的稳定和被保险人的利益。② 而且,再保险的发展亦增加了保险人的风险承受能力。此外,为了缓解责任的累积,经营海上保险的保险人通常将其承保的部分海上风险进行再投保,由此逐渐形成了通过再保险对海上风险进行再分散的模式。通过海上再保险的安排,风险在全球范围内得到分散,这有利于保险公司经营的稳定和承保能力的增强。③ 在这种背景下,投保人可以将其所面临的绝大多数海上风险转嫁给保险人。上述变化,使得海上活动参与者所面临的海上风险得到有效分散。

三、海上运输经营方式的发展

人类从事海上运输的历史由来已久,公元前 3000 年左右,帆船和多桨船舶开始在埃及普及,埃及也凭借造船和航海的优势大力发展海上贸易。④ 公元前 2000 年左右,地中海沿岸的海上贸易已经初具规模,形成了常态化的海上贸易模式。⑤ 在随后的几千年时间里,人类的海上贸易活动从未中断,而新航路的开辟更是使得人类海上运输和贸易的足迹遍布全球。但是,直到 20 世纪以前,在海上运输和贸易领域,普遍存在的都是"自船自运"的模式,即由船舶所有人对船舶进行管理和营运,同时也独自面对来自海上的风险。随着公司制的发展和普及,个体船东才逐渐减少,船舶所有人逐渐以船公司的形式出现。20 世纪以来,随着全球化的发展,国际航运和贸易量呈指数型增长,大型的航运企业也开始形成,这些航运公司旗下往往拥有多艘船舶,经营多条航线,这使得海上运输经营方式发生了重大的变化。随着船队规模的壮大,船舶所有人不再参与船舶的实际运营和管理,船舶管理人、船舶经营人等主体也因此加入海上冒险中,他们在海上活动中扮演船舶所有人的部分角色,同时也承担部分风险。除此之外,对于冗余的运力,船舶所有人亦会通过将船舶出租的形式使得物尽其用。此时,船舶承租人参与到海上冒险中,他们虽然不实际拥有船舶,但是却因为控

---

① 参见申曙光:《保险学导论》,中山大学出版社 1996 年版,第 34~35 页。
② 参见荆涛:《保险学》,对外经贸大学出版社 2003 年版,第 115~117 页。
③ 参见刘玮:《海上保险》,南开大学出版社 2006 年版,第 33 页。
④ 参见辛元欧:《中外船史图说》,上海书店出版社 2009 年版,第 1~23 页。
⑤ Philip D. Souza, *Seafaring and Civilization: Maritime Perspectives on World History*, Profile Books Ltd, 2002, p.44.

制船舶而直面海上风险。海上运输经营方式的上述改变,带来了两个方面的影响:

一方面,公司有限责任制度有效分散了海上风险。航运企业的出现使得船舶所有人不再以自然人的形式出现,而是以法人的形式对外承担责任,对有限责任公司而言,船公司(船舶所有人)所面临的风险局限在公司的注册资本范围内。从这个意义上说,公司有限责任制度已经实现了对海上风险的有效限制。这种风险的限制在单船公司中体现得尤为明显——在单船公司中,公司的资产仅限于某一船舶,股东以单艘船舶(包括船舶属具)为主要甚至全部资产对外承担责任,投资者所承受的风险被有效控制。换言之,对单船公司的股东而言,有限责任制实际上起到了海事赔偿责任限制制度中委弃制的效果,有限责任制度比海事赔偿责任限制制度提供了强度更高的保护。当然,出于规避责任而设立公司的船东,往往会面临被法院"揭开面纱"进而否认公司独立人格的危险,但不可否认的是,公司有限责任制度的盛行有效地削弱了船东所面临的海上风险。

另一方面,参与海上冒险主体的增加也使得海上风险得到了分散。新航路开辟初期,船舶所有人往往独自参与海上冒险,虽然可以独享巨额的收益,但同时也意味着独自面对海上风险。随着船舶经营方式的多元化,船舶管理人、船舶经营人、光船承租人、期租承租人、航次承租人等多种主体参与到海上活动中,这些主体共同享有海上冒险所带来的收益,但也同时承担着海上风险所带来的损失,巨大的海上风险也因此得到了一定程度的分散。

综合以上论述,现代海上风险与近代、古代相比已不可同日而语,直接影响海上活动参与者的风险被减弱。这一方面源于科学技术的发展提高了人类抵御风险的能力,使得海上风险似乎并没有新航路开辟初期那般"难以克服";另一方面归功于其他海上风险分散机制的产生和普及,让巨大的海上风险得以有效分散。同时,也源于海上运输经营方式的改变,使得船舶所有人不再独自面对海上风险。

第二节　海上风险变迁的内在影响

一、海陆相对风险的差异性逐渐弱化

自古以来,陆地是人类赖以生存的家园,而海洋与陆地的环境截然不同,在没有充分的知识和技术储备的条件下,水手们根本无力克服海上风险。海上天气的变化无常使得航行变得困难甚至是危险的,坏血病的肆虐夺走了航海者的生命,以风帆作为动力的船舶有赖于大自然的眷顾才能安全行驶,在遇到困难时救援又时常无法及时赶到……凡此种种,决定了开发海洋的难度要远高于在陆地上探索的难度,随着海洋科技的不断发展,人类才得以逐渐向大洋深处探索。① 海陆相对风险的差异性,主要受到人类的科技水平、船舶的航行距离和海上运输经营方式这三个因素的影响——人类的科技水平越高,抵御海上风险的能力越强,海陆风险的差异性也更小;人类航行距离越长,距离海岸线越远,其受到海上风险的影响就更严重,与陆上风险的差异性也更大;参与海上运输经营的主体越多,单一个体所承受的损失越少,风险也因此得以分散。

人类探索海洋的步伐在史前已经开始。公元前 9000 年左右,美索不达米亚、尼罗河流域和东南亚地区已经出现了比较原始的筏具或独木舟,人类开始在河流或湖泊中探索。公元前 8000 年前后,北海、波罗的海及斯堪的纳维亚等沿海地区已经开始利用渔船进行近岸捕鱼作业。而公元前 3000 年左右,帆船和多桨船舶在埃及普及,埃及凭借造船和航海的优势大力发展海上贸易。② 根据考古发现,公元前 2000 年开始,可用于海上航行的船舶就在地中海和印度洋地区被广泛使用。③ 公元前 11 世纪前后,腓尼基人更是制造出更大的可以用于远距离航行的双桅杆帆船,这使得其在造船和航海技术上领先于其他国家,并控制了地中海的大部分海上贸易长达千年,甚至在公元前 595 年完成了环绕非洲大陆的航行。而在接下来的数千年时间里,船舶逐渐实现大型化,指南针、观星仪的发明提高了船舶的导航能力,在一定程度上提高了航行的安全性。④ 但是,在新航路开辟之前,造船和航海技术似乎不足以支撑人类的远洋航行——根据史料记载,在公元前 9 世纪,斯堪的纳维亚半岛的维京水手开始跨越北大西洋前往冰岛,到了中世纪,海上贸易的路线从欧洲贯通至中国。但是,只要条件允许,大多数航海者都会贴着海岸线行驶而不会冒险直接穿越大洋,因此并未形成常态化的跨洋航线。⑤ 由此观之,人类在开始掌握航行的技能后相当长

---

① 参见陆儒德:《海洋·国家·海权》,海潮出版社 2000 年版,第 161 页。
② 参见辛元欧:《中外船史图说》,上海书店出版社 2009 年版,第 1~23 页。
③ See Philip D. Souza, *Seafaring and Civilization: Maritime Perspectives on World History*, Profile Books Ltd, 2002, pp.9-10.
④ 参见辛元欧:《中外船史图说》,上海书店出版社 2009 年版,第 100~128 页。
⑤ 参见[英]莱弗里:《征服海洋》,邓峰译,中信出版社 2017 年版,第 8 页。

一段时间内,并未真正深入地探索海洋。① 这决定了人类所面临的来自海洋的风险并未达到足够的体量,当时的航海技术基本上能够满足人类有限的航海活动。在这一阶段,海陆风险的差异性并不明显,甚至可以说海上运输和陆上运输所面临的风险在这一阶段并没有太大的差别。在这一时期的海上活动中,损害赔偿案件所普遍适用的是与陆上法律制度相同的规则,并无责任限制的特殊规定。

海陆风险的差异性随着人类航行距离的增加而产生了变化。新航路开辟后,地理隔绝被打破,高额的利润使得人们纷纷投身到海上冒险中,远洋运输随之快速发展并逐渐成为洲际贸易的主要运输形式。而彼时的船舶虽然已经有了很大的发展,但仍然以风帆动力的木质船舶为主,导航也仅仅依靠原始的导航仪器。人类探索的步伐已经走向深海但是航海技术并未同步发展,而船舶所有人所面临的海上风险却随着航程的延长急剧增加,海上活动在这一阶段成为"冒险活动"。在这一时期,海陆风险的差异性逐渐被拉大,远洋航行被称为"海上冒险"。

随着数次工业革命的完成,人类的航海技术有了很大的发展,海陆风险的差异性再一次被拉近。以蒸汽机和内燃机为基本动力的钢船,提升了船舶在远洋航行时的安全性,船舶已经形成了种类繁多、技术复杂和高度专业化的水上运输工具。② 而现代以来,计算机技术、卫星导航技术、人工智能技术的发展降低了船舶操作中疏忽的可能性,使得船舶抗风险能力有了质的提高,这也使得海上运输与陆上运输相比,在安全上的差异性已逐步减小。而随着公司有限责任制度、强制保险制度、商业保险以及再保险的发展和普及,巨大的海上风险被逐渐控制和分散,船东所面临的海上风险亦逐渐减小。在这种变化的催生下,海陆风险的差异性被拉近。

综合以上论述,海陆风险的差异性经历了多次改变:在新航路开辟之前,由于受到航海和导航技术的限制,贸易活动一般仅限于近海,即使存在长途的海上运输,其航线亦沿着海岸,与跨洋航行相比,海上活动参与者在此时所面临的风险还未达到无法克服的量级,因此海陆风险的差异性尚未拉大。随着横跨大洋的洲际海上运输成为主要的运输形式,海上航行中所面临的海上风险急剧增

---

① 这一观点可以从航海家的航线中得到印证。譬如,1497—1499 年达伽马开辟的从葡萄牙里斯本到印度卡利卡特的航路,也是一路贴着非洲和亚洲大陆近岸和群岛航行,并非真正意义上的远洋航行。

② 参见唐志拔:《海船发展史话》,哈尔滨工程大学出版社 2008 年版,第 155 页。

加,而航海科技的发展并不足以帮助人类抵御海上风险,海陆风险的差异性由此被拉大。现代以来,随着科学技术的提高,人类抵御海上风险的能力增强,加之多元化风险分担机制的普及和参与海上经营的主体逐渐增加,风险得到了一定程度的分散,海陆风险的差异性似乎再一次被缩小。

二、海事赔偿责任限制制度的正当性受到质疑

海事赔偿责任限制制度的产生,是建立在海上活动参与者之间风险分配不公的基础之上的。易言之,海上风险与陆上风险相比具有更加难以控制的特性,因此需要通过风险分担的方式控制单一个体所承担的风险,以实现海上活动参与者之间风险的公平分担。从这个意义上说,海事赔偿责任限制制度存在的最重要基础,正是海陆风险具有差异性的客观事实。但是,海上风险的变迁使海陆风险的差异性逐渐缩小,加上海上风险分担渠道的丰富和全球航运市场的相对饱和,单方面保护船方利益而牺牲索赔方利益的做法受到了冲击,海事赔偿责任限制制度的正当性也因此受到了质疑。

海事赔偿责任限制的存废被大规模地讨论,源于两位大法官的论战:基于海上风险的变迁,英国大法官 Mustill 勋爵在 1993 年就撰文对海事赔偿责任限制存在的正当性提出了质疑,认为海上和陆上已不再具有差异性,在当代应该废除海事赔偿责任限制制度。[①] David Steel 法官则在随后发表了不同的观点,认为海事赔偿责任限制的存在仍然具有必要性,这种制度有利于鼓励投资,能够确保国际竞争的公平,同时确保了保险业的承保能力。[②] 在此之后,司法和学术界展开了对这一问题的大讨论,其中对海事赔偿责任限制存在的正当性基础提出疑问的不在少数。

有学者认为海事赔偿责任限制制度分摊海上风险的必要性已经缺失,因为科学技术的发展使得海上风险被极大削减,如今的海上运输已然不能被称为"海上冒险"而受到特殊保护。[③] 的确,随着科学技术特别是航运和导航技术的发展,人类在大海面前已经逐渐变得强大,有学者甚至指出,对海损事故中受害

[①] Lord Mustill, Ships are Different- or are they? *Lloyd's Maritime and Commercial Law Quarterly*, 1992(4), pp.499-501.

[②] David Steel, Ships are Different: the Case for Limitation of Liability, *Lloyd's Maritime and Commercial Law Quarterly*, 1995(1), p.87.

[③] 参见[加]威廉·台特雷:《国际海商法》,张永坚等译,法律出版社 2005 年版,第 263 页; Mustill Lord, Ships are Different- or are they? *Lloyd's Maritime and Commercial Law Quarterly*, 1992(4), pp. 490-501.

方获得全额赔偿的权利进行剥夺的制度已经不符合时代的潮流。①

也有学者提出,替代性风险分散机制的普及已经使得海事赔偿责任限制失去了存在的必要性。② 随着时代的发展,当时设立海事赔偿责任限制的条件和前提已不复存在,应该重新审视其存在的合理性。③ 诚然,海事赔偿责任限制制度曾一度发挥巨大的作用,但如今对现代航运业的保护措施日益丰富,使得允许责任限制制度存在并以损害无辜受害人为代价的理由日益衰减,已经到了应该将其"枪毙"的时候了。④

亦有学者认为,海事赔偿责任限制的适用会导致严重的不公平,特别是在某些造成重大人身伤亡或财产损失的案件中,实际获赔比例往往极低。因此,从远景观之,海事赔偿责任限制始终要被逐步废除,以实现对人身伤害优先赔偿、财产损失充分赔偿的目的。⑤

概言之,对于海事赔偿责任限制制度的质疑,主要源于人类抵御风险能力的增强和替代性风险分散机制逐渐普及的客观变化,这些变化使得海陆风险的差异性逐渐弱化,过分保护海上活动参与者的做法受到质疑。不仅如此,对于海事赔偿责任限制制度的质疑也体现在司法实践中:在美国,法官常"例行公事一般"剥夺船舶所有人责任限制的权利。⑥ 在加拿大,法官在赋予船舶所有人海事赔偿责任限制特权时变得越来越严格,裁判者认为主要基于两个理由:其一为船舶所有人如今已经能更好地控制船舶,而不像风帆时代;其二为责任限额过低,不能满足充分赔偿的需要,尤其是在人身损害赔偿案件中。⑦

---

① Gauci Gotthard, Limitation of Liability in Maritime Law: An Anachronism? 19 *Marine Policy*, 1995(1), p.69.

② Malcolm Clarke, The Transport of Goods in Europe: Patterns and Problems of Uniform Law, *Lloyd's Maritime and Commercial Law Quarterly*, 1999(1), pp.36-52.

③ Aleka Mandaraka-Sheppard, *Modern Admiralty Law: with Risk Management Aspects*, Cavendish Publishing, 2001, pp.877-879.

④ Mark A. White, The 1851 Shipowners' Limitation of Liability Act: Should the Courts Deliver the Final Blow, 24 *Northern Illinois University Law Review*, 2004(1), p.850.

⑤ Hyun Kim, Shipowners' Limitation of Liability: Comparative Utility and Growth in the United States, Japan, and South Korea, 6 *U. S. F. Maritime Law Journal*, 1994(2), pp.385-386.

⑥ A. H. E. Popp, Limitation of Liability in Maritime Law-An Assessment of Its Viability from a Canadian Perspective, 24 *Journal of Maritime Law and Commerce*, 1993(1), p.353.

⑦ A. H. E. Popp, Limitation of Liability in Maritime Law-An Assessment of Its Viability from a Canadian Perspective, 24 *Journal of Maritime Law and Commerce*, 1993(1), p.339.

三、海事赔偿责任限制制度开始"解限制化"

海事赔偿责任限制制度之所以在海上建立了不同于陆上的损害赔偿规则，其所依赖的正当性基础之一是"海陆风险具有差异性"，因此需要对海上活动参与者予以倾斜保护。但是，随着海上风险的变迁导致的海陆风险差异性的弱化，海事赔偿责任限制制度存在的正当性基础受到了冲击。加上近代以来受害人利益的保护日益得到重视，航运业应该承担更多社会责任的思想逐渐成为主流。在这种背景下，责任限制制度本身的规定也出现了变化，以缓解社会舆论对制度设计的不满。立法者主要从"减少可以主张海事赔偿责任限制的项目、完善海事赔偿责任限制限额的计算方式、提高责任限制的限额"等方面竭力阻止海事赔偿责任限制过分保护船方而损害受害方的利益，以重新寻找保护航运业和维护受害人利益的平衡点。有学者把这种放松、解除、限制责任限制权利的趋势称为海事赔偿责任限制的"解限制化"。① 这种趋势具体体现在以下几个方面：

首先，可以主张海事赔偿责任限制项目的减少。在海事赔偿责任限制中，并非所有项目都可以主张海事赔偿责任限制，可以主张海事赔偿责任限制的请求称为限制性海事请求，而其他的海事请求称为非限制性海事请求。从海事赔偿责任限制的发展史看，早期的立法中限制性海事请求仅包括"船长或者船员侵占、私藏或偷盗所引起的损害赔偿"②，随着航运业的发展，限制性海事请求扩张至船上发生的财产损害和人身伤亡索赔。③ 20世纪以来有关海事赔偿责任限制的国际公约中，限制性海事请求更是不断扩张，除了部分为非限制性海事请求外，其他皆为限制性海事请求。④ 至此，在国际海上运输中当事人有可能遭受的索赔类型，国际公约和国内立法基本囊括在内。也就是说，在通常情况下，权利人都可主张责任限制，只有个别例外的情况被列入非限制性海事请求的范

---

① 何丽新、谢美山：《海事赔偿责任限制研究》，厦门大学出版社2008年版，第302页。
② Responsibility of Shipowners Act（1734），7 Geo. 2，c. 15. See Norman A. Martínez gutiÉrrez, *Limitation of Liability in International Maritime Conventions：the Relationship between Global Limitation Conventions and Particular Liability Regimes*, Routledge, 2011, p.11.
③ See Section 503(1), Merchant Shipping Act 1894（UK）.
④ 参见《1924年关于统一海船所有人责任限制若干规定的国际公约》第1条、第2条。

畴。① 但是,随着客观情况的变化,限制性海事请求的规定逐渐改变,可以限制海事赔偿责任的海事请求又出现了被限缩的趋势——由于沉船、沉物可能威胁航行安全和破坏海洋环境,许多国家立法对特定区域内的沉船、沉物实行强制打捞制度,我国亦是如此。② 虽然目前国际上通行的《1976年海事索赔责任限制公约》将沉船、沉物的打捞和污染的清除所产生的费用认定为"可以主张海事赔偿责任限制的海事请求",但同时允许缔约国对此作出保留。③ 由此可见,公约对于缔约国缩减海事赔偿责任限制的项目采取的是开放的态度。

我国1992年颁布的《海商法》亦出现了限缩限制性海事请求项目的趋势,该法第207条并没有将沉船打捞和污染清除的费用列为"可限制责任的请求",但有趣的是,也未将上述项目列为"不可限制责任的请求",由此引发了沉船打捞和污染清除费用能否主张海事赔偿责任限制的争议。对此,有学者指出,为了满足迫切的打捞需求,应该维护打捞方的利益,将船舶的打捞费用列入非限制性海事请求。④ 在我国司法实践中,基于优先保护航道安全、保护海洋环境等涉及社会公共利益的考量,沉船沉物的清除和打捞费用也逐渐被认定为非限制性海事请求。⑤ 最高人民法院在有关审理船舶碰撞案件的司法解释中明确规定沉船沉物的打捞和污染清除费用不能主张责任限制。⑥ 而在有关审理海事赔偿责任限制案件的司法解释中,亦明确沉船打捞和污染清除的费用不可以根据

---

① 夏元军:《海事赔偿责任限制权利的扩张与平衡》,载《上海大学学报(社会科学版)》2017年第4期。

② 我国《海上交通安全法》第40条规定:"对影响安全航行、航道整治以及有潜在爆炸危险的沉没物、漂浮物,其所有人、经营人应当在主管机关限定的时间内打捞清除。否则,主管机关有权采取措施强制打捞清除,其全部费用由沉没物、漂浮物的所有人、经营人承担。"

③ 《1976年海事索赔责任限制公约》第18条第1款明确规定,允许缔约国保留公约第2条"可限制责任的请求"中的第(4)项"有关沉没、遇难、搁浅或者被弃的船舶,此种船舶上的任何物件的起浮、清除或者使之无害的请求"以及第(5)项"有关船舶上货物清除或者使之无害的请求"。

④ 王君琪、冯晓波:《沉船、沉物打捞清除费用海事赔偿责任限制的研究》,载《中国海事》2012年第11期。

⑤ 参见余晓汉:《论海事赔偿请求限制性与非限制性之识别》,载《环球法律评论》2017年第4期。

⑥ 《最高人民法院关于审理船舶碰撞纠纷案件若干问题的规定》第9条规定,因起浮、清除、拆毁由船舶碰撞造成的沉没、遇难、搁浅或者被弃船舶及船上货物或者使其无害的费用提出的赔偿请求,责任人不能依据《海商法》第十一章的规定享受海事赔偿责任限制。

《海商法》的规定主张责任限制。① 当然,也有学者认为,将船舶的清除、打捞费用规定为非限制性海事请求的做法应该被慎重考虑,因为这过分保护了打捞方的利益而伤害了船方的利益。②

除此之外,由于油类污染、有毒有害物质污染、核污染等带来的损害程度较高,国际公约和各国的国内立法也逐渐将其排除在可以主张海事赔偿责任限制的海事请求之外,转而采用更高的责任限额并适用单独的责任限制基金以确保受害方能够得到充足的赔偿,有部分国家甚至在上述领域中排除了有限责任的适用,以此确保损害得以弥补,譬如瑞士、日本和德国。③

其次,海事赔偿责任限额的计算方式逐渐走向科学化。在海事赔偿责任限制产生之初,所采用的责任限额计算方式为航程制,即无论在一个航次中发生多少次事故,船舶所有人只需要设立一次责任限制的基金并以此基金为限承担赔偿责任,或者仅须委弃其冒险资产并以此为限承担该航次中发生的所有事故的赔偿责任。譬如,英国1734年的《船舶所有人责任限制法》就将船舶所有人的责任限制在"船舶、船上设备以及船舶所有人所得运费"的范围内。④ 在同一航次中发生数次事故的情况下,这种计算方式显然过分牺牲了受损方的利益,加之当时海上保险市场中采用的是以每一次"事故"的损失为承保的基础,这种计算方式因为过分保护了船方的利益而备受质疑。基于此,英国1813年的《船舶所有人责任限制法》⑤创设性地建立了"一次事故一次限额"的制度,即如果单一航次中出现了多次事故,则每次事故都应该建立单独的赔偿责任限额。⑥ 这种规则一直延续至今并为有关海事赔偿责任限制的国际公约所广泛采用。随

---

① 《最高人民法院关于审理海事赔偿责任限制相关纠纷案件的若干规定》第17条第1款规定,海商法第207条规定的可以限制赔偿责任的海事赔偿请求不包括因沉没、遇难、搁浅或者被弃船舶的起浮、清除、拆毁或者使之无害提起的索赔,或者因船上货物的清除、拆毁或者使之无害提起的索赔。

② 刘宗荣:《海商法近期立法与裁判状况——兼论海上运送人适载性义务与货物照管义务》,载《月旦法学杂志》2012年第1期。

③ 参见何丽新、谢美山:《海事赔偿责任限制研究》,厦门大学出版社2008年版,第304~307页。

④ See Norman A. Martínez Gutiérrez, *Limitation of Liability in International Maritime Conventions: the Relationship between Global Limitation Conventions and Particular Liability Regimes*, Routledge, 2011, p.11.

⑤ An Act to Limit Responsibility of Ship Owners in Certain Cases, 53 Geo. 3, c. 159 (1813).

⑥ See Norman A. Martínez Gutiérrez, *Limitation of Liability in International Maritime Conventions: the Relationship between Global Limitation Conventions and Particular Liability Regimes*, Routledge, 2011, p.13.

着责任限制的计算方式日趋科学化,海事赔偿责任限制制度保护船方的天平亦逐渐向货方倾斜。

最后,海事赔偿责任限制的限额亦逐渐增加,尤其体现在人身伤亡索赔的责任限制中。正如有学者所指出的,在当今社会,海事赔偿责任限制不能过分侵犯受损方的利益,在与其他风险分担机制相配合的情况下,只有确保在大多数案件中索赔方能够最终获得足够的赔偿,海事赔偿责任限制制度的正当性才能继续存在。① 关于海事赔偿责任限制制度下的实际获赔比例,从其产生至今一直经历着调整。海事赔偿责任限制从"物的有限责任"发展至"人的有限责任",避免了船舶毁损或灭失的情况下受损方得不到赔偿的窘境,已如前述。而在普遍使用金额制计算责任限额的海事赔偿责任限制公约中,海事赔偿责任限制的限额每隔一段时间就要经历提高,上述变化使得海事赔偿责任限制的限额更接近实际损失。在限额的调整中,"人身伤亡充分赔偿、财产损失适当赔偿"的准则被立法者所遵循。② 这意味着人身伤亡损害赔偿中获赔比例受到了严格的控制,这种特殊保护直接体现在有关海事赔偿责任限制的国际公约对于人身伤亡索赔的区别对待——20 世纪开始,有关海事赔偿责任限制的国际公约中,人身伤亡损害都采用比财产损失更高的责任限额。《1924 年责任限制公约》中,由于财产损失所引起的索赔,船舶所有人的赔偿责任限于船舶价值(value of the vessel)、运费(freight)及船舶属具(accessories of the vessel),但不得超过船舶吨位乘以 8 英镑所得出的总额;③而对于人身伤亡所引起的索赔,除了适用上述船价制,还需要以不低于船舶吨位每吨 8 英镑计算出的责任限额进行赔偿,如果被害人的损失依然无法在责任限额内得到赔偿,未清偿部分还可以与其他债权一起依照船舶优先权的顺序进行受偿。④ 从 20 世纪下半叶的国际公约中更能窥见这种倾向性保护人身伤亡索赔的趋势。在《1957 年责任限制公约》中,有关财产损失所引起的索赔限额为船舶吨位每吨 1000 金法郎,而有关人身伤亡所引起的索赔,责任限额则是财产损失责任限额的 3 倍以上,高达每吨 3100 金法郎。⑤ 在海上旅客运输领域,《1974 年海上旅客及其行李运输雅典公约》(下称《1974 年雅典公约》)将每名旅客人身伤亡的赔偿责任限额提高至

---

① A. H. E. Popp, Limitation of Liability in Maritime Law-An Assessment of Its Viability from a Canadian Perspective, 24 *Journal of Maritime Law and Commerce*, 1993(1), p. 356.
② 仲海波:《我国海事赔偿责任限额完善之研究》,载《海大法律评论》2016—2017 年刊。
③ 参见公约第 1 条。
④ 参见公约第 7 条。
⑤ 参见公约第 3 条第 1 款。

700000金法郎。① 该公约的1976年议定书将700000金法郎换算为46666特别提款权。② 为了与之相对应,《1976年海事索赔责任限制公约》亦采用了每一旅客不超过46666特别提款权的责任限额,但总额不得超过25000000特别提款权。③ 而公约在一般损失(非旅客运输所造成的损失)的责任限制规定中,采用的是以船舶吨位为计算标准的责任限额计算方式,人身伤亡的起算标准高达333000特别提款权,并按照船舶的吨位累加计算,但财产损失的起算标准为每船167000特别提款权,几乎仅为人身伤亡责任限额的1/2。④ 此外,公约的1976年议定书虽然根据吨位的不同,在原来的基础上提高了2~5倍,但是,财产损失的责任限额仍然只有人身伤亡损害的2/1。⑤ 不仅如此,在旅客运输的国际公约方面,公约的2002年议定书进一步提高了旅客运输中人身伤亡的赔偿责任限额,如果造成该损失的事件非因承运人的过失或疏忽而发生,则赔偿责任限额提高至250000特别提款权,⑥而对于承运人的过失引起的人身伤亡,责任限额更是高达400000特别提款权。⑦

综合以上论述,随着海陆风险差异性的弱化和替代性风险分担机制的普及,海事赔偿责任限制制度控制海上风险的必要性被削弱,海事赔偿责任限制存在的正当性亦受到了来自外部的质疑。而从内部看,海事赔偿责任限制自身亦经历着变革——可以主张海事赔偿责任限制的海事请求逐渐限缩,海事赔偿责任限制的限额逐渐向实际损失靠拢,人身伤亡损害赔偿的责任限制权利受到限缩,这些变化,使得海事赔偿责任限制制度的"限制性"逐步弱化。需要说明的是,虽然从国际公约的发展趋势看,海事赔偿责任限制的责任主体不断扩张,丧失海事赔偿责任限制的条件亦逐渐严格(变得越来越难以丧失),但是上述变化是为了确保海事赔偿责任限制制度在特别重大的海损事故下能够发挥控制海上风险的"安全阀"作用,使得全体海上活动参与者都能够得到保护,避免因为单一海损事故中个人或企业无法限制赔偿责任而走向破产。而海事赔偿责任限制制度"解限制化"的目的则是通过调整责任限制的范围和尺度,抵消海陆

---

① 参见公约第7条。
② 参见议定书第2条。《1974年雅典公约》颁布后,为提高赔偿责任限额,先后于1976年、2002年以议定书的形式对公约中关于限额的规定进行修改。
③ 参见公约第7条。
④ 参见公约第6条第1款。
⑤ 参见议定书第3条。
⑥ 参见议定书第4条。
⑦ 参见议定书第6条。

风险差异性减弱所带来的影响,维持海上风险分担的公平。

第三节 海上风险变迁下海事赔偿责任限制制度之反思

一、海事赔偿责任限制制度的存在仍具有必要性

(一)海难事故仍然造成巨大损失

随着科学技术的发展和海上风险分散机制的普及,海陆风险的差异性正逐渐减小,但是,从当前全球航运活动和事故的发生数量看,人类尚未完全征服海洋。根据国际海事组织(International Maritime Organization,IMO)所建立的全球船舶综合信息系统(Global Integrated Shipping Information System,GISIS)的统计数据,[①]从该数据库开始进行海难事故统计的1973年开始,海难事故的变化情况如表2-1所示:

表2-1 1973—2024年全球海难事故统计

单位:件

年份	总数	严重	特别严重	一般事故
1973	2	1	1	0
1974	0	0	0	0
1975	3	0	3	0
1976	3	1	2	0
1977	10	1	8	1
1978	16	0	5	11
1979	53	5	9	39
1980	54	3	6	45
1981	32	0	1	31
1982	41	2	4	35
1983	44	2	4	38
1984	57	0	5	52
1985	75	1	6	68

---

① IMO:Global Integrated Shipping Information System.,https://gisis.imo.org,accessed on November 28,2024.

续表

年份	总数	严重	特别严重	一般事故
1986	52	1	3	48
1987	56	3	4	49
1988	54	2	1	51
1989	58	1	2	55
1990	89	1	4	84
1991	163	7	14	142
1992	138	12	11	115
1993	160	7	11	142
1994	119	10	5	104
1995	368	14	8	346
1996	334	27	10	297
1997	323	187	133	3
1998	370	232	137	1
1999	530	355	168	7
2000	593	361	219	13
2001	527	309	201	17
2002	577	362	190	25
2003	574	352	201	21
2004	251	102	131	18
2005	312	126	111	75
2006	503	245	142	116
2007	411	190	142	79
2008	343	180	112	51
2009	290	132	125	33
2010	492	197	237	58
2011	377	123	206	48
2012	462	117	289	56
2013	494	127	312	55
2014	412	115	260	37
2015	367	109	211	47
2016	363	133	201	29
2017	338	87	203	48

续表

年份	总数	严重	特别严重	一般事故
2018	212	45	140	27
2019	205	42	149	14
2020	241	48	179	14
2021	286	185	70	31
2022	242	157	51	34
2023	210	141	53	16
2024	38	10	24	4

由表2-1可知，从1973年至今，虽然科学技术不断提高，但是每年发生的海难事故仍然达到相当的体量，且"严重"与"特别严重"的事故在全部事故中的占比处在较高的水平且占比逐年提高；相反，损失较小的"一般事故"占比逐年下降。而根据图2-1所示，从1973年至今，海难事故的总数量呈波动上升的趋势，但进入21世纪以来，严重事故（包括"严重"和"特别严重"）的数量明显提高，占事故总量的绝大部分，而一般事故的发生量则处于较低水平。

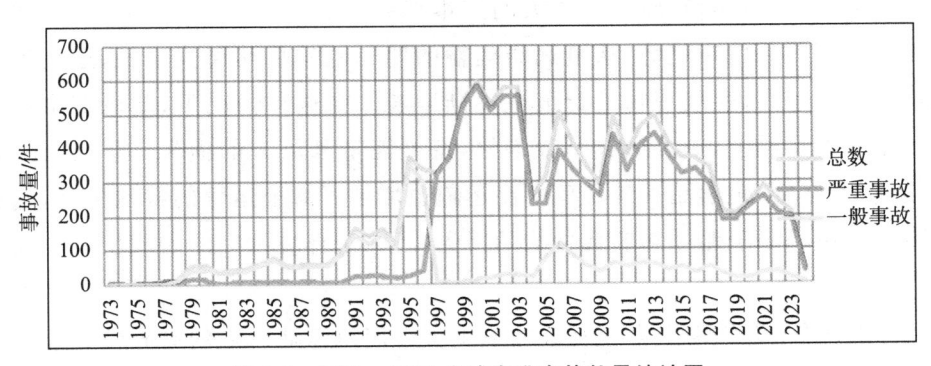

图2-1　1973—2024全球海难事故数量统计图

此外，根据欧盟海事安全局（EMSA）的统计报告，从2011年至2018年，仅悬挂欧盟成员国国旗的船只所造成的海难事故就高达23073件，2014年至2018年的海损事故量更是每年保持在3500件以上，涉事船舶共25614艘。[1]

由此可知，综观近年来发生的海难事故，虽然航运技术有了显著的提高，但海难事故仍然造成了重大的人身和财产损失，其原因在于当前船舶碰撞所产生

---

[1] See European Maritime Safety Agency（EMSA），*Annual Overview of Marine Casualties and Incidents* 2019，p.17.

的损害后果远远超过蒸汽时代,更是风帆时代所无法比拟的:科技发展使得人类在大海面前逐渐变得强大,但是,人为因素导致的重大海难事故却没有减少——有学者统计后指出,绝大多数船舶碰撞案件是人为因素造成的,而由于单纯的海上风险所造成的损失仅占相当少的比例。[1] 概言之,在当今海上运输中,人类抵御海上风险的能力虽然显著增强,但在大海面前我们并没有想象中的那么强大,海上风险仍然给海上活动参与者带来巨额损失,这决定了海事赔偿责任限制控制海上风险的作用仍应存在。[2]

(二)新型海事风险不断涌现

产业革命所带来的技术进步使得人类的航海水平有了质的飞跃,海上活动参与者抵抗海上风险的能力也显著提高,传统海上风险有所削弱。但是,海上风险并非一成不变,随着人类航行距离的增加、船队规模的扩大、船舶的大型化、船载货物类型的不断丰富以及新兴技术的应用,海上活动中又涌现出了一些新的风险。

新航路开辟后,国际航运业飞速发展,如今甚至已经达到饱和的状态。航运量的增加使得航道、港口的拥挤程度也随之加剧,这增加了船舶碰撞事故发生的可能性,稍有不慎,将酿成重大的海难事故。其次,20世纪中叶以来,船舶呈现出大型化的发展趋势,从事远洋运输的船舶吨位呈几何式增长,这使得船舶造价越来越高,船载货物的价值也逐渐增长。在这种情况下,航运资本被集中于单一的船舶上,一旦造成海难事故,将可能带来巨大的损失。最后,原油、液化气、天然气、化学品等各种危险品运输也增加了海上运输的特殊风险,这种风险不单单局限于船舶和船载货物的损失,还在于环境污染的治理所产生的巨额费用。

除此之外,近年来重大突发公共卫生事件使得海陆风险的差异性凸显。突发性公共卫生事件的爆发时间突然,影响范围广泛,同时处置成本也十分高昂。[3] 而作为全球贸易运输中坚力量的海上运输,亦受到突发公共卫生风险的严重冲击,尤其以海上旅客运输为甚——由于船舱较为封闭,空气流通有赖于船载中央空调系统,一旦发生通过呼吸道和空气传播的病毒,将很难控制疫情

---

[1] 参见司玉琢、吴兆麟:《船舶碰撞法》,大连海事大学出版社1995年版,第1~2页。
[2] 据统计,在1978年到2008年的30年间,虽然航海技术显著提高,但是在IMO备案的船舶中一共发生了677起海难事故,平均每年有23起。参见王宁:《世界海难事故现状分析及应对措施》,载《世界海运》2010年第7期。
[3] 参见李晓安、周序中、彭春:《我国突发公共安全事件应对法制路径选择》,载《法学》2009年第8期。

的蔓延。船上人员共用食堂、浴室、健身房等设施,更增加了人员接触的频率从而加速了疫情的传播。最为关键的是,与陆上相比,船上缺乏必要的医疗条件,在远离大陆的海上,船上患者往往无法得到有效救治,容易造成大量的人身伤亡。譬如,在2020年年初,"钻石公主号"邮轮所发生的新冠疫情造成3700名乘客和船员滞留,712人感染,其中13名患者不幸罹难,可见疫情给海上运输特别是旅客运输所带来的损失比陆上运输高出很多,给邮轮行业造成的直接和间接经济损失更是数以亿计。重大突发公共卫生事件之所以带来如此大的损失,源于疫情所带来的风险的无限性和海上经营主体在控制和应对突发公共卫生事件时能力的有限性之间的矛盾。这也说明,人类并未完全战胜海上风险,海陆风险的差异性并未完全消除。相反,从某种意义上说,海陆风险的差异性在某些重大风险发生时被再一次拉大。

正如有学者所指出的:"即使海陆风险的差异性在如今已经有所改变,但是并不能得出海上特殊制度的本质已经发生变化的结论,只能说这些制度在今天所具有的意义发生了变化。"[①]对海商法所调整的船舶关系和海上运输关系来说,风险的存在具有绝对性。虽然随着科学技术的发展,海上活动参与者能够更轻松地克服传统海上风险,但是海陆风险的差异性并无法完全消除,新的海上风险仍然会持续产生。只要人类仍然从事海上活动,海上风险的特殊性就仍然存在,以海事赔偿责任限制为代表的海上风险分散机制的存在也仍具必要性。

(三)人工智能技术的应用增加了海上风险的不确定性

综观人类的发展史,数次工业革命推动了新技术的产生和社会的变革,航运业也在这一次次的变革中不断进步。第一次工业革命使得船舶摆脱风帆而使用蒸汽动力,提高了船舶的航行距离。第二次工业革命让电力在生产生活中被广泛应用,为雷达、电报、声呐的应用奠定了基础,提高了船舶航行的安全性。第三次工业革命中,电子计算机被发明和推广,在船舶运行和管理中,电子计算机被广泛应用,这增加了船舶的自动化程度并降低了人为疏忽带来的损失。卫星导航技术的使用,也使船舶的安全性再次提升了一个台阶。目前,以人工智能技术的应用为核心标志的第四次工业革命正向我们袭来,这无疑将再一次引发航运的变革。以无人驾驶船舶以及无人化码头为代表的高度自动化的船舶和货物管理模式开始萌芽。虽然人类对人工智能在航海业的运用还处于探索

---

① 司玉琢、李天生:《论海法》,载《法学研究》2017年第6期。

阶段,并未有全面的了解,但在可以预见的将来,人工智能技术必然给航海业带来巨大的改变。然而,从人类技术的发展史观之,新技术在发展和推广过程中不可避免地会衍生出一系列风险,人工智能带来的肯定不只有机遇,同时也会带来风险和挑战,这也是人类进入"风险社会"的一大原因。① 正如德国社会学家乌尔里希·贝克在提出风险社会理论时曾指出:"风险问题和对现代性的反思是现代社会所面临的两大重要问题。"②

目前,人类还处于弱人工智能阶段,③但是人工智能技术正呈现几何式的发展,其发展的潜力是无法限制的,其所引发的风险亦具有不确定性。④ 人工智能技术是一把双刃剑,给人类带来巨大福祉的同时,也蕴含着对社会安全的威胁,这成为现代风险的重要根源之一。⑤ 有学者将上述新技术所带来的风险称为现代化的"阴暗面"(dark side)。⑥ 这种负面影响,将直接导致海上风险的不确定性。

一方面,人工智能的本质属性决定了其所带来的风险的不确定性。科学技术的发展的确为人类不断探索海洋提供了有力保障,造船、航海、导航、能源等领域的进步提高了人类抵御海上风险的能力,人工智能技术的应用更使得船舶在运行成本的控制、安全性以及效率方面有很大的提升。但人工智能技术本身仍然存在内在的不确定性,将引发一系列的安全问题。⑦ 譬如,当前人工智能技术仍然存在网络安全风险、数据安全风险、算法安全风险以及信息安全风险,这些风险是人工智能技术推广和不断完善过程中必须面对的。⑧ 人工智能所带来的上述风险,源于其"追求最优结果的能力"的关键属性,这决定了人工智能的两大基本特征。其一为行为后果可预测性较弱,其二为人工智能可控性不足,

---

① 梅立润:《人工智能到底存在什么风险:一种类型学的划分》,载《吉首大学学报(社会科学版)》2020年第2期。
② 参见李怀涛、陈治国:《贝克风险社会理论评析》,载《贵州社会科学》2010年第11期。
③ 根据人工智能自主能力的不同,可以划分为弱人工智能、强人工智能和超人工智能阶段。
④ 参见何哲:《人工智能时代的人类安全体系构建初探》,载《电子政务》2018年第7期。
⑤ 谢迪斌:《风险治理与和谐社会的构建》,载《教学与研究》2005年第6期。
⑥ Anthony Giddens, *The Consequences of Modernity*, Cambridge Polity Press, 2013, p.6.
⑦ 杜严勇:《人工智能安全问题及其解决进路》,载《哲学动态》2016年第9期。
⑧ 中国信息通信研究院安全研究所:《人工智能数据安全白皮书(2019年)》,2019年8月,第1页。

上述特征根源于人工智能系统具有自主完成复杂任务的能力。① 人工智能技术已经经历了从"符号主义"到"基于神经元网络的自主学习"阶段,具有较高的自主意识。当人工智能所追求的所谓"最优结果"与人类社会的期待发生偏差时,人工智能的自主行为将有可能引发伦理问题。以目前逐渐开始应用的无人驾驶船舶为例,船舶具有较高的价值,如果人工智能系统存在缺陷,将对航行安全造成威胁,进而有可能酿成海难事故。此外,在船舶碰撞事故中,人工智能系统将面临牺牲一个人的生命与一群人生命的两难抉择时,很可能遭遇伦理上的困境。加之当前人工智能具有极强的开放性,开发者的资质良莠不齐,这更加剧了海上风险的不确定性。在弱人工智能时代,人工智能系统的自主性不强,有赖于人为操控,问题也许不会凸显。但是,当发展到强人工智能阶段时,具有自主意识的人工智能系统所操控的无人船舶将增加海上风险的不确定性。

另一方面,有关人工智能法制的不健全亦有可能引发海上风险的不确定性。人工智能技术迅速发展,但由于立法的滞后性,涉及人工智能的相关法律问题存在法律规定上的空白。在航运领域,人工智能船舶与常规船舶存在本质上的差别,但在主体地位的界定、海上侵权责任的认定、海难救助责任的划分以及船舶的适航义务等方面,法律却没有区别对待,这给司法实践中处理涉及无人船舶的案件带来了困难。譬如,海商法在调整人工智能所引起的法律风险时有可能会遭遇困境——海商法中所谓的海上风险,指的是海上活动中所面临的独特风险,是与"船舶、货物、航海相联系"的风险。② 在这种认知下,因无人驾驶系统的缺陷导致的船舶或货物的毁损或灭失是否属于海上风险？由于人工智能系统被黑客入侵而导致的航行事故,是否可以定性为海上风险所致的损害？无人船舶致人损害的案件是否可以适用海商法的规定？这些问题,仍然存在很大的疑问。而对于损害结果发生后的归责,现行法律的空白亦产生处理此类案件的困境,由此产生了应该将人工智能系统的研发者、制造者、所有者还是人工智能系统本身定性为责任人的争议。③

由此可见,新兴技术的发展确实提高了人类探索海洋的能力,不但提高了人类的航行距离,还在一定程度上确保了航行的安全性。但是,新技术同时也带来了新的风险,这增加了人类在面临海上风险时的不确定性。基于此,海陆

---

① 参见郭传凯:《人工智能风险规制的困境与出路》,载《法学论坛》2019年第6期。
② 参见司玉琢:《海商法大辞典》,人民交通出版社1998年版,第666页。
③ 参见张富利:《全球风险社会下人工智能的治理之道——复杂性范式与法律应对》,载《学术论坛》2019年第3期。

风险的差异性并不必然因为科学技术的发展而减弱,更遑论在科技的推动下使得海陆风险的差异性完全消除。

综合以上论述,虽然人类的航海技术在经历了多次技术革命后有了显著提高,但是,海上活动所面临的风险仍然要远高于陆上活动,加之新型风险不断涌现,海陆风险的差异性远未完全消除,海上风险给人类带来的损失仍然难以被忽视。因此,虽然经历了一个又一个责任限制机制(主要指国际公约)的更迭,但在可预见的将来,海事赔偿责任限制制度将继续存在。①

(四)海事赔偿责任限制有利于促进海上保险的良性运行

1.海上保险是分散海上风险的最主要手段

海上风险给海上活动参与者带来重大的影响。广义的风险指"未来结果的不确定性",这种结果有可能是有害的,可能带来损失;亦有可能是有益的,可以带来收益。而狭义的风险指"损失的不确定性"。② 本书所指海上风险,显然属于后者,这种风险所带来的损失是风险承受主体所不能控制或者无法预知的未来状态。③ 海难事故具有爆发时间突然、造成的损失严重、处置成本高昂、影响范围较广等特征,这些特征决定了其所产生的风险具有较大的体量。如何对如此大体量的风险进行管理,削弱单一个体所承受的风险,进而提高航运主体的抗风险能力,是有效管理海上风险过程中难以回避的问题。风险管理的方式主要有三种,分别为风险减损(risk reduction)、风险移转(risk shifting)和风险分散(risk spreading)。首先,对未发生或者即将发生的风险,风险减损是应对风险的主要手段。在这一阶段的风险管理中,法律法规所构建的风险预防机制发挥着最主要的作用。其次,当风险的减损无法发挥作用时,风险的移转成为应对风险的优先选择,即通过法律确定的归责原则使潜在风险在不同的主体间移转。最后,当风险已经无法避免时,风险的分散是应对风险的最佳方式,即利用市场和社会机制将风险分散至每一个社会主体,全体社会成员共同分担风险,以降低风险对单一个体的影响。其中,保险是当今社会分散风险的最主要手段。④ 由于海上风险所带来的损失体量巨大,在风险管理中,风险的分散是最主

---

① Craig H. Allen, Limitation of Liability, 31 *Journal of Maritime Law and Commerce*, 2000(2), pp.279-280.

② 夏征农、陈至立主编:《大辞海·经济卷》,上海辞书出版社2015年版,第494页。

③ 谢志刚、周晶:《重新认识风险这个概念》,载《保险研究》2013年第2期。

④ See Werner Heun, *Risk Management by the Government and the Constitution*, in the *Law in the Information and Risk Society*, Edited by Gunnar Duttge and Sang Won Lee, University Gottingen Press, 2011, pp.19-20.

要的应对手段。

在海事赔偿责任限制产生之前,分散海上风险的做法就已经出现在海商法中。在公元前2000年左右的地中海海上贸易中,很多载货船只在海上航行中常常遭遇风暴或者触礁而使得货物遭受损失,遭受货物损失的商人往往倾家荡产,而未遭受损失的商人亦有可能在未来遭受类似损害。在人类无法对抗海上风险的情况下,采用"一人受损、众人分摊"的办法成为应对巨大海上风险的对策。基于此,当时参与海上冒险的商人普遍签订契约组成一个利益共同体,并约定任何人在航海中遭受损失,则由全体缔约人共同分担。此为海商法中的"共同海损分摊机制",是分摊海上风险最古老的方式,有学者甚至认为这是现代保险的原始形式。[①] 共同海损制度分散了海上活动中所面临的风险,提高了全体海上活动参与者的风险承受能力。但是,海上风险的体量巨大,而共同海损制度中风险的分担主体有限,仅仅适用于船货出现部分损失的情况。在发生船货全损或者遭受巨大损失的海难事故中,海上风险无法通过共同海损分摊机制得到有效分散。在这种情况下,海上风险的分散需要更多主体的加入,海上保险制度也由此产生。

保险可以将个人遭遇的各种人身、财产损失,以及个人对他人所负的责任所引起的损失进行分散,减轻个体所承受的风险,是当今社会用以弥补各种损失风险的最完善的制度。[②] 现代意义上的海上保险的萌芽,可追溯到公元前8世纪至7世纪的"船舶抵押借贷制度",具体内容为:"如果船舶和货物安全抵达目的港,则借款人须将所借本金连同利息一并偿还放款人(借款利率高达12%,远高于当时一般借款6%的利率);如果船舶或货物在航行中遭受损失或毁损,则借款者可以免除部分或全部借款。"此种借贷方式因为带有冒险的性质,所以也被称为"冒险借贷",借贷关系中的利息与冒险合同中的保险费具有相同的性质,皆为承担风险的一种代价,其实质上已经接近于现代海上保险,是现代保险的萌芽。[③] 当然,"冒险借贷"仅仅属于保险的初级阶段,并非现代意义上的海上保险,也并未形成商业可持续运行的保险模式。从史料的记载上看,历史上有关商业保险的最早证据,是一张1347年在热那亚签发的船舶保险单。[④] 这一制度随着英国海上贸易的发展而在英国生根发芽,英国大法官

---

① 参见申曙光:《保险学导论》,中山大学出版社1996年版,第27~28页。
② 江朝国:《保险法基础理论》,中国政法大学出版社2002年版,第19页。
③ 郭丽军主编:《海上保险学》,对外经贸大学出版社2010年版,第7~8页。
④ Wayne K. Talley, *Maritime Economics*, Blackwell Publishing Ltd, 2012, p.452.

Mansfield 在 18 世纪致力于修订一套适用于海上保险合同的法律,收集了大量当时的判例、法令、商业习惯等,最终确立了现代海上保险的基本原则。在此基础上,英国《1906 年海上保险法》(Marine Insurance Act,1906)被制定,该法将多年来海上保险所形成的习惯做法和规则以成文法的形式展现出来,这使得海上保险的法律制度正式确立,并为许多国家所采纳和效仿,促进了全球保险业的发展。[①] 海上保险制度的建立为全体海上活动参与者提供了分散风险的有效手段,现代海上保险制度的发展和普及,更是提高了全行业的抗风险能力。

2.海事赔偿责任限制制度是可保性和可负担性的保障

以保险为代表的风险分散机制与海事赔偿责任限制制度在功能上存在一定的重复性,这使得海事赔偿责任限制制度发挥作用的空间被挤占,海事赔偿责任限制似乎变得"可有可无"。诚然,海上保险确实能够在一定程度上分散海上风险,但是,要实现对海上风险的有效分散,风险具备可保性是前提。根据传统保险理论,可保风险应具备以下条件:[②]

(1)必须为纯粹风险。可保性风险只会给风险承受者带来损失,而不会带来收益;否则,对风险的分散就丧失了必要性。

(2)风险必须具有意外性。可保性风险发生与否、发生时间、发生的空间、发生的原因和结果都具有不确定性,且非由于被保险人故意而为之。

(3)存在大量同质风险单位。风险必须使得大量保险标的均存在遭受损失的可能性,即大量性质相同、价值也大体相近的风险单位面临同样的风险,唯有如此,才能将趋于无限的风险分散到尽可能多的个体身上,从而弱化个体所承受的风险,即集全社会之力共担风险。

(4)风险必须有现实的可测性。如果特定风险的损失缺乏足够多的损失数据,进而导致缺乏可度量性和可预测性,则保险机构无法正确计算损失的概率以确定保费,保险本身的科学性亦将受到质疑。

(5)风险必须控制在一定范围内。风险必须相对有限,不可超出保险公司的承受能力;否则,保险公司将无法负担如此体量的风险,即使勉强承保,巨额的保险费亦是投保人所无法负担的。

海上事故的发生显然只会带来损失而不会带来任何收益,其风险具有纯粹性。每次事故的发生与否并不确定,因此风险也满足意外性。全体参与海上活

---

① 参见郭颂平、袁建华:《海上保险学》,中国金融出版社 2009 年版,第 9~12 页。
② 参见张虹、陈迪红:《保险学原理》,清华大学出版社 2018 年版,第 15 页;范健、王建文、张莉莉:《保险法》,法律出版社 2016 年版,第 4 页。

动的成员都有可能面临海上风险的威胁,因此亦存在大量同质单位。而对于海难事故所造成的人身伤亡和财产损失,保险公司亦可基于每次事故的数据,通过大数法则设计出相关的保险产品。至此,上述可保性条件中的前4个,海上风险都能满足。但是,海上风险能否满足第5个条件,即风险能否控制在一定范围内呢?要回答这个问题,必须回到海上保险产生时的特定历史背景。现代意义上的海事赔偿责任限制制度产生于17世纪的欧洲,彼时,海上保险制度虽然已经建立,但随着航运和贸易的发展,资本家投入航运的资本越来越大,船舶吨位的增加也使得货物的价值越来越高,海上风险所带来的损失亦由此提高。加之多式联运的发展,海上保险的承保范围已不再局限于海上,承保的标的亦从物质财产扩张至与物质财产有关的各种非物质利益,如船舶租金、船员工资以及航行中的营运费用等。[1] 上述变化使得单一海难有可能造成巨大的损失,单次赔偿有可能导致保险人破产。由此可见,海上风险并无法控制在有限的范围内,这意味着商业保险机构并没有能力独自应对如此体量的风险进行承保。根据传统的保险学理论,海上风险显然并不具有完全意义上的可保性。

保险实质上是风险在个体之间的移转,当各方主体对于风险的移转达成共识,则风险得到了分散,具备可保性。但是,商业保险机构往往不随意承保超出其承保能力的风险。此种做法无可厚非,盖因商业保险作为一种商业团体互助共济的制度,须以盈利为目的。[2] 而海上事故所产生的风险巨大,这意味着一旦发生保险事故,保险公司有可能支付巨额保险费,这给保险公司本身带来了极大的风险。如果不提高保险费率,保险公司将缺乏给付保险金后的结余利润,这使得保险业丧失了发展的动力。根据传统保险学理论,保险业健康发展的关键在于实现对风险的社会化分散,这要求保费附加[3]足够高或风险分担的主体足够多;否则,共担风险的利益共同体将无法形成,保险也无法发挥其分散风险的作用。[4] 因此,基于海上风险巨大的体量,保险人如果要承保,唯有尽可能吸引更多投保人或者提高保险费率,才能确保风险的可保性;否则,必然产生大量的风险积累,不利于保险业的可持续发展。

的确,当出现体量巨大的风险造成预期损失增加时,提高保费是确保保险

---

[1] 参见刘金章、王晓珊:《海上货物运输与运输工具保险》,清华大学出版社、北京交通大学出版社2011年版,第4页。
[2] 温世扬:《保险法》,法律出版社2016年版,第9页。
[3] 保费超过期望损失的部分。
[4] 参见李喜梅:《中国巨灾保险制度探讨》,载《山东社会科学》2009年第9期。

能够有序运行的关键,但是,海上风险分散机制的有效运行不仅仅需要供给的顺畅,还需要需求的充足。基于此,在考虑可保性问题时,并不能忽略可负担性;否则,海上保险产品的供给就毫无意义。因为缺乏可负担性将使得保险市场无法形成良性的商业运作并逐步萎缩。①

对于可负担性,学界存在不同的界定:"参考法"从追求公平的角度出发,以某一社会公认的指数为评价标准②评价某一保险产品是否具备可负担性。例如,当购买了最低数量的保险产品后留下足够的收入而不至于使投保人的生活降到贫困标准以下,则该保险产品具有可负担性;"规范性定义法"以家庭的可支配收入为依据,认为当该家庭在购买了该种保险产品之后,剩余的家庭可支配收入大于或等于该家庭对其他所有商品花费的社会最低水平,这种保险产品才可称为可负担的;"有效需求定义法"从代表性人群的偏好和需求出发,将上述人群按照偏好程度划分,认为在一定收入水平下,中等偏好强度的风险潜在承受者投保了基础数量的该类保险,则在此收入水平下,该保险产品是可负担的。③ 无论其定义如何,应该承认的是,保费的高低是影响可负担性的最核心因素。在上述不同的定义下,较低的附加保费都会提高人们购买保险的可能性,这意味着可负担性的提高。而根据保险学理论,保险机构所承保风险发生的频率和损失的程度是确定保险费率的最主要依据:在财产保险中,保费的制定依据主要为财产的损失概率;在人身保险中,死亡率是确定保险费率的最主要依据。④ 由此可见,保费的增加会降低保险产品的可负担性,削弱投保人的投保积极性。概言之,可负担性受到了保险费率的影响,而保险费率又由风险所造成的损失决定。

综合以上论述,保险费率的提高不可避免地会降低投保人的投保积极性,因此通过提高保险费率的方式实现可保性的方式并不可行。在提高可保性的同时保证海上保险的可负担性,唯有将保险人所承担的海上风险控制在相对有限的范围内,这也决定了海事赔偿责任限制制度仍然应该继续存在——立法者认为"海上风险"相比于"陆上风险"具有无限性和不可控制性的特点,由此可能带来可保性的降低和保险费的增长,因此需要有一种法定机制控制船方所面临

---

① 卓志、王琪:《中国巨灾风险基金的构建与模式探索——基于巨灾风险融资体系的视角》,载《保险研究》2008年增刊。
② 譬如国家或地区级贫困线。
③ 参见卓志:《巨灾风险管理制度创新研究》,经济科学出版社2014年版,第58～62页。
④ 参见杨忠海:《保险学原理》,北京交通大学出版社、清华大学出版社2018年版,第227～235页。

风险,以维持航运业和保险业的可持续发展。①

(五)小结

综合以上论述,海事赔偿责任限制制度的存在仍然具有必要性,主要体现在以下几个方面:

首先,从当前全球航运业的发展看,海事赔偿责任限制仍然具有存在的必要性。当今世界,参与海上活动的各方当事人已然构成"海上命运共同体",实现多方共赢是所有参与者的共同追求。从表面上看,海事赔偿责任限制是为了船舶所有人的利益,但是,如果一直遵循恢复原状原则要求船方赔偿全部损失,将提高包括保险费在内的运输成本,而这些成本将转嫁到运费上,最终承担的是托运人。② 海事赔偿责任限制制度使得海上风险得到公平分摊,有利于所有参与海上冒险的当事人合法利益的维护,无论是对承运方还是托运方,都是如此。而对当前备受新冠疫情打击的各国经济的复苏而言,更具有积极意义。概言之,将海事赔偿责任限制制度看成是仅仅保护船方利益而忽略货方利益的政策性规定,是一种消极且狭隘的观点。③ 此外,海上保险的发展虽然为海上风险的分担提供了替代性选择,但如果缺少责任限制制度,海上风险将丧失可保性,保险业分摊海上风险的作用也难以为继。④ 海事赔偿责任限制制度能够有效降低承保风险,确保了海上风险的可保性,进而提高了承保人的积极性,各利害关系人的负担在这种制度下达到合理的平衡,有利于商品流通和世界经济的发展。⑤

其次,从海事赔偿责任限制制度的作用看,制度的存在仍然具有必要性。海事赔偿责任限制利用科学的规定维护船货之间利益的平衡,这使得这一机制在赋予权利人限制赔偿责任限制权利的同时不至于过分损害受损方的利益。从当前海事赔偿责任限制的责任限额看,国际公约和各国立法普遍采用了较高的责任限额,这意味着只有在发生造成重大损失的案件中,海事赔偿责任限额才会被突破,海事赔偿责任限制才会产生"限制赔偿责任"的作用;在适用的主体上,海事赔偿责任限制的主体虽然呈现出不断扩张的趋势,经历了从狭义的

---

① See Official Records of the International Conference on the Limitation of Liability for Maritime Claims, September 27, 1976, LEG/CONF.5/6, pp.112-113.
② Karan Hakan, Revising Liability Limits in International Maritime Conventions: A Turkish Perspective, 34 *Journal of Maritime Law & Commerce*, 2003(4), pp.615-616.
③ 谢庆演:《略论船舶所有人的责任限制问题》,载《法学评论》1985年第1期。
④ 司玉琢:《海商法专论》,中国人民大学出版社2018年版,第342~343页。
⑤ 司玉琢、吴兆麟:《船舶碰撞法》,大连海事大学出版社1995年版,第239~240页。

船舶所有人,到广义的船舶所有人,最后再到超越了船舶所有人范畴的改变,但这种扩张并未超出"面临海上风险的主体"的范围。从这个意义上看,可以主张海事赔偿责任限制的主体受到了严格限制,即只有真正面临风险,才有权主张限制赔偿责任;同时,海事赔偿责任限制还有一定的权利边界,现行国际公约和国内立法都明确规定了责任人存在某些严重过错的情形时,将丧失限制赔偿责任的权利。由此可见,海事赔偿责任限制的权利受到了法律的严格约束,这种科学性的立法既维持了船货间利益的平衡,也保证了立法的权威性和正当性。

最后,从海事司法实践中当事人利益的维护看,海事赔偿责任限制的存在具有必要性。在海损事故发生后,当事人的索赔往往费时费力,如果侵权方不配合,还有可能要经历漫长的追诉过程,花费大量诉讼成本,当侵权方并没有足够的财产可供执行时,最终受损方仍然无法得到足额赔偿。而在海事赔偿责任限制制度下,主张海事赔偿责任限制的责任方必须依照所主张的责任限额设立损害赔偿基金,该基金确保了受害方获得损害赔偿。这种损害赔偿的确定性显然有利于受害方尽快得到赔偿,同时还可以给诉讼带来确定性,节约司法成本。有学者对澳大利亚内河航运立法进行研究后提出,拥有一个具有确定限额的责任限制体系,比没有责任限制要好得多——如果没有确定的限额,被侵权人的诉求将在法院耗费更多的时间;同时,承运人将有机会通过合同的方式完全免除他们的责任,这对被侵权方来说并非好的结果……乘客们需要的是一个清楚的和公平的责任限制体系。[1] 有的学者甚至认为,这一制度至少能够保持在诉讼中的确定性,是目前处理复杂案件中唯一的、合理的、经济的和公平的手段。[2] 制度所带来的确定性也使得海事赔偿责任限制在一些国家的法院中得到青睐:根据某学者的调研数据,20世纪80年代以来,法院否定责任限制权利的案件与授予责任限制的案件比例事实上非常接近,甚至在某些年份,被授予责任限制权利的案件还超过未被授予责任限制的案件。[3]

---

[1] Allen Jacqueline, To Limit or Not to Limit: Limitation of Liability on West Australian Waters- A Call for Reform, 24 *Australian & New Zealand Maritime Law Journal*, 2010(2), pp.93-103.

[2] Jason A. Schoenfeld, Michael M. Butterworth, Limitation of Liability: the Defense Perspective, 28 *Tulane Maritime Law Journal*, 2004(2), p.242.

[3] See Donald C. Greenman, Limitation of Liability Unlimited, 32 *Journal of Maritime Law and Commerce*, 2001(1), p.287.

二、海事赔偿责任限制制度正当性的重塑具有紧迫性

综合前文所述,海上活动参与者对抗海上风险的能力随着科学技术的发展逐渐提高,但重大海难事故发生的频率依然处于较高水平,带来了巨大的财产损失和人身伤亡。而新兴技术在提高人类抗风险能力的同时又带来了新的风险,这决定了海陆风险的差异性仍将长期存在,在缺乏责任限制机制的情况下,现有风险分散机制将面临可保性与可负担性的双重矛盾,以法定形式对海上风险进行再分配具有必要性。也正是因为如此,在海上活动中,海事赔偿责任限制制度的存在仍然具有必要性。

但是,需要明确的是,海事赔偿责任限制制度在当代仅具备有限的正当性,制度的存在并非如其产生时那般"理所当然"。在客观情况变化的背景下,海事赔偿责任限制制度的规定出现了滞后,[1]其正当性基础与海事赔偿责任限制制度产生之时已不可同日而语——在产生之初,海事赔偿责任限制制度无疑是公平的且符合逻辑的,但如今的情况已经大为改变。人类抵御海上风险的能力显著提高,全球船队的规模与新航路开辟时相比也有了质的飞跃,风险分散机制的普及亦削弱了海事赔偿责任限制的作用。[2] 在这种情况下,海事赔偿责任限制制度的正当性基础已然受到了冲击,正当性亟待进行重塑;否则,制度将面临被废除的窘境,无法有效发挥其促进航运业发展的作用。

首先,海事赔偿责任限制制度的产生,是建立在海上活动参与者之间风险分配不公的基础之上的。易言之,海上风险与陆上风险相比具有更加难以控制的特性,因此需要通过风险分担的方式控制单一个体所承担的风险,以实现海上活动参与者之间风险的公平分担。从这个意义上说,海事赔偿责任限制制度存在的基础,正是海陆风险具有差异性的客观事实。如今,科学技术的发展虽然并未使海陆风险的差异性完全趋同,但是已经逐渐缩小,单方面保护船方利益的海事赔偿责任限制制度存在的正当性受到了冲击。此非凭空推断,科学技术的发展虽然未能完全杜绝海损事故的发生,造成巨大损失的事故仍然时有发生,但是,如新航路开辟时"船毁人亡"的事故所占的比例已经大大降低。根据

---

[1] See e.g. Attilio M. Costabel, One Hundred and Sixty Years of Solitude- Limitation of Liability Act and Fairness in Admiralty Acts, 42 *Journal of Maritime Law and Commerce*, 2011(1), p.629.

[2] Serge Killingbeck, Limitation of Liability for Maritime Claims and Its Place in the Past Present and Future-How Can It Survive, 3 *Southern Cross University Law Review*, 1999(1), pp.25-29.

国际海上保险联合会(IUMI)在2018年的统计数据,2010年以来,每年船舶全损的数量连年呈现下降的趋势。据统计,2018年全年仅21艘船舶发生全损。[1]上述数据确实从侧面反映出海上风险在逐渐减弱。

其次,责任保险的普及使得海上活动参与者的责任在一定程度上得到了有效分散,而海运经营主体的多元化发展又使得单一主体所面临的海上风险有所减弱。在海事赔偿责任限制制度产生之初,由于保险业并不发达,对于船东责任进行承保的保险产品屈指可数,加上投资者往往将海上运输视为"冒险",投保意识薄弱,在发生重大海损事故后,往往需要独自承担损失。因此,彼时海事赔偿责任限制对船东来说十分重要。但如今,随着保险、再保险、船东互保等风险分担渠道的普及,海上风险在一定程度上得到了分散。而在某些容易造成重大人身或财产损失的领域譬如旅客运输、燃油运输、有毒有害危险品的运输等,目前国际公约都采用了强制保险的规定,即承运上述人员或危险货物的船舶必须购买保险,[2]这在一定程度上分散了海上活动参与者所直接承担的风险。也就是说,海事赔偿责任限制制度分散海上风险的作用已经被其他机制所替代。在这种情况下,海事赔偿责任限制制度存在的正当性基础备受质疑。

最后,海事赔偿责任限制制度通过限制海上活动参与者所面临的风险,以达到鼓励海上冒险的目的。但是,随着全球航运市场的饱和,这种通过牺牲索赔方利益而鼓励航运业发展的做法受到了质疑。特别是在某些涉及环境污染和人身伤亡的案件中,责任限制的适用使得实际获赔的比例远低于索赔方的损失,由此带来严重的不公平,使得海事赔偿责任限制制度似乎成为侵权方逃避赔偿的"特权"。譬如,在某些造成燃油污染的海难事故中,事故所产生的环境污染治理费用往往十分高昂,既包括油污所造成的直接经济损失,也包括生态环境恢复的费用。但由于海事赔偿责任限制制度的存在,实际获赔比例往往较低,这导致废除责任限制制度的呼声越来越大,海事赔偿责任限制的正当性也受到了冲击。对此,有学者指出应通过责任限额的提高回应对于这项制度的质疑。[3]否则,海事赔偿责任限制的不利后果将独自由海难事故中的受害方承受,

---

[1] See IUMI: Total Vessel Losses at 20-Year Low, https://worldmaritimenews.com/archives/275786/iumi-total-vessel-losses-at-20-year-low, accessed on September 24, 2024.

[2] 参见《1996年国际海上运输有毒有害物质损害责任和赔偿公约》《2001年国际燃油污染损害民事责任公约》《2002年海上旅客及其行李运输雅典公约》等。

[3] Patrick J. Bonner, Limitation of Liability: Should It be Jettisoned after the Deepwater Horizon, 85 *Tulane Law Review*, 2011(1), p.1205.

制度存在的正当性也将继续弱化。①

  概言之,随着海上风险的变迁,海事赔偿责任限制制度已然受到了严重的冲击,加上责任限额过低导致对当事人保护力度的不足,海事赔偿责任限制制度存在的正当性受到质疑。因此,海事赔偿责任限制制度需要在海陆风险变迁的背景下主动寻求变革,以应对海上风险变迁所带来的冲击。唯有如此,才能满足客观情况变化的需要,重塑海事赔偿责任限制制度的正当性。在此基础上,对海事赔偿责任限制制度进行完善,重新寻找船东与受损方之间权利义务关系的平衡点,使之成为一种促进海运业发展的经济手段,而非被人诟病的船舶所有人的"特权"。②

---

  ① O'Donnell Joyce Kittredge, Disaster off the Coast of Belgium: Capsized Ferry Renews Concerns over Limitation of Shipowner Liability, 10 *Suffolk Transnational Law Journal*, 1986(1), pp.422-423.

  ② Graydon S. Staring, The Roots and False Aspersions of Shipowner's Limitation of Liability, 39 *Journal of Maritime Law & Commerce*, 2008(3), p.317.

第三章

民法体系下海事赔偿责任限制制度正当性的重塑

在海上风险变迁的背景下,海事赔偿责任限制制度的正当性受到了理论和实务界的质疑,而在立法上,海事赔偿责任限制制度内部也开始出现了"解限制化"的趋势。在这种背景下,海事赔偿责任限制制度正当性的重塑具有紧迫性。海事赔偿责任限制制度是对海上风险分配不公平的人为矫正,是对民法公平观的遵循。因此,在海事赔偿责任限制制度的正当性受到质疑的今天,应立足于民法基础理论,重新以民法公平观为指导寻求制度正当性的重塑。

第一节 海商法与民法的关系探析

与传统陆上法律制度相比,海商法具有很强的特殊性,部分学者甚至因此认为海商法独立于陆上法律制度而存在,这导致海商法的"民法特别法"属性受到质疑。[1] 作为海商法特殊制度的海事赔偿责任限制制度,其完善亦因此缺乏传统民法理论的给养,以民法公平观为指导重塑制度的正当性更是无从说起。基于此,本节率先探寻海商法在法学体系中的定位,以明确海商法与民法的关系,为本书后文讨论民法体系下海事赔偿责任限制制度的完善奠定基础。

海商法随着人类的航海实践而产生,其历史源远流长。海商法的发展大致可以分为以下阶段:以《苏美尔法典》《摩奴法典》以及罗得岛居民所创设的海法规则为代表的古代海商法的萌芽和发展,以《奥列隆惯例集》、《康索拉多海法》

---

[1] 参见王世涛、汤喆峰:《论海商法之于民法的独立性》,载《中国海商法研究》2012年第3期。

和《维斯比海法》等为代表的中世纪私人编纂海事惯例时期,以近代欧美国家的海商海事立法为代表的近代海商法成文立法时期,以海商法国际公约为代表的现代海商法的国际融合与统一。对于海商法的历史演变,虽然有学者认为应该从世界通史的角度将海商法的历史分为古代(包括中世纪)海商法、近代海商法和现代海商法三个阶段。① 但鉴于中世纪是海商法发展的重要时期,航运的快速发展扩大了人类的航行距离,为了调整日益频繁的海上活动的需要,也产生了一系列重要的法律规范,因此下文仍采取当代海商法学者的主流观点,②将中世纪的海商法作为独立样本进行研究,即对海商法历史的演进采用"古代—中世纪—近代—现代"四个阶段的分类进行研究。

一、古代海商法:与民法的融合

对于海商法的具体产生时间,目前学界并未有统一的定论,但是可以肯定的是,有关调整海上活动的法律规范必然是伴随着航运实践而产生的,这也是航运和贸易业发展到一定水平时的必然产物。彼时,伴随着商业活动的开展,具备商法性质的规范开始萌芽并在商人间适用,虽然这些规定琐碎且不成体例,但是却对古埃及、古巴比伦、希伯来等地的早期商业活动产生深远影响,商法规范从单一的规则发展为普遍认同的技术规范,为最终形成具有体系化的商法体系奠定基础。③ 在这一时期,海上的规则不因为国家的灭亡或政权的更迭而消失,而是具有很强的延续性,加上所有海上活动参与者都有共同的经历和追求,这些海上活动参与者在航运和贸易中所形成的习惯就成为他们共同遵循的海事法则。④ 由此可见,也许这一时期并未出现权威性的海商法典,但海商海事法律规范早已随着航运和贸易实践开始产生,即使当时未形成形式意义上的海商法,也必然出现了实质意义上的海商法。

上述人类在航运和贸易实践中所形成的习惯性规则,由于缺乏相应的记载,并无法查明其与民法的关系。征诸古代海法,目前发现的最早出现海商海事法律规范的是约公元前 2000 年的《苏美尔法典》,该法典被发现记载于一块泥板中,部分条文早已散佚,但从现存的零星条文中仍然可以发现其中的调整

---

① 傅廷中:《海商法》,法律出版社 2017 年第 2 版,第 12~15 页。
② 参见司玉琢:《海商法》,法律出版社 2018 年版,第 14~16 页;张湘兰:《海商法》,武汉大学出版社 2008 年版,第 6~9 页;张丽英:《海商法学》,高等教育出版社 2006 年版,第 2~4 页。
③ 何勤华、魏琼:《西方商法史》,北京大学出版社 2007 年版,第 1~2 页。
④ 参见[美] 约翰·H. 威格摩尔:《世界法系概览》(下册),何勤华等译,上海人民出版社 2004 年版,第 750 页。

海上活动的规定。譬如,法典中规定,如果不按照约定的航线行驶,在造成海难事故后,除了赔偿船舶本身的损失,还要"对船主人按……计算租船之费"。这已经非常接近现代海商法中关于偏航的规定。当然,《苏美尔法典》并不仅仅包含海商海事法律的规范,还存在人身损害赔偿、收养、继承、饲养动物致害等规定。① 稍晚一些的《汉穆拉比法典》②产生于约公元前1780年,共有碑文282条及注释,其中第234条至第240条以及第275条至第277条涉及了海商法的规定,包括船舶建造、船舶或船载货物毁损时的责任分配、雇佣船员应支付的报酬、船舶租赁等规定。纵览上述条文,除了调整海商海事法律关系,还规定了生活中的其他方面,譬如有关作伪证、强奸、盗窃、侵入他人房屋的法律后果等刑事规范,遗失物的归属、遗产取得、遗赠、收养、饲养动物致人损害、土地租赁合同、保管合同、借贷、结婚和离婚等民事规定,是各类法律规范的综合体。③ 在公元前2世纪至公元2世纪的古印度,《摩奴法典》(the Code of Manu)产生,其作为印度教伦理规范的经典著作,是现存的古印度最早的法律文献。④ 该法典共十二卷,对宗教戒律、婚姻、法官的职责、种姓制度等生活中的事项作出了规定,其中有关海商海事的法律规定主要在第八卷,该卷对海上运输的利润(第157条)、海上运输的费用和税率(第406条)、船员过失导致货损的赔偿(第408条、第409条)作出了规定。⑤ 此外,该卷还包括其他民事和刑事规定。

至此,从上述上古时期的海商海事规范中可以初步窥探出海商法在当时的体系定位:随着人类航运实践日渐发展,早期的海商海事习惯法逐渐形成,但这些零星的立法并未形成独立的体系,多包含于统治者制定的法典中。法典中仍然包含大量民事法律规范,甚至包含刑事和行政法律规范,涵盖实体法和程序法,海商法与民法制度相互交融,并未形成独立的体系。

海商法结束零散法律规范的状态,始于罗得人的创造。罗得岛凭借其位于地中海与爱琴海交界处的独特地理位置,逐渐成为海上贸易的中心,也正因为

---

① 参见由嵘、张雅利、毛国权:《外国法制史参考资料汇编》,北京大学出版社2004年版,第3～4页。
② 又译为汉漠拉比法典或汉谟拉比法典。
③ 参见[英]爱德华滋:《汉穆拉比法典》,沈大銈译,曾尔恕校,中国政法大学出版社2005年版,第20～72页;江平:《汉穆拉比法典》,法律出版社2000年版,第1～126页。
④ 参见叶志宏等编:《外国著名法典及其评述》,中央广播电视大学出版社1987年版,第55页。
⑤ 参加[法]《摩奴法典》,迭朗善译,马香雪转译,商务印书馆2017年版,第174、198页。

海上运输的繁荣,岛上居民被称为"海洋的主人"。[①] 公元前300年左右,该岛凭借着海上贸易的发展进入了空前繁荣的时期。[②] 作为当时地中海的海上主宰,罗得人总结了当时调整海上运输和贸易中的习惯规则,譬如共同海损和海上保险的规定,由此形成了"罗得海法"。对于上述规则的产生时间,并未有定论。加拿大著名海商法专家William Tetlery认为其产生于公元前800年,[③] 美国著名法律史学家Harold J. Berman则认为"罗得海法"的历史应被追溯至公元前300年左右,[④] 无论"罗得海法"的起源如何,其对海商法体系化的贡献是难以被磨灭的。有学者认为,"罗得海法"的产生具有重要的意义,因为其意味着有关海上运输的法律规定开始从其他法律制度中脱离并形成一个独立自主的领域,是海商法自体性的萌芽。[⑤] 甚至有学者认为,"罗得海法"的原件虽未传于后世,但其影响却十分广泛,罗得海法产生后的1000年间,所有的海事法均可称为"罗得海法"。[⑥] 从这个意义上来说,这一时期的海商法确实已经从零星的习惯性条文发展为具有体系性的海商海事法律规范。此非凭空推断,有关"罗得海法"的原始文本虽然没有保留下来,但其内容在后世广为流传,古罗马法学家通过间接的形式保存了大量有关"罗得海法"的重要内容,对后世海商法的影响可谓"功不可没"。[⑦] 从保存下来的"罗得海法"看,其已经具备相当程度的体系性。譬如,《学说汇纂》(*Digest*)(公元529年至公元565年)中,关于海商海事的法律规定主要集中在第14卷中,该卷第1节主要是针对船东诉讼的规定(concerning the action against the owner of a ship),包括船东的权利和义务;而第2节则是"罗得海法"中有关弃货的规定(concerning the Rhodian Law of jettison),其中主要是关于共同海损及其损失的分摊规则。由此可见,有关海商法的规定已经不局限于零星的条文,而是以专节的形式作出了规定,形成了船舶所有人责任制度、共同海损制度等现代海商法中的具体制度,海商法的体系

[①] [美]约翰·H.威格摩尔:《世界法系概览》(下册),何勤华等译,上海人民出版社2004年版,第751页。

[②] 参见王小波:《〈罗得海商法〉研究》,中国政法大学出版社2011年版,第30页。

[③] [加]威廉·台特雷:《国际海商法》,张永坚等译,法律出版社2005年版,第7页。

[④] [美]哈罗德·J.伯尔曼:《法律与革命:西方法律传统的形成》,法律出版社2018年版,第447页。

[⑤] 参见曹兴国:《海商法自体性研究》,大连海事大学2017年博士学位论文。

[⑥] 参见[美]约翰·H.威格摩尔:《世界法系概览》(下册),何勤华等译,上海人民出版社2004年版,第751~752页。

[⑦] [加]威廉·台特雷:《国际海商法》,张永坚等译,法律出版社2005年版,第8页。

化开始萌芽。

但是,从整体上看,海商法并未完全独立于民事法律制度。相反,其与民事法律制度仍然互相交融。《学说汇纂》中的记载既包括程序法,又包括实体法;既包括大量民事法律规定,也包括若干海商法规则,甚至包含少量刑事法律制度;既包括海上的法律制度,也包括陆上的法律制度。可见,海商法与民法(陆上法律制度)仍然互相交融,并未产生完全的独立性。这种互相交融也体现在法律适用上,彼时,海商法是陆上法律制度的重要补充——虽然有关海商海事的案件一般根据"罗得海法"作出裁决,但是前提是与陆上法律制度没有相反的规定。[①] 也就是说,海法对涉海法律问题的适用并非绝对,只有在民法(陆上法律制度)未涉及或者未有相反规定的领域,海法才可以作为补充,以调整海上活动中产生的法律关系。

二、中世纪海商法:独立性的形成

从西方的法律史看,所谓的中世纪始于公元4世纪东罗马帝国的兴起和西罗马帝国的衰落和灭亡,结束于1453年君士坦丁堡的陷落。[②] 虽然传统上认为中世纪是欧洲文明史上发展较为缓慢甚至迟滞的时期,但这一时期的航运和贸易实践并没有停滞,反而有了很大的发展。彼时,拜占庭帝国在商业上空前繁荣,航运业也取得了很大的发展。[③] 加之中世纪后期文艺复兴和启蒙运动的推动,中世纪时期海商海事立法事实上有了长足的发展,也正是在这一时期,海商法真正实现了区别于陆上法律制度的独立性,走向了体系化。

海商法初步形成体系化,始于拜占庭帝国时期形成的《罗得海法》,该法由海上贸易从业者汇编而成,是适用于海上贸易的习惯法,将这部早期的海洋法典与古代未成文的罗得习惯法区分开来十分重要,两者有着本质的区别。[④] 前文所指"罗得海法",为公元前8世纪罗得岛人创设的调整海上运输和贸易关系的一系列规则,这些规则并没有被完整保存下来。而此处所指《罗得海法》,则是公元8世纪左右,在拜占庭帝国繁荣的海上贸易活动催生下产生的,将当时

---

① D. 14, 2, 9. See Samuel P. Scott, *The Civil Law: including The Twelve Tables, The Institutes of Gaius, The Rules of Ulpian, The Opinions of Paulus, The Enactments of Justinian, and The Constitutions of Leo*, Vol. IV, The General Trust Company, 1932, p.211.

② See David M. Walker, *The Oxford Companion to Law*, Clarendon Press, 1980, pp.819-831.

③ 参见王小波:《〈罗得海商法〉研究》,中国政法大学出版社2011年版,第52～55页。

④ [加]威廉·台特雷:《国际海商法》,张永坚等译,法律出版社2005年版,第7页。

航行与经商时共同遵循的规则进行汇编而形成的系统性的习惯法汇编,该汇编一直流传至今。根据英国学者 Walter Ashburner 所考证,目前在全世界留存下来的《罗得海法》文本有数十个,分散于意大利、法国、西班牙、荷兰、俄罗斯等地,有的以整体形式出现,有的依附于其他法律文件或著作。[①] 目前,被广泛接受的为 Walter Ashburner 根据上述文稿整理并校对的希腊文校勘本及其英文译本。[②] 国内学者王小波亦基于上述文本,在其著作中发表了《罗得海法》的中文译本。[③] 从上述译本看,现存的《罗得海法》超过 70 个条文,其内容主要可以分为三个类型:第一个类型为有关"人法"的规定,包括船员、船上旅客、托运人的权利义务等具有浓厚私法性质的规定,此外还涉及海上发生的盗窃、抢劫、侮辱等行为的法律后果等刑事条款;第二个类型为"物法"部分,主要对船舶的物权归属和物权变动作出了规定;第三个部分为"债法"部分,包括契约之债如海运借款合同、保管合同、船舶租赁合同以及海事合伙合同等,亦包括准契约之债,譬如共同海损制度。从《罗得海法》的法律规定上看,其已经包含海上运输法、海上贸易法、海上刑法、船员法等,涵盖公法和私法、程序法和实体法内容,具备独立调整海上活动的能力。此外,在东罗马帝国皇帝巴西尔一世统治期间,皇家法规《巴西尔法典》(Basilica)于公元 880 年被编纂完成,其中第 53 卷亦继承自罗马法中的部分海法的内容,包括船舶的利用、船舶契约、渔船以及酒的买卖等海上活动中的内容。[④] 由此可见,无论从内容还是体系上来看,当时的海商法已经逐渐从零散的条文走向了体系化。

11 世纪,商业革命席卷全欧,南欧的诸多沿海城市随着商业的发展逐渐繁荣,到了 12 世纪,港口贸易更是直接促使了法国和西班牙诸多城市的繁荣发展。而在北欧,北海和波罗的海沿岸的海上贸易也随着城市的发展而逐渐兴起,13 世纪末德意志北部城市之间形成的"汉萨同盟"不仅促进了陆上商业的发展,也推动了运输活动的发展。[⑤] 随着海上贸易的日益频繁,为了调整海上贸易关系,保障彼此间的权益,船方、贸易方和港口当局就不得不遵守共同认可的

[①] See Walter Ashburner, *The Rhodian Sea-Law*, The Lawbook Exchange Ltd., 2001, pp.xvi-lx.

[②] See Walter Ashburner, *The Rhodian Sea-Law*, The Lawbook Exchange Ltd., 2001, pp.xvi-lx.

[③] 《罗得海法》的具体条文,参见王小波:《〈罗得海商法〉研究》,中国政法大学出版社 2011 年版,第 212~221 页。

[④] 参见何勤华、魏琼:《西方商法史》,北京大学出版社 2007 年版,第 211 页。

[⑤] 何勤华:《外国法制史》,法律出版社 2015 年版,第 118 页。

传统习惯法规则,不少城市也开始制定海商法典或者进行海事习惯法的汇编以满足海上纠纷的处理。① 通过封建权力(包括君主和教会)所授予的"特许状",这些城市拥有了高度的自治权,包括立法权和司法权。② 在这些城市立法进程的推动下,涌现出了许多海商海事法律规范,这一时期也成为重要的海商法法典化时期,对后世产生了重要影响。③ 从 11 世纪到 15 世纪,欧洲出现了众多海商法典,包括但不局限于:《阿马尔菲表》、《特拉尼法令》(the Ordinances of Trani)、《比萨习惯法》(the Constitutum Usus of Pisa)、《耶路撒冷法令》(the Assizes of Jerusalem)、《康索拉多海法》、《奥列隆惯例集》(the Rules of Oleron)以及《维斯比海法》(the Sea-Laws of Wisby)等。④ 其中最具代表性的,为中世纪三大海法——《奥列隆惯例集》、《康索拉多海法》以及《维斯比海法》。⑤

《奥列隆惯例集》的名字来源于法国大西洋海岸的一个小岛,是西欧和北欧第一部海商法,该法典发源于法国,但在比利时、荷兰和德国等国都得到广泛适用。⑥ 目前,在英国、荷兰,比利时、卢森堡以及波罗的海地区都发现该法典存在的文本,这些版本中条文的数量也有所差别。⑦ 根据英国《海事黑皮书》前后收录的 35 个条文,⑧ 结合 Frederic Rockwell Sanborn 在 Origins of the Early English Maritime and Commercial Law 一书⑨中对上述条文的分析和解释进行分析,可以发现上述汇编虽然留存下来的条文较少,但涵盖面广,涉及了海商海事领域的诸多内容。包括船长、船员和商人(托运人)的权利和义务、船舶碰撞的责任分配、货物损失的分担等规定,这些内容对后世欧洲的海商法立法产生重要的影响,以至于 1681 年《海事敕令》都是以《奥列隆惯例集》的内容和结

---

① 参见何勤华、魏琼:《西方商法史》,北京大学出版社 2007 年版,第 238~239 页。
② 参见雷勇:《西欧中世纪的城市自治——西方法治传统形成因素的社会学分析》,载《现代法学》2006 年第 1 期。
③ [加]威廉·台特雷:《国际海商法》,张永坚等译,法律出版社 2005 年版,第 9 页。
④ 参见荚振坤:《中世纪欧洲海商法研究(11 至 15 世纪)》,华东政法大学 2013 年博士学位论文。
⑤ 司玉琢:《海商法》,法律出版社 2018 年版,第 15 页。
⑥ 司玉琢、李天生:《论海法》,载《法学研究》2017 年第 6 期。
⑦ 参见荚振坤:《中世纪欧洲海商法研究(11 至 15 世纪)》,华东政法大学 2013 年博士学位论文。
⑧ Travers Twiss, *The Black Book of the Admiralty : with an Appendix*, Cambridge University Press, 2012.
⑨ Frederic R. Sanborn, *Origins of the Early English Maritime and Commercial Law*, The Century Co., 1930, pp.64-67.

构为基础而制定的。①

《康索拉多海法》的起源存在争议,通说认为其起源于加泰罗尼亚地区。现存最早的版本是 1494 年在巴塞罗那首次印刷的,其原始文本所使用的语言为加泰罗尼亚的地方语,随后被翻译为多国语言。② 根据其英文译本分析,该法典共 334 条,从体例上看可以分为三编。第一编为法庭处理海事案件所遵循的程序性规定;第二编为核心部分,对船舶建造,船舶物权,船舶所有人,船员等船上人员的权利和义务,海上货物运输,海上旅客运输,租船合同,海难事故的处理、救助、拖航等作出了规定,可以说涵盖了现代海商法的大部分内容;第三编共 37 条,是具有当时时代特征的"私掠武装船舶及军舰"的规定。③

《维斯比海法》继承了《奥列隆海法》的传统内容,对调整 15 世纪北欧海上贸易起着重要的作用。④《维斯比海法》同样经历了多年的发展并存在多个文本,以英国《海事黑皮书》收录下来的版本为例,该海法包含了船长与船员的权利和义务、船方与货方(商人)之间的权利义务关系、共同海损、船舶碰撞的规则等规定,具有高度的体系性,能够独立调整绝大多数海上贸易和运输中遇到的问题。⑤

综上所述,中世纪以前的海商法具有如下特征:首先,效力一般只及于部分城市或地区,虽然部分重要的法典逐渐发展并被其他城邦所接受,但并未形成统一的国家法律;其次,当时通行的海事法汇编,都是商人对航海贸易中所形成的惯例和海事裁判的编纂和汇集,其性质属于习惯法,并未出现主权国家立法;最后,调整范围广泛,既包括民事法律关系,又包括行政和刑事法律关系。⑥ 中世纪后期,海商法的内容进一步完善,涵盖了海上活动的诸多方面,几乎可以调整海上运输和贸易的诸多方面,具有较高的体系性,已经逐步脱离民事法律规范,具备独立调整海上活动的能力。

---

① Gormley W. Paul, The Development of the Rhodian-Roman Maritime Law to 1681: with Special Emphasis on the Problem of Collision, *Inter-American Law Review*, 1961(3), pp.342-345.

② 参见王彦:《康索拉度海法评述》,载《中国海商法研究》2017 年第 2 期。

③ See Stanley S. Jados, *Consulate of the Sea and Related Documents*, The University of Alabama Press, 1975.

④ 参见王彦:《维斯比海法》,载《中国海商法研究》2017 年第 1 期。

⑤ Travers Twiss, *The Black Book of Admiralty*, Vol. IV, Cambridge University Press, 2012. pp.55-129;Gormley W. Paul, The Development of the Rhodian-Roman Maritime Law to 1681: with Special Emphasis on the Problem of Collision, *Inter-American Law Review*, 1961(3), p.337.

⑥ 参见司玉琢:《海商法》,法律出版社 2018 年版,第 15 页。

三、近代海商法:独立性的衰减

中世纪海商法在体系上都具有高度的独立性,但伴随着君士坦丁陷落,文艺复兴、启蒙运动和宗教改革的进行,人们开始兴起对罗马法的继受,民族国家相继崛起,地理上也有了更大的发现,欧洲开始走出中世纪。① 上述事件,不仅加速了人类社会的变革,同时对后世产生了深刻的影响,而海商法的发展,也在彼时出现了重大的转变,海商法的自体性受到了冲击。

这一时期海商法的最重要转变,在于海商海事法律规范从区域性的习惯法开始演变为主权国家的立法,即法律的国家化。海商法之所以会出现如此大的变革,究其主要原因,在于主权国家的兴起、交易活动的频繁和海洋活动的多元化发展,原有的区域性习惯法已经不能满足航运发展和国家对外扩张的需要。② 在这一时代,随着主权(民族)国家的兴起,国家主义的意识占据主流,各国纷纷以较为通行的习惯法为依据制定本国的海商法,即以国王或政府的名义,统一过去一直被不同的管辖权(君主、领主、主教、城市、行会)所分享的立法和司法权。这种国家化的过程早在丹麦1561年腓特烈二世时期的海事法典中就开始了。③

那么,在这一时期,主权国家所制定的海商海事立法中,海商法在法律体系中所处的地位如何?要回答这一问题,还应回到具体的立法活动中考察。彼时,由于欧洲大陆君主权力的膨胀和国家版图的扩张,主权国家亟须通过国内立法形成适用于全境的法律,其中包括全国的多个港口。加之新航路的开辟提高了航行的距离和海上贸易的体量,对海商法的立法提出了更迫切的要求。因此,在路易十四成立专门的委员会勘察了全国的港口后,决定由宰相Colbert开始主持制定适用于全国的海商法。1681年,《海事敕令》被制定并颁布,该敕令体例完整且涵盖面广,为后世欧洲各地的海商海事立法所效仿。④ 在此之后,主权国家的国内立法逐渐成为主流,海商法成为这些国家法律体系的一部分。从这一时期的立法看,虽然海商法的性质从习惯法向主权国家立法转变,但是在初期,海商海事立法的独立属性并未改变。以《海事敕令》为例,该法共713个

---

① David M. Walker, *The Oxford Companion to Law*, Clarendon Press, 1980, p.819.
② 司玉琢、李天生:《论海法》,载《法学研究》2017年第6期。
③ 参见[美]约翰·H.威格摩尔:《世界法系概览》(下册),何勤华等译,上海人民出版社2004年版,第783页。
④ 柯泽东:《海商法:新世纪几何观海商法学》,台湾元照出版有限公司2006年版,第5页。

条文,共计 5 编,①其中不仅包括私法性规定,还包括公法性质的条文,涵盖海上活动的诸多方面。② 可见,国家立法的性质并未改变海商法的自体性。

但是,19 世纪以来,产业革命带来了生产力的巨大飞跃,以蒸汽为动力的钢铁船舶取代木质风帆船舶,人类的航行距离得到扩展,导航、通信、船舶避碰等技术的不断发展亦给航行安全提供了保障,这些产业革命的成果使得人类对抗海上风险的能力有了显著提高,海陆风险的差异性逐渐缩小,维系海法自体性的基础受到冲击,编纂独立海法典的做法逐渐被改变。随着 1807 年《法国商法典》的制定和颁布,海商法单独立法并囊括公私法的模式结束。1681 年《海事敕令》中的内容被拆分,其中的私法内容被完整纳入了 1807 年《法国商法典》中,成为该法典第二卷"海商"部分的内容,该法典共四卷,除了"海商",还包括第一卷"商事总则"、第三卷"破产"和第四卷"商事法院",共 648 个条文。③ 虽然《法国商法典》中大多数条款目前已经被废除,其中关于公司、破产、银行、证券等方面的内容已经通过单行法规定,"海商"部分的绝大多数条款(第 190 条至第 436 条)也逐渐被其他的立法所取代,但法国并未重新颁布海商法典,海商法的规定散见于民事立法中。④ 而《海事敕令》中的公法性内容则并未纳入,被拆分融合于日后制定的部门法中,或者在隶属于各法律部门的单行法中进行规定。海商法的高度独立性由此逐渐消失,海商法法律规范开始被置于民商事法律体系中。

至此,海商法立法史上出现了一个分水岭,中世纪以前的海商法普遍包含私法和公法的内容,甚至在一定程度上包含了国际法的内容,即涵盖广义上的海商法。而《法国商法典》后,各国的海商法立法普遍局限于狭义的海商法。所谓狭义上的海商法,指调整平等主体间海上运输关系和船舶关系的法律规范的总称,其所包含的仅为私法性规范。⑤ 下文所指海商法,如无特别说明,亦为狭义的海商法。

---

① 分别为"海事裁判所的法官及其管辖"、"与海上活动有关的人员和船舶"、"海上契约"、"港口、海岸、锚地及海岸的治安"和"海上渔业"。
② 参见箱井崇史(訳):《1681 年フランス海事王令試訳(1—3)》,载《早稲田法学》81 卷 4 号(2006),第 411 页及以下;82 卷 1 号(2006),第 207 页及以下;82 卷 2 号(2007),第 175 页及以下。转引自司玉琢、李天生:《论海法》,载《法学研究》2017 年第 6 期。
③ 参见罗结珍:《法国商法典》,北京大学出版社 2015 年版。
④ 参见金邦贵:《法国商法典》,中国法制出版社 2000 年版,第 1、70 页。
⑤ 参见司玉琢主编:《海商法》,法律出版社 2018 年版,第 1 页。

法国的上述立法模式被多数成文法国家所借鉴,譬如,1897年颁布,并于1900年1月1日生效的《德国商法典》,同样囊括了海商法的内容。该法典分五编,共905条,其中第五编为"海商"(第476条至第905条),对船东和航运企业、船长的权利和义务、货物运输、旅客运输及行李运送、共同海损、海难救助、船舶债权以及海上保险等作出了规定。[1] 日本在海商海事立法中亦采取分别立法的方式而没有制定统一的海法典。《日本商法典》于1899年颁布并施行,其中第三编为"海商"(第684条至第851条),对船舶、海上货物运输、海损、海难救助、海上保险等作出了规定。其产生后100多年来经历了近50次修改,但是海商法在商法典中进行规定的做法并未改变。[2] 此外,韩国也将海商法置于商事立法中。《韩国商法典》于1962年公布并施行,其中第五编为"海商"[3],对海上企业、海上运输和租船以及海上危险(共同海损、船舶碰撞、海难救助)等作出了规定。[4]

由此可见,在主权国家立法进程中,海商法的内容逐渐被拆解,有关海上刑法、海上行政法等公法性的内容已经逐渐融于各法律部门中,而海法中的私法性内容则仍然置于海商法中。但随着海陆差异性的减弱,传统海商法的特殊性逐渐弱化,与陆上制度的界限逐渐趋同,在成文法国家普遍被置于民法体系中,海商法之于陆上法律制度的独立性与中世纪时相比已不可同日而语。

四、现代海商法:民法的特别法

通过上文对古代、中世纪和近代海法的考察,可以发现海商法形成了如下的发展路径:海商法源于古代海上贸易者在航运实践中形成的习惯,经过多年的发展,曾经在中世纪时形成了具有高度自体性的独立于陆上规则的海上法律体系,涵盖公法和私法、实体法和程序法。彼时,海上商业活动和陆上商业活动的区别日益明显,商法亦逐渐区分为调整陆上商业活动的商法和调整海上商业活动的海商法两部分。然而,近代以来,各国普遍在编纂法典时把海商法作为商法典的一部分,将适用于陆上活动的商法与适用于海上活动的海商法统称为商法。[5]

---

[1] 参见杜景林、卢谌:《德国商法典》,法律出版社2010年版,第265~352页。
[2] 参见刘成杰:《日本最新商法典译注》,中国政法大学出版社2012年版,第1、257~343页。
[3] 该编最新修订时间为2007年8月3日。
[4] 周玉华:《韩国民商事法律汇编》,人民法院出版社2008年版,第279、457~495页。
[5] 林榕年:《外国法制史新编》,群众出版社1994年版,第229页。

现代以来,海陆统一立法的趋势得到延续并进一步增强,如上文所提及的《德国商法典》《日本商法典》《韩国商法典》等,目前都延续相同的立法模式。而在采"民商合一"法制的国家,则普遍采用民事单行法的方式调整海商海事法律关系中的私法问题,对于其中的公法问题,则在刑法、行政法中进行规定。譬如,意大利虽然曾经制定和颁布过商法典,但1942年的《意大利民法典》采"民商合一"法制,替代了《意大利商法典》的规定,结束了民事关系和商事关系分开调整的状态。① 原有商法典中有关海商海事法律关系的内容,则单独制定了《意大利航海法典》予以调整。② 《意大利航海法典》对船舶建造、船舶所有权、航运企业、船员劳动合同、船舶租赁、海上运输、船舶碰撞责任、海上保险、船舶优先权和抵押权等作出了规定,但皆为私法性质的规定,不包含海上刑法、行政法等公法性内容。③

而从我国近代以来的立法看,亦紧跟着上述立法的潮流。1904年颁布的《钦定大清商律》是我国商法之滥觞。④ 随后以德、日民法为蓝本的《大清民律草案》虽因清廷覆灭而未能实施,但亦成就了中国第一部近代意义上的民法典草案。⑤ 由上述"民律"和"商律"的立法体例可知,清政府本欲推行"民商分立"的立法模式。但民国政府在民法典起草时,却没有采清末立法的做法——当局基于民法典编纂的历史、国内外学说、现代立法的潮流以及当时中国的社会现实等方面的因素考量,决定改采"民商合一"的体例。⑥ 这种体例在1929年颁布的《中华民国民法典》中被确定下来,民法典之外还另行制定并颁布《公司法》《票据法》《海商法》《保险法》等四部民事单行法。国民党政权败退台湾之后将这一传统带到台湾并沿袭下来,影响着我国台湾地区的"立法"。不仅如此,中华人民共和国成立以后也一直采用"民商合一"的立法模式,《民法典》制定过程中,时任十三届全国人大常委会副委员长王晨重申我国民事法律制度秉持的是"民商合一"传统,应将商事法律规范纳入民法之中,以调动民事主体的积极性

---

① 参见李启欣、李立强:《意大利法律制度的历史沿革》,载《外国法制史研究》1990年刊。
② 参见罗伟:《大陆法系和英美法系主要国家法典编纂的比较与中国应选择的模式初探》,载青锋、罗伟主编:《法律编纂研究》,中国法制出版社2005年版,第7页。
③ 参见韩立新、王秀芬:《各国(地区)海商法汇编:中英文对照》(下卷),大连海事大学出版社2003年版,第1593~1639页。
④ 参见梁宇贤:《商事法要论》,台湾三民书局1981年版,第5页。
⑤ 参见刘清波:《商事法》,台湾商务印书馆1986年版,第7页。
⑥ 关于采"民商合一"的具体理由,见胡长清:《中国民法总论》,商务印书馆1934年版,第26页。

和创造性,维护交易安全。① 而《海商法》制定过程中,原国务院法制局局长杨景宇亦明确《海商法》是"调整海上运输当事人、船舶当事人之间横向财产、经济关系的一部重要的特别民事法律"。② 由此,我国在立法上明确了《海商法》的民法特别法性质。需要说明的是,狭义的民法仅指调整一定范围的财产关系和人身关系的法律、法规,不包括属于传统商法范畴的法律、法规。而广义的民法指所有调整财产关系、人身关系的法律、法规,既包括传统民法的内容,又包括公司法、证券法、保险法、海商法、票据法、破产法等内容。③ 从《民法典》第 2 条的规定看,我国立法实际上采纳了广义的民法的概念,即凡是调整平等主体之间的财产关系和人身关系的法律、法规都是我国民法的组成部分。基于此,本书所称民法,亦指广义的民法,包含传统商法的内容。

虽然海商海事法律规范仍然具有很强的特殊性,在海商法立法中亦存在部分公法性规定,且由于海商法国际公约的发展,海商法的国际性不断增强,但海商法依然属于民法的特别法。

一方面,海商法中的刑事、行政规定并未影响海商法的民法属性。应该承认,现代以来,部分国家的海商法中仍然可以觅得刑事、行政责任条款的规定。譬如,《1994 年瑞典海商法》(the Swedish Maritime Code,1994)④第 20 章为专门的"刑事责任"条款,规定了海上活动中违反刑事责任的法律后果。《挪威海商法》(the Norwegian Maritime Code 1994)的 2015 年修正案也增加了刑事责任的规定。(第 506 条)2010 年颁布的法国《运输法》(Code des Transports,2010)除了调整海上运输的私法性规范,亦同时涉及行政和刑事性质的法律规范。因此有学者提出大陆法系国家已经认识到保留海法自体性的价值。⑤ 但是,上述海商海事法律规范中,私法性规范占绝大多数,公法性规范仅仅为了填补其他法律的空白,避免在海事实践中出现无法可依的窘境。由此可见,广义上的海商法在某些情况下确实也调整行政、刑事甚至国家间的法律关系,但海商法所调整的对象主要为私法关系,在海上刑法、海上行政法缺位的情况下,将

---

① 参见王晨:《关于〈中华人民共和国民法典(草案)〉的说明》,http://www.npc.gov.cn/npc/c30834/202005/50c0b507ad32464aba87c2ea65bea00d.shtml,最后访问时间:2023 年 9 月 20 日。
② 参见杨景宇:《关于〈中华人民共和国海商法(草案)〉的说明》,http://www.npc.gov.cn/wxzl/gongbao/1992-06/23/content_1479244.htm,最后访问时间:2023 年 9 月 20 日。
③ 参见王利明、杨立新、王轶等:《民法学》,法律出版社 2014 年版,第 4 页。
④ 该法最新修订于 2017 年。
⑤ 参见司玉琢、李天生:《论海法》,载《法学研究》2017 年第 6 期。

有关刑事、行政性质的条款在海商法中予以规定无可厚非,中世纪以前的海商法中也确实涵盖公法性规定,如前述。从学理上分析,调整对象作为特定的社会关系,是划分法律部门的基本依据和出发点。毋庸置疑,从各国的海商法立法看,公法性的规定毕竟仅占据少数,其存在的目的是解决海上活动中存在的跟贸易、运输有关的问题,这决定了海商法绝大多数条文所调整的仍然是平等主体之间的法律关系,具有私法性质,现代海商法的调整对象多为平等主体间的法律关系,这决定了海商法与民法仍然是特别法与一般法的关系。因此,包括我国在内的主要成文法国家在立法上赋予海商法以民法特别法的性质,具有必要性和合理性。

另一方面,立法的国际统一化亦未改变海商法的民法特别法性质。从国际立法观之,20世纪以来出现了很多适用范围广泛的国际公约。但是,这些公约无不适用于某一特定领域,以私法性规范为主,鲜有如古代海法中一般,建立适用于所有海上活动的公法和私法、实体法和程序法规则。譬如,在海上货物运输领域,先后出现了《统一提单的若干法律规定的国际公约》(《海牙规则》)、《关于修订统一提单若干法律规定的国际公约的议定书》(《海牙-维斯比规则》)、《1978年联合国海上货物运输公约》(《汉堡规则》)以及《联合国全程或部分海上国际货物运输合同公约》(《鹿特丹规则》)等;而调整海上旅客运输的国际公约则有:《1957年统一海上旅客运输某些法律规则的国际公约》《1961年统一海上旅客运输某些规则的国际公约》《1967年统一海上旅客行李运输的国际公约》《1974年海上旅客及其行李运输雅典公约》及其后续议定书;在共同海损领域,有早在1877年就通过的《约克-安特卫普规则》及其后续的修订版本;在海难救助中,主要海运国家先后签订了《1910年关于统一海上救助某些法律规定的公约》和《1989年国际救助公约》。由此可见,上述关于海商法的国际公约皆适用于某一特定的领域,并未形成调整所有海上活动的国际统一立法。

应该承认,20世纪以来,在国际海事组织(IMO)、联合国贸易发展委员会(UNCTAD)、联合国贸易法律委员会(UNCITRAL)、国际海事委员会(CMI)的推动下,海商海事法律规范在一定程度上走向了国际统一,这有利于国际航运和贸易的发展。随着公约缔约国的增加,海商法的国际统一性逐渐提高,各国在制定海商法时,甚至参照或直接使用国际公约的规定。譬如,我国现行《海商法》是新中国立法史中移植域外法律比重最大的法律条文之一,条文移植比例超过90%。① 《海商法》第四章"海上货物运输合同"是以《海牙-维斯比规则》承运人责任机制为蓝本,并适当借鉴了《汉堡规则》而形成的;第九章"海难救助"主要借鉴了《1989年国际救助公约》;第十一章"海事赔偿责任限制"则基本参照了《1976年海事索赔责任限制公约》的规定。在这种情况下,各国海商法普遍具有很强的国际性和广泛的适用性,但是,这并不影响海商法的私法属性。综观上述公约,规定的绝大多数为私法性、实体性内容,并没有如古代海法中所包含的公法性内容、程序性内容,没有囊括海上活动的各方面,在处理涉及刑事、行政甚至国家间的关系时,还需要援引其他领域的国际公约或国内立法,且无法自成体系,这决定了在现代法律体系中,海商法为民法特别法的性质并未因为海商法的国际统一化进程而发生改变。②

综合以上论述,基于海上活动的特殊性,海商海事法律规范仍然应当具有一定的独立性,但是,这种独立性具有一定的限度。海商法与民法理念、制度仍然具有共通性,特别是随着海陆差异性的弱化,海陆法律制度的共通性更加明显,海商法作为调整海上运输中平等主体间法律关系的法律,是民法的特别法。

五、海商法自体性的固守及其弊端

所谓海商法的自体性,指海商法自成一体、自给自足的特性。③ 部分学者认为海商法具有很强的自体性,这种特性使得海商法能够独立调整海上活动中所发生的所有法律关系,而不需要依托于陆上法律制度。

司玉琢教授指出,从广义上看,海商法既调整平等主体间的横向民事关系,还调整非平等主体之间的纵向关系(海事行政、刑事关系),是一个独立的、综合的、自成一体的法律部门。④ 不仅如此,他还从历史上进行考察,指出海法是一个独立的体系,在演进的过程中体现出强烈的自体性(一体性)特征。⑤ 在此,有必要厘清海商法(Maritime Law)和海法(Sea Law)两个概念的关系。所谓狭义的海商法,是指"调整平等主体间的海商运输关系和船舶关系的法律规范的总称"。⑥ 以我国为例,狭义的海商法包括《海商法》及相关的行政法规、部门规章、司法解释。而所谓海法,是"以海洋为客体,调整其上社会关系的法律总称,具

---

① 参见吴旭华:《我国的法律移植问题浅析》,载《远程教育杂志》2000年第6期。
② 至少在大陆法系国家的法律体系下是如此。
③ 参见曹兴国:《海商法自体性研究》,大连海事大学2017年博士学位论文。
④ 参见司玉琢主编:《海商法》,法律出版社2018年版,第3页。
⑤ 参见司玉琢、李天生:《论海法》,载《法学研究》2017年第6期。
⑥ 参见司玉琢:《海商法》,法律出版社2018年版,第1页。

体地讲,是调整围绕海洋所发生的国家间关系、行政关系、刑事关系和民事关系的法律规范的总称"。① 海法的范围接近广义的海商法,包含狭义的海商法。海法体系中的各项具体内容除了狭义的海商法,还包含海洋法、海上战争法、海上刑法、海上程序法、海上劳动法(船员法)、海洋经济法、海洋资源开发与保护法、海上安全法、航运法、海洋环境保护法等。② 与陆上法律制度相比,海法的自体性主要表现为起源、效力和体系上的独立。③ 这使得海商法可以独立解决大部分海上活动中所产生的纠纷。正如郭瑜副教授所指出的,在解决海上活动中的问题时,海商法本身是基本自足的,通常不依赖于民法。④

诚然,自体性是海商法的重要特征之一,但是,对自体性的过分强调也导致了海商法在法学体系下无法找到明确的归属,我国学界对于海商法属于哪一部门法至今未能达成统一的看法,目前存在多种学说。⑤ 何丽新教授指出了海商法脱离传统法学体系的弊端,认为海商法并不具有绝对的独立性,其只是民法的特别法,海商法律体系的构建应回归民法。⑥ 关正义教授亦立足于海商法的民法特别法性质,从民法视角对海商法制度进行研究。⑦ 但是,仍然有不少学者强调海商法的自体性,否认海商法的民法特别法属性。⑧

对自体性的固守使得海商法的体系归属迟迟无法明确,导致海商法与我国现有的法律体系"格格不入",甚至逐渐被边缘化。有学者曾经立足于我国海事法院审理的案件进行实证考察,对上述海商海事案件中的法律适用情况进行对比分析,指出海商海事案件中法官适用一般民事法律的比例远高于适用海商海事立法,我国海商海事立法在一定程度上存在被"虚置化"的现象,并同时指出海商法体系归属的不明确是导致这种现象的原因之一。⑨ 不仅如此,在学术研

---

① 参见司玉琢:《面向海洋世纪 确立海法研究体系》,载《中国海商法年刊》2010年刊。
② 参见司玉琢、李天生:《论海法》,载《法学研究》2017年第6期。
③ 参见司玉琢、李天生:《论海法》,载《法学研究》2017年第6期。
④ 参见郭瑜:《海商法的精神——中国的实践和理论》,北京大学出版社2005年版,第93页。
⑤ 分别为"民法特别法说"、"国际经济法分支说"和"独立法律部门说"。参见司玉琢主编:《海商法》,法律出版社2012年版,第6页。
⑥ 参见何丽新:《论新民商立法视野下〈中华人民共和国海商法〉的修订》,载《中国海商法研究》2011年第2期。
⑦ 关正义:《民法视野中的海商法制度》,法律出版社2015年版。
⑧ 参见王世涛、汤喆峰:《论海商法之于民法的独立性》,载《中国海商法研究》2012年第3期。
⑨ 参见何丽新、梁嘉诚:《〈海商法〉实施25年司法适用研究报告》,载《中国海商法研究》2018年第2期。

究方面,海商法理论研究似乎也面临着被边缘化的窘境。根据不完全统计,CLSCI[①]中包含的所有来源期刊中,创刊至今有关海商法的文章209篇。[②] 法学核心期刊是我国法学学术争鸣之园地,很大程度上代表着法学学术研究水平。海商法理论研究成果在法学核心期刊中处于如此尴尬的地位,与法学理论研究的繁荣发展极不匹配。这说明海商法理论研究成果对于整个法学体系的影响极其有限,从中可窥视出海商法在我国法律体系中面临着被边缘化的危机。

对自体性的固守亦使得海事赔偿责任限制制度在完善过程中受到了不利影响。由于海商法的体系归属无法明确,海事赔偿责任限制制度的发展因此缺乏法学理论的指导,亦无法与其他法律部门形成良性互动,陷入了"闭门造车"的困境。在海上风险变迁的背景下,责任限制的权利主体、责任限额、权利边界等制度的完善也因此缺乏理论基础。我国理论界虽然对海事赔偿责任限制制度的完善进行了广泛的讨论,但是由于缺乏统一的评价海事赔偿责任限制制度的标准,对于制度的完善对策至今没有达成一致的看法,海事赔偿责任限制制度的完善也迟迟无法推进。基于此,应避免过分强调海商法的自体性,立足于民法基础理论,以民法的公平观为衡量标准对现有制度进行评估,在此基础上探索完善海事赔偿责任限制制度的对策。

应该承认,海事海商法律关系存在一定程度的特殊性,这使得海商法常常展现出与传统陆上法律规定不同的特性,海商法的这种特性,从产生之初就具有。以商人习惯法为历史渊源的海商法,传承了罗得岛民的法律规范而形成了自成一体的规范体系,具有陆地上的法律所没有的特殊制度,如海难救助、共同海损和海事赔偿责任限制等,这使得海上与陆上适用了不同的规则,从而容易形成"海商法自成体系"的假象。以我国为例,我国《海商法》及其相关法律法规、司法解释是海商法律体系的重要组成部分,除了包含海商法独具特色的制度外,还涉及调整海上合同和海上侵权的大量民商事规范,甚至还包含管辖、冲突规则、船舶国籍等程序法性质、国际法性质和公法性质的规范,是各类法律规范的综合体。但是,过分强调其自体性,使得海商法与我国法律体系中的其他部门法的共性被忽略,显得格格不入。从客观上分析,与其说海商法被法学界

---

① "中国法学核心科研评价来源期刊"(China Legal Science Citation Index)。
② 此为不完全统计。有关海商法的文章,通过中国知网将检索条件设定为:"篇名=海商/海上/海事/船舶/船员",在 CLSCI 来源期刊范围内获得结果 209 篇,检索时间为 2024 年 10 月 1 日。

边缘化,不如说海商法抛弃了传统法律体系。自体性是海商法的特点,但同时也是导致其体系定位迟迟无法确立,进而与传统法学体系渐行渐远的原因。

现代海商法应定位在民法体系下进行研究,海商法特殊制度的完善亦应该以民法的立法理念为指导,借鉴最新民商事立法成果完善或填补海商法制度的缺陷,使得海商法特殊制度与民法的一般规定之间形成有机的整体。[①] 在此基础上,以民法理论为指导探寻海事赔偿责任限制制度的完善路径。

第二节 民法体系下海事赔偿责任限制的定性

一、海事赔偿责任限制是民事损害赔偿的特别制度

行文至此,随着上文对海商法发展脉络的梳理,海商法与民法的关系也逐渐浮出水面。古代海商法与民法具有较高的融合性,海商法并未显示出太多的独立属性。中世纪后,随着海上运输的发展,具有体系性的海商海事立法逐渐出现,而基于海上运输和陆上运输所面临的风险具有差异性的客观事实,海上制度的特殊性凸显,并逐渐衍生出独立于民法制度的海商法特殊规定。但近代以来,产业革命的发展提高了海上活动参与者的抗风险能力,航海活动与陆上运输相比已不再被理所当然地认定为一项具有高度危险性的事业,[②]海商法的特殊性也因此逐渐减弱。而在现代,科学技术进一步发展,风险分担机制亦不断完善,海商法制度虽然仍保持一定的特殊性,但与民法制度逐渐走向融合成为必然的趋势。基于此,海事赔偿责任限制的发展,亦应该立足于民法特别制度的定位。

一方面,责任限制是民法损害赔偿体系中的重要制度。有关限制责任的做法,从古代民事立法中已经能发现其踪迹,并非近代海商法所独有,这是海事赔偿责任限制作为民法特别制度的理论基础。在民法史上,罗马法中已经有相关的法言体现了责任限制的理念——在"特有产之诉"(I.4,7,4)中,如果奴隶没有经过主人的同意而与他人进行交易,当主人遭受索赔时,承担的是有限责任;若主人从交易中获利,则以获得的利润为限承担责任;若主人没有获利,则以她授

---

① 参见何丽新:《论新民商立法视野下〈中华人民共和国海商法〉的修订》,载《中国海商法研究》2011年第2期。

② 司玉琢、吴兆麟:《船舶碰撞法》,大连海事大学出版社1995年版,第1页。

权此奴隶的特有产为限承担责任。① 同样的,根据"损害投偿之诉"(I.4,8pr.),若奴隶实施了盗窃、抢劫、损害等行为时,主人可以交出奴隶以免除赔偿责任,这实际上亦是一种有限责任制度。② 由此可见,限制赔偿责任的做法并非现代海事立法所独有。而在现代民法中,"赔偿全部损失"亦没有形成常态。诚然,根据侵权法原理,只有受损方所受到的损失得到全额赔偿,损失才能被"填平",侵权责任法的制度目的才能得以实现。但是,这种"恢复原状"的做法对产业的发展无疑是十分不利的。因为在现代风险社会下,单一的事故有可能引发多种损害结果,最终有可能造成巨额的损害赔偿。如果一味要求责任人承担全部损害,将不利于鼓励投资,进而迟滞经济的发展。因此,综观各国的立法,所谓的全额赔偿实际上受到了诸多限制。③ 譬如,在英国法下,损害赔偿的限额为"当事人可预见的范围",对预见以外的损害,当事人无须赔偿。当然,对于预见的范围,责任人需要承担相应的举证责任。④ 除此之外,目前在全球范围内被广泛适用和承认的公司有限责任制度,就是通过限制商主体的责任以达到鼓励商业发展的目的。由此可见,责任限制并非海事损害赔偿领域中所独有,民法损害赔偿体系中亦存在责任限制制度,海事赔偿责任限制是民法赔偿责任限制制度在海事领域的特殊体现。近年来,"完全赔偿原则"在具体司法适用中的僵硬性备受质疑,从比较法上看,这一原则亦逐渐受到批判。⑤ 而在学术界,有学者认为该原则功能取向过于单一,价值选择缺乏均衡;同时,法律效果亦有失妥当,需要从根本上反思其存在的合理性。⑥ 在这种背景下,探索责任限制制度在民法体系中的定位,对丰富民法损害赔偿体系的内涵,增强民法损害赔偿制度的弹性,亦具有一定的意义。

另一方面,海陆损害赔偿制度具有同源性,则是海事赔偿责任限制作为民法特别制度的前提条件。海上运输和陆上运输适用不同损害赔偿规则的做法至少在11世纪前后才出现,彼时,海事赔偿责任限制制度的产生使得海上运输中出现了特殊的限制赔偿责任的损害赔偿规则,这种规则有别于陆上损害赔偿制度所普遍遵循的"赔偿实际损失"原则。而人类探索海洋的历史则要远远早

---

① 参见徐国栋:《优士丁尼〈法学阶梯〉评注》,北京大学出版社2019年版,第561页。
② 参见徐国栋:《优士丁尼〈法学阶梯〉评注》,北京大学出版社2019年版,第567页。
③ 曾世雄:《损害赔偿法原理》,中国政法大学出版社2001年版,第25页。
④ Hadley v. Baxendale (1954) 9 Exch. 341.
⑤ 欧洲侵权法小组:《欧洲侵权法原则:文本与评注》,于敏、谢鸿飞译,法律出版社2009年版,第3~4页。
⑥ 郑晓剑:《侵权损害完全赔偿原则之检讨》,载《法学》2017年第12期。

于海事赔偿责任限制制度的产生。早在公元前,北欧和西欧沿岸开始出现常态化的海上运输,这种海上航行被用于装载人员和物资。① 在此之后,随着造船技术的进步和贸易业的发展,海上运输成为各地往来和交流的重要方式,常态化的海上贸易模式在地中海沿岸开始形成。② 由此可见,在海事赔偿责任限制制度产生前很长一段时间,海上运输已经成为贸易的重要方式之一,这说明在相当长的一段时间内,海上运输领域并无限制赔偿责任的特殊规定。在损害赔偿领域,海上和陆上的规则在相当长的一段时间内是一致的,这种损害赔偿规则的同源性是海事赔偿责任限制制度在发展过程中既能够以民事(陆上)赔偿制度为理论依托,又能够保持海事立法的特殊性的原因。

综合以上论述,明确海事赔偿责任限制作为民法特别制度的性质,其意义在于当海事赔偿责任限制的规定不明确时,可以根据民事损害赔偿的基本理论对具体案件进行处理,但是,当海商法对责任限制有具体规定时,应该充分尊重海事立法的特殊性。对此,我国《民法典》第1178条亦明确这一点,新增了"本法和其他法律对不承担责任或者减轻责任的情形另有规定的,依照其规定"的表述,这里所谓的减轻责任的情形,显然包括主张海事赔偿责任限制而免除部分赔偿责任。

二、民法体系下海事赔偿责任限制的性质之争及其困境

海事赔偿责任限制是民法的特别制度,因此本书将立足于民法体系对海事赔偿责任限制制度进行研究。在民法中,权利思维是最基础的思维模式,同时也是便利和有效的分析工具。③ 因此,在民法体系下讨论海事赔偿责任限制的完善,必须先明确海事赔偿责任限制的权利属性这一前置性问题。但是,对于海事赔偿责任限制的权利属性,目前学界存在不同的观点,主要涉及两个方面的问题。

(一)实体性权利和程序性权利之争

对于第一个问题,目前存在实体性权利说和程序性权利说两种观点。有学者认为,海事赔偿责任限制是程序性权利,因为其不直接导致民事主体自身任

---

① Philip D. Souza, *Seafaring and Civilization: Maritime Perspectives on World History*, Profile Books Ltd, 2002, p.14.

② Philip D. Souza, *Seafaring and Civilization: Maritime Perspectives on World History*, Profile Books Ltd, 2002, p.44.

③ 谢潇:《侵权责任免责权:既有理论商榷基础上的概念构造尝试》,载《政治与法律》2018年第8期。

何利益的获得,而仅仅是通过向法院主张限制责任而避免自身部分利益的损失。[①] 但有学者提出不同观点,认为海事赔偿责任限制基金的设立虽然涉及程序法上的问题,但对于海难事故中的责任人和利害关系人的实体权利显然会产生重大的影响。[②]

笔者认为,讨论海事赔偿责任限制的实体法性质和程序法性质并不可一概而论,因为海事赔偿责任限制既可能涉及实体法问题,也可能涉及程序法问题,并无法明确地区分。诚然,各国海商法中有关海事赔偿责任限制的规定是一种实体性规范,但是,上述实体性权利需要通过诉讼程序来实现,主要表现为通过法定程序设立海事赔偿责任限制基金,并以基金的金额为限承担赔偿责任。重大海难事故发生后,责任方有权根据有关海事赔偿责任限制的权利主体、权利丧失条件、限制性海事请求的范围以及赔偿责任限额等方面的实体性法律规范主张权利,但要实现上述权利,责任人必须向法院提出申请并在被批准后依照法定程序设立海事赔偿责任限制基金,从而以基金为限承担同一事故中的所有赔偿责任,其中海事赔偿责任限制基金的设立则显然属于程序性问题。因此,有学者提出,对海事赔偿责任限制是实体性权利和程序性权利的讨论并没有太多的实际意义。[③]

但是,应该承认,海事赔偿责任限制制度中实体权利和程序性权利的混同,确实会导致在具体案件中出现择地行诉、管辖权冲突和法律适用冲突等问题。海事赔偿责任限制涵盖实体和程序性问题,因此在各国法院都无法"一刀切"地全部适用法院地法或者根据最密切联系原则适用侵权行为地法或者船旗国法的做法,而只能对海事赔偿责任限制所涉及的法律问题进行分割,采用不同的准据法。譬如,关于海事赔偿责任限制基金的设立程序及其他相关程序性事项,应该适用法院地法,此有利于法院裁判的进行,亦有利于责任限制基金的快速设立和当事人权利的保护。而对于海事赔偿责任限制的主体范围、限制性海事请求和非限制性海事请求的范围等问题的法律适用,则可以根据最密切联系原则,适用侵权行为地法、船旗国法等与案件有密切联系的国家和地区法律。[④]

[①] 参见李伟:《论海事赔偿责任限制的本质及其法律属性》,载《社会科学辑刊》2011年第4期。
[②] 参见邵琦:《关于海事赔偿责任限制制度若干问题的思考——海事赔偿责任限制和海事赔偿责任限制基金》,载《中国海商法研究》2010年第4期。
[③] 王建瑞:《海事赔偿责任限制制度的十个问题》,载《中国海商法年刊》2010年刊。
[④] 参见王国华:《"泰坦尼克"案与海事赔偿责任限制的法律适用》,载《现代法学》2005年第4期。

由此可见，识别程序性事项和实体性事项，是确定法律适用的前提。从这个意义上来说，虽然对于实体性权利还是程序性权利的争论并无必要，但对海事赔偿责任限制制度中实体性问题和程序性问题进行划分，对于法律的适用仍具意义。遗憾的是，目前各国对于海事赔偿责任限制制度中实体性和程序性事项的识别及上述事项分别的法律适用，并未有统一的标准。[①] 而在我国，《海商法》第 275 条亦仅仅明确涉及海事赔偿责任限制的事项适用"法院地法"，并未区分海事赔偿责任限制的权利本身和责任限制基金的设立两个方面。《海商法》与《海事诉讼特别程序法》同时存在海事赔偿责任限制的程序性规范的做法，更加剧了识别程序性规定和实体性规定的难度。[②]

（二）抗辩权、形成权和请求权之争

对于第二个问题，即以权利的作用为划分标准对海事赔偿责任限制进行定性，目前亦存在多种观点。较为主流的观点认为海事赔偿责任限制是法律赋予海事赔偿责任人的一种抗辩权。[③] 持该观点的学者认为，在一次海难事故中，不论造成的损失多大，海事赔偿责任人都可以通过行使抗辩权对抗海事请求人的请求权，使得海事请求人只能在一定的限额之内实现其赔偿请求。[④] 海事赔偿责任限制是责任人用以对抗限制性海事请求债权人超过责任限额的请求权的权利，这项权利符合抗辩权的防御性、永久性、无被侵害的可能性及无须相对人介入即可实现等特征。[⑤] 从司法界的态度看，最高人民法院在相关复函中明确了海事赔偿责任限制的抗辩权属性。[⑥] 随后，在相关司法解释中亦明确规定，若责任人未提出"抗辩"，则海事法院不得主动赋予责任人限制海事赔偿责任的权利。[⑦] 从这个意义上说，海事赔偿责任限制的抗辩权属性似乎已经成为定论。

---

① 参见［加］威廉·泰特雷：《国际冲突法：普通法、大陆法及海事法》，刘兴莉译，黄进校，法律出版社 2003 年版，第 336～341 页。

② 我国《海事诉讼特别程序法》第九章（第 101 条至第 110 条）是关于设立海事赔偿责任限制基金的程序性规定，《海商法》第 213 条至第 215 条亦规定了设立海事赔偿责任限制基金的程序性问题。

③ 雷霆：《论在我国援用海事赔偿责任限制的性质及其影响》，载《中国海商法年刊》2001 年刊。

④ 傅廷中：《船舶优先权与海事赔偿责任限制的价值冲突与协调》，载《法学研究》2013 年第 6 期。

⑤ 邓丽娟、王大荣：《海事赔偿责任限制抗辩权论》，载《中国海商法年刊》2006 年刊。

⑥ 参见《最高人民法院关于招远市玲珑电池有限公司与烟台集装箱货运有限责任公司海事赔偿责任限制申请一案请示的复函》。

⑦ 参见《最高人民法院关于审理海事赔偿责任限制相关纠纷案件的若干规定》第 14 条。

本书认为,上述"抗辩权说"仍然存在可商榷之处。所谓抗辩权,是指对抗请求权或否认对方权利的权利,即该项权利可产生阻止相对人行使权利的效力,其功能是对抗或延缓请求权的行使。[①] 从理论上分析,海事赔偿责任限制的抗辩权属性观点是站不住脚的。主要有以下原因:首先,抗辩权具有对抗性,对抗请求权是其主要功能之一。但是在海事索赔案件中,海事责任人提出的限制赔偿责任限制的主张并非对抗索赔人的请求权,而是直接产生对特定海难事故中的赔偿总额进行限缩的法律后果。其次,抗辩权的行使使得被对抗的权利暂时性失去了请求力,并未导致请求权的永久消灭。[②] 而在海事赔偿责任限制中,一旦海事赔偿责任人获得限制赔偿责任限制的权利,请求方超出责任限额的请求权将彻底消灭,而不能再提出索赔请求。最后,抗辩权的行使以请求权的存在为条件,但根据我国立法的规定,责任人的海事赔偿责任限制申请可以在海难事故发生后的任何时间提出,且不以请求人的索赔为前提条件。[③] 既然在司法实践中当事人主张海事赔偿责任限制不以相对人的请求为前提,海事赔偿责任限制的抗辩权属性亦无从说起。同时,如果承认海事赔偿责任限制的抗辩权属性,限制性海事请求的债权人主动提起请求权将成为海事赔偿责任限制的权利人提出责任限制请求的前提,这不利于海上经营者权利的保护和海上纠纷解决效率的提高,不符合制度保护船东所有人的初衷。

除此之外,有学者提出海事赔偿责任限制制度中责任人限制赔偿责任具有形成权的法律属性,属于一种特殊的形成权。[④] 支撑此种观点的理由是:海事赔偿责任限制权利的行使能够改变责任人与索赔方之间的法律关系,因此其作用的客体并非行为,而是法律关系本身。同时,海事赔偿责任限制的权利人可以依自己单方的行为变动法律关系,产生限制赔偿责任的法律后果,而不需要索赔方的行为或不行为。此外,海事赔偿责任限制权利的行使不受相对人行为的影响、不适用诉讼时效的规定以及不得让与他人等特征亦符合形成权的特征。[⑤]

[①] 参见徐国栋:《民法总论》,厦门大学出版社 2018 年版,第 73 页;王利明:《民法总论》,中国人民大学出版社 2015 年版,第 104 页。

[②] 汪渊智:《形成权理论初探》,载《中国法学》2003 年第 3 期。

[③] 《海事诉讼特别程序法》第 101 条第 1 款规定:"船舶所有人、承租人、经营人、救助人、保险人在发生海难事故后,依法申请责任限制的,可以向海事法院申请设立海事赔偿责任限制基金。"其中,遭受索赔并非申请责任限制的前提条件。

[④] 李伟:《论海事赔偿责任限制的本质及其法律属性》,载《社会科学辑刊》2011 年第 4 期;蓝鹭安:《海事赔偿责任限制的性质》,载《世界海运》2007 年第 2 期。

[⑤] 司玉琢:《海事赔偿责任限制优先适用原则研究——兼论海事赔偿责任限制权利之属性》,载《中国海商法年刊》2011 年刊。

但亦有学者对上述形成权的观点提出疑问,认为责任人向法院申请海事赔偿责任限制的行为即使发生在遭受索赔之前,其目的仍然是对未来可能遭受的索赔提出抗辩,即只有在受损方提出海损索赔请求时,权利人主张海事赔偿责任限制才具有意义,海事赔偿责任限制这一抗辩权在此时才发挥作用。①

对于"形成权说",本书认为,海事赔偿责任限制虽然符合形成权的若干属性,但是仍然与传统意义上的形成权存在差异。所谓形成权,是指当事人一方可以以自己的单方法律行为使法律关系发生变动的权利,形成权的特点在于权利人单方面的意思表示即可发生特定的法律效果而不管相对人是否同意。② 传统形成权的行使只要意思表示到达相对方即可,而海事赔偿责任限制权利的行使要经历一系列程序,其中包括向法院提出设立海事赔偿责任限制基金的申请并在被批准后缴纳足额的资金。此外,从权利行使所产生的效力看,两者亦有差别。传统形成权的行使不得撤销,一旦意思表示到达相对人即发生法律效力。③ 而在法院作出允许设立海事赔偿责任限制的裁定之前,权利人可撤销主张责任限制的意思表示。正是基于海事赔偿责任限制与形成权的上述差异,司玉琢教授在提出"形成权"理论时亦指出,海事赔偿责任限制是形成权的特殊类型——海事优位权。④

另外,亦有学者认为海事赔偿责任限制属于请求权的范畴,持这一观点的学者普遍把海事赔偿责任限制作为一个独立的诉讼看待,其原因在于海难事故中责任方在一次事故中往往会面临不特定的多数债权人的索赔,因此在被索赔之前,责任方完全可以根据规定向海事法院提出设立海事赔偿责任限制基金的申请,而不需要待债权人提起诉讼,这种以独立之诉提起的海事赔偿责任限制请求当属"请求权"。⑤ 也有学者未从权利所产生的作用考察,而仅仅将海事赔偿责任限制认定为一项"特权"。⑥

---

① 雷霆:《论在我国援用海事赔偿责任限制的性质及其影响》,载《中国海商法年刊》2001年刊。

② 徐国栋:《民法总论》,厦门大学出版社2018年版,第73页;王利明:《民法总论》,中国人民大学出版社2015年版,第106页。

③ 参见王利明:《民法总论》,中国人民大学出版社2015年版,第109页。

④ 司玉琢:《海事赔偿责任限制优先适用原则研究——兼论海事赔偿责任限制权利之属性》,载《中国海商法年刊》2011年刊。

⑤ 参见莫伟刚:《海事赔偿责任限制的程序问题》,载《广西政法管理干部学院学报》2005年第4期。

⑥ 向雅萍:《论海事赔偿责任限制与船舶优先权制度的冲突及立法对策》,载《广西政法管理干部学院学报》2006年第3期。

综合以上论述,对于海事赔偿责任限制的定性,目前仍然无法达成统一的观点,由此导致海事赔偿责任限制在民法体系中定性的混乱。目前,我国《海事诉讼特别程序法》虽然用专章对海事赔偿责任限制基金的设立程序进行了规定,但是对于海事案件中的责任人如何行使海事赔偿责任限制的权利,却没有作出任何规定,由此导致在海事诉讼中责任人在主张海事赔偿责任限制权时无法得到保障,而海事赔偿责任限制权利属性的不明确又导致当事人无法通过传统民法理论维护自身的权益。因此,对海事赔偿责任限制这一民事权利的属性进行明确,不仅有利于解决理论上的争议,还有益于司法实践中当事人权利的保障。

三、海事赔偿责任限制的性质探析:以免责事由论为分析工具

海商法是民法的特别法,海事赔偿责任限制则是一项特殊的民法制度,其与民事损害赔偿立法具有同源性,因此,探索海事赔偿责任限制的权利属性,不仅应该着眼于其特殊性,还应该立足于其与民事损害赔偿制度的共性,在民法体系下对该制度进行研究。从权利所产生的作用和效果看,海事赔偿责任限制具备请求权、抗辩权和形成权的某些特征,但是并不完全符合上述权利的全部特征,这使得海事赔偿责任限制权利在民法体系中的定位处于尴尬的境地。本书认为,要明确海事赔偿责任限制的性质,应该回到海事索赔案件中,立足于海事赔偿责任限制制度的运行机理,探寻其与民事制度的契合点。

(一)海损案件中责任人可主张的免责事由

在海上活动中,当事人所控制的船舶有可能因为侵权行为造成他人的人身或财产损失,主要表现在船舶碰撞事故中造成他船及船上货物的毁损或灭失,亦可表现为船上的燃油、货物对海洋环境造成的污染。而如果当事人的行为构成对海上货物运输合同或者海上旅客运输合同明确规定的义务的违反,则亦有可能承担相应的违约责任。在认定当事双方的侵权或违约责任时,首先应综合适用《海商法》、《侵权责任法》和《合同法》的相关规定对当事人的责任进行认定,如果当事人的行为满足侵权或违约责任的构成要件,则应该按照法律的规定承担侵权或者违约责任。具体来说,在侵权责任中,如果符合行为人具有过错、存在损害事实以及行为与损害结果有因果关系三个要素,侵权责任则宣告

成立。① 当然,持"四要件说"观点的学者认为行为的违法性也是侵权责任的构成要件之一。② 而在违约责任中,只要满足行为构成对合同义务的违反、守约方受有损失以及违约行为与损失之间具有因果关系,违约方就应当承担违约责任。③ 但是,就算责任的构成要件全部满足,也并不当然意味着责任人必须承担赔偿责任,责任人还可以在特定条件下主张免除全部或部分赔偿责任。

1.一般民事立法规定的免责事由

在侵权责任法中,当侵权方遭受索赔时可以根据法律的规定主张免除和减轻赔偿责任,这是法律专门规定的影响行为人一方是否不承担或减轻侵权责任的特定抗辩事由。④ 上述免责事由可以分为两个类型,其一为正当理由的免责事由,指行为人的行为虽然在客观上造成损害,但是该行为具有法律上的正当性和合法性,主要包括正当防卫、紧急避险、自助行为、依法履行职务的行为、受害人同意等。其二为外来原因的免责事由,指损害非由于行为人的行为造成,而是一个外在于其行为的原因独立造成的,包括不可抗力、意外事件、受害人过错和第三人过错等。也有学者将前者称为一般免责事由,将后者称为特别免责事由。⑤《民法典》颁布前,我国《侵权责任法》第三章将免责事由称为"不承担责任和减轻责任的情形"。⑥ 而从比较法上看,立法上还存在自助行为、受害人同意以及依法履行职务行为等免责规定。

---

① 赞同三要件说的学者认为违法性不应该成为侵权责任的构成要件,因为违法性要件通常可以被过错要件所包括。此外,增加违法性要件,亦增加了受害人的举证难度,不利于受害人的救济。参见王利明:《侵权责任法研究》,中国人民大学出版社 2016 年版,第 306 页;张民安、杨彪:《侵权责任法》,高等教育出版社 2011 年版,第 76 页。

② 持四要件说的学者认为侵权责任的构成要件包括损害事实、损害行为的违法性、行为与损害事实有因果关系,以及行为人主观上的过错。参见杨立新:《侵权责任法》,法律出版社 2018 年版,第 66 页;张新宝:《侵权责任法》,中国人民大学出版社 2016 年版,第 25 页。

③ 以往的学说认为违约方的过错是违约行为的构成要件之一,但目前通说认为是否构成违约,只应从客观方面考察当事人的行为是否构成对合同义务的违反,而不过问主观过错问题,一旦发生违约行为,即推定债务人的行为具有违法性。参见韩世远:《合同法总论》,法律出版社 2018 年版,第 476~477 页。

④ 此为狭义的责任抗辩,而广义的责任抗辩指行为人一方针对受害方的索赔请求,提出的不承担或者减轻责任的主张,这种主张意在使某一侵权案件中的任何一个责任构成要件不具备,进而使得行为人一方因此而不承担或者减轻侵权责任。参见张新宝:《侵权责任法》,中国人民大学出版社 2016 年版,第 61 页。

⑤ 杨立新:《侵权损害赔偿》,法律出版社 2016 年版,第 123 页。

⑥ 包括受害人过错、受害人故意、第三人行为、不可抗力、正当防卫以及紧急避险等免责情形。我国《民法典》生效后,这些规定被《民法典》第 1173 条、第 1174 条、第 1175 条、第 180 条、第 181 条和第 182 条所取代,措辞上有所变化,但基本保留了《侵权责任法》的规定。

此外,虽然《合同法》普遍采用了无过错责任原则,但是,违约行为的发生并不一定导致承担赔偿责任的后果。① 在《合同法》项下,违约人还可以主张免责或减轻违约责任。他们不仅可以通过意定免责,还可以根据《合同法》的规定主张法定的免责事由。② 除此之外,当事人还可以主张诉讼完成的抗辩、第三人原因的抗辩、无重大过失的抗辩、同时履行抗辩、先履行抗辩、不安抗辩、知情抗辩、怠于通知的抗辩以及贫困抗辩等,以免除或减轻违约赔偿责任。③

海商法作为民法的特别法,如果海商法中没有相反的规定,上述在侵权或者违约责任中的免责事由同样可以适用于海上运输领域;也就是说,海上活动的参与者在遭受侵权或者违约索赔时,在符合特定条件的情况下,同样可以主张《侵权责任法》和《合同法》规定的免责事由。

2.海商法规定的免责事由

海商法亦规定了一系列适用于海上运输的免除赔偿责任的事由,这些免责事由为美国1893年的《哈特法》(Harter Act,1893)④首创,旨在通过赋予船方部分免责的权利以鼓励海上投资,并在《海牙规则》⑤《海牙-维斯比规则》⑥中被发扬光大,对世界各国立法产生了重要影响。我国《海商法》第51条参照了上述立法,赋予承运人多达12项的免责事由,⑦由上述事由造成的损失,承运人皆可主张免责。除此之外,《海商法》第52条和第53条还规定了"因活动物的固有风险造成活动物灭失或损害"以及"按照合同约定装载在甲板的货物的灭失

---

① 参见崔建远:《合同法》,法律出版社2015年版,第244页。
② 譬如根据我国《民法典》"合同编"的规定,违约方可以在不可抗力、货物本身的自然属性、货物的合理损耗、债权人的过错等事由发生时,主张减轻或免除违约责任。参见《民法典》第590条、第832条。
③ 参见冀诚:《合同法:规则与原理》,北京大学出版社2013年版,第228~231页。
④ Act of February 13, 1893, Chap.105, 27 Stat. 445-46, 46 U.S.Code Appendix 190-196.
⑤ 《统一提单的若干法律规定的国际公约》(International Convention for the Unification of Certain Rules of Law Relating to Bills of Lading, 1924),简称《海牙规则》。
⑥ 《关于修订统一提单若干法律规定的国际公约的议定书》(Protocol to Amend the International Convention for the Unification of Certain Rules of Law Relating to Bills of Lading, 1968),是对《海牙规则》的修改和补充,因此与《海牙规则》合并后称为《海牙-维斯比规则》。
⑦ 分别为:(1)船长、船员、引航员或者承运人的其他受雇人员的驾驶船舶过失和管理船舶过失;(2)火灾,但是由于承运人本人的过失造成的除外;(3)天灾,海上或者其他可航水域的危险或者意外事故;(4)战争或者武装冲突;(5)政府或者主管部门的行为、检疫限制或者司法扣押;(6)罢工、停工或者劳动受到限制;(7)为救助人命或者财产;(8)托运人、货物所有人或者他们的代理人的行为;(9)货物的自然特性或者固有缺陷;(10)货物包装不良或者标志欠缺、不清;(11)经谨慎处理仍未发现的船舶潜在缺陷;(12)非由于承运人或承运人的受雇人、代理人的过失造成的其他原因。

或毁损"两种免责事由,这是由于活动物(动物)在海上运输期间常常容易因为受惊或者传染性疾病而导致死亡,而海上的风浪亦容易使得装载在甲板上的货物受到污染甚至因此毁坏。上述规定中,部分免责事由与一般民事立法中规定的免责事由具有重合性。譬如,《海商法》中规定的天灾、意外事故、战争、武装冲突等显然属于一般民事立法中"不可抗力"免责的范畴。而部分免责事由是海上活动中特有的,譬如船员过失、火灾、包装不当、运输活动物或甲板货等。

海商法所规定的上述免责事由虽然具有特殊性,但是仍然具有一般民事免责事由的共性,主要体现在两个方面。一方面,以过错责任为原则,以不完全过错责任为例外。原则上,责任人对于货物的毁损、灭失或者延迟交付承担的仍然是过错责任,即只有在责任人及其受雇人员没有过错的情况下,才能主张特定事由下的免责。这与《侵权责任法》《合同法》中关于免责事由的规定是一致的。但海商法也有少数例外规定,譬如,如果损失是由于责任人的受雇人员在驾驶船舶或者管理船舶中的过失所致,或者由于受雇人员的过失导致的火灾而造成的损失,责任人本人同样可以免责,[①]此种特殊的立法规定为不完全的过错责任原则,亦有学者将其称为"过错责任原则加列明的过失免责"。[②] 当然,有学者对这种特殊性的规定提出了质疑,认为随着科技的发展,航海过失和火灾过失的免责已经丧失了其现实合理性,既违背了民法"公平优先原则"的法理,又与商法"效率优先原则"相违背,同时也不符合我国的国家利益。[③] 另一方面,以"谁主张、谁举证"为原则,以举证责任倒置为例外。原则上,承运人对于免责事由的存在必须负举证责任,这与一般民事案件中"谁主张、谁举证"的原则是一致的。但是,对于火灾的免责,海商法规定承运人不需要承担举证责任,而是由索赔方举证证明承运人对于火灾的发生存在过错,这是举证责任倒置的例外规定。当然,由于索赔方证明火灾起因十分困难,因此,这种责任的分担也被认为是不合理的。[④] 由此观之,无论是《侵权责任法》《合同法》还是《海商法》的规定,本质上是通过免责的事由平衡当事人双方的利益,纠正由单方承担风险所带来的不公。

除此之外,海商法还建立了责任限制制度,为海上活动的参与者提供了免

[①] 《海商法》第 51 条第 1 项、第 2 项所列内容。
[②] 司玉琢主编:《海商法》,法律出版社 2018 年版,第 93～94 页。
[③] 参见李天生:《国际海上承运人责任基础的反思与重构》,载《重庆理工大学学报(社会科学)》2013 年第 7 期。
[④] 司玉琢:《海商法专论》,中国人民大学出版社 2018 年版,第 87 页。

除部分赔偿责任的额外保护,进而实现进一步控制海上风险的目的,这种限制赔偿责任的制度,本质上也是免除部分责任的法定事由。海商法中的责任限制制度主要可以分为两种:第一种为承运人所享有的承运人责任限制(limitation of carrier's liability),是指对于承运人不能免责的原因造成的损失,可以将其赔偿责任限制在有限范围内的制度,这种责任的范围通常按照货物的件数或者货物单位数来计算,因此,亦称为单位责任限制(package limitation of liability)。[①] 我国《海商法》第56条对此进行了规定,确定了每件货物或者每一货运单位"666.67计算单位"的责任限额,超出这一限额,承运人不承担赔偿责任。除此之外,在承运人同时为船舶所有人的情况下,如果经过单位责任限制后的索赔额加上同一事故中的其他损失的索赔总额超过了一定限额,则承运人还可以依据海事赔偿责任限制的规定,主张将其对同一事故所应承担的所有赔偿责任限制在一定的范围内。这时候,海商法的第二种责任限制制度——海事赔偿责任限制制度(limitation of liability for Maritime Claims)被适用。也就是说,当同一事故中索赔的总额足够高时,海事赔偿责任限制的规定被适用,对承运人责任限制起到再次限制的作用,这体现了海事赔偿责任限制的优先适用性。[②] 海事赔偿责任限制是继承运人责任限制之后对海运当事方责任的再一次限制,因此也称为"二次限制",亦被称为"综合责任限制",其本质亦是对责任的部分免除。

概言之,在海损事故发生后,责任人并不当然地因为侵权或违约责任的构成要件成就而承担相应的民事责任,他们还可以通过《侵权责任法》《合同法》以及《海商法》所规定的免责事由主张免除赔偿责任;同时,当责任超过一定程度时,责任人还可以通过单位责任限制和海事赔偿责任限制制度免除部分责任。

(二)免责事由与海事赔偿责任限制制度的契合

行文至此,海事损害赔偿中当事人所拥有的免责事由已然明晰。在面临索赔时,当事人在满足特定条件的情况下,既可以主张一般民事立法中关于不可抗力、紧急避免、债权人过错等免责事由,又可以主张作为民事特别立法的海商法中所规定的海上风险、货物固有缺陷、船舶潜在缺陷等免责,同时亦可以通过单位责任限制和海事赔偿责任限制的规定免除部分赔偿责任。本书认为,海商

---

① 参见司玉琢主编:《海商法》,法律出版社2018年版,第94~95页。
② 参见司玉琢:《海事赔偿责任限制优先适用原则研究——兼论海事赔偿责任限制权利之属性》,载《环球法律评论》2011年第3期。

法中无论是免除全部赔偿责任的承运人免责事项,还是免除部分赔偿责任的单位责任限制和海事赔偿责任限制,其本质上都是免除赔偿责任的制度,与民法有关免责事由的规定在法理基础和运行机理上具有高度的逻辑契合性。

一般民事法律规定中,免责事由可以分为一般免责事由和特别免责事由。前者指损害确实是责任人的行为所导致的,但由于其行为是正当、合法的,因而可以免除责任,譬如正当防卫、紧急避险、自助行为等;后者指损害是由外在于责任人行为的原因造成的,因而被告亦可以免除赔偿责任,譬如不可抗力、意外事件、受害人过错等。① 目前,关于一般免责事由的法理基础和运行机理并没有太大争议,因为行为人不应该对其正当、合法的行为负责。但关于不可抗力等特别免责事由的理论依据及其对责任承担的影响,则存在多种观点:客观说认为免责的依据在于因果关系,因此只有纯粹由于不可抗力等外来因素造成的损失,被告才能主张免责,但是此种学说无法解决损害是由于不可抗力与被告的过错行为共同造成的情形;而主观说则认为免责的理论依据在于过错要件的欠缺,如果被告已经尽最大的注意义务但损害仍然发生,则主观上不存在过错,自然也无须承担责任。但是这种理论却无法解决无过错责任案件中的免责问题。② 如今得到较普遍认可的是折中说,即主客观相结合的标准,认为基于外来因素发生的、当事人尽最大谨慎和最大努力仍然不能防止的事件为不可抗力,当事人可据此主张免责。③ 从我国立法上看,亦采用了折中说的观点:《民法典》第180条明确不可抗力为"不能预见、不能避免且不能克服的客观情况",由此从主客观两个方面定义了不可抗力这一免责事由。此外,亦有学者从民法公平观的角度对不可抗力的法理基础进行证成,指出如果因为不可抗力所引起的损失全部由债务人承担,将严重违背民法公平观,合理的对策是通过赋予债务人主张免责的方式将风险在债权人和债务人之间分担。④ 概言之,如果当事人在尽最大努力后仍然无法避免不可抗力等特殊风险所带来的损失,则法律通过免除当事人赔偿责任的方式实现对风险的公平分担。

而作为公平分担海上风险的制度,海事赔偿责任限制制度与免责事由制度的规定具有高度的契合性。从客观方面看,海事赔偿责任限制制度的产生同样是基于海上风险的难以预测性和难以控制性,旨在改变船舶所有人在承担海上

---

① 参见杨立新:《侵权责任法》,法律出版社2018年版,第221页。
② 参见韩世远:《合同法总论》,法律出版社2018年版,第480页。
③ 参见王利明:《侵权责任法研究》(上卷),中国人民大学出版社2016年版,第445页。
④ 参见崔建远:《合同责任研究》,吉林大学出版社1992年版,第130页。

风险中的不公平地位,通过免除责任人部分赔偿责任的方式达到对海上风险进行公平分担的目的。从主观方面看,海事赔偿责任限制的权利并非毫无限制,亦要求当事人在主观上尽到一定的注意义务,如果当事人对于损害的发生存在严重的过失,则无法主张责任限制,这本质上也是对当事人注意义务的要求。从这个意义上说,海事赔偿责任限制与特别免责事由在法律基础上存在高度的契合。两种制度都立足于人类在外来风险面前的脆弱性,运用法律手段合理地对社会和自然风险进行理性的分配。这一方面有利于维护无过错当事人的利益,另一方面亦可以在风险发生后合理解决损失的分担,进而达到合理规避风险以鼓励交易之目的。① 除此之外,海事赔偿责任限制制度与免责事由制度亦具有相似的运行机理:在一般民事法律规范中,所谓免责事由,是法律明确规定的当事人可以免除或减轻赔偿责任的法律事实。在责任的构成要件成就后,若损害是由于特定的法定免责事由造成的,责任人仍然可以据此主张免除赔偿责任;而在海事赔偿责任限制制度下,法律亦明确规定了当事人可以减轻赔偿责任的海事请求,即限制性海事请求。在责任构成要件成就后,责任人仍然可以在上述限制性海事请求的范围内主张减轻赔偿责任。当然,只有在损失超过了一定限额时,责任人才能主张免除超过限额的责任,这也是海事赔偿责任限制保护被索赔方的同时合理平衡索赔方利益的需要。上述两种制度本质上都是在法律明确规定的范围内对已经成就的责任的全部或部分免除。

(三)海事赔偿责任限制作为法定免责事由的证成

海商法中限制责任的规定与一般民事法律制度中免除赔偿责任的规定具有相似的法理基础和运行机理,已如前述。由此观之,海事赔偿责任限制制度与民法中的特别免责事由的规定具有高度的一致性,将海事赔偿责任限制认定为一种特殊的免责事由似乎已经水到渠成。但是,要对海事赔偿责任限制的法定免责事由属性进行证成,还需要厘清两个基本问题。

一方面,免责事由是否包括免除部分赔偿责任的事由。对于一般民事法律规范中所规定的免责事由,普遍观点认为仅包括免除全部赔偿责任的情形而不包括免除部分赔偿责任的情形,②而海事赔偿责任限制制度从产生以来,无论是一开始以海上冒险资产(船舶及其属具)为限承担责任,还是目前各国所广泛采用的以船舶吨位为计算依据的金额制,所产生的效果都并非对责任的完全免

---

① 参见刘凯湘、张海峡:《论不可抗力》,载《法学研究》2000年第6期。
② 参见王胜明主编:《中华人民共和国侵权责任法释义》,法律出版社2013年版,第138页。

除,而仅仅是免除了部分赔偿责任。从这个意义上看,海事赔偿责任限制制度所产生的效果并非属于严格意义上的免责。但笔者认为,从文义上看,所谓免除责任,既包括免除全部的责任,亦包括免除部分责任,海事赔偿责任限制通过限制赔偿责任的方式达到免除责任人部分责任的效果,海商法中有关限制赔偿责任的规定,其实质是对责任的部分免除。① 将海事赔偿责任限制定性为一种特殊的免责事由,在理论上具备可行性。而从立法上看,免责事由亦同时包含减轻责任的事由。譬如,我国立法明确规定在被侵权人对损害的发生有过错的情况下,侵权人可以减轻责任。② 在某些受损方自甘冒险的情况下,责任方也能减轻赔偿责任。③ 而在正当防卫的免责中,如果正当防卫超过必要的限度而造成不应有的损害,正当防卫人应承担"适当"的民事责任,此亦表明正当防卫人仅能减轻部分责任而非完全免除责任。④ 除此之外,有学者亦指出,在不可抗力与责任人的原因共同造成损害的案件中,可以根据不可抗力的作用范围或比例确定责任人的免责范围,此时责任人仅可部分免责而非完全免责。⑤ 由此可见,无论是从文义解释还是从立法上看,免责事由不仅包括免除全部赔偿责任的事由,亦包括免除部分赔偿责任的事由,无论是免责事由还是海事赔偿责任限制,本质上都是对责任的免除,都是通过法定的形式对风险进行合理分担,其区别只是责任免除的程度不同而已。

另一方面,海事赔偿责任限制是否针对违约责任所引起的索赔。一般民事法律规范中的不可抗力、意外事件和受害人过错等特别免责事由通常既适用于侵权损害赔偿,也适用于违约赔偿。但是,有学者指出,海事赔偿责任限制制度只适用于海上侵权索赔,基于运输合同所产生的违约责任所提起的赔偿请求,并无法适用。⑥ 这使得海事赔偿责任限制的法定免责事由属性在证成中遇到了障碍。应该承认,海事赔偿责任限制的初衷在于控制海上活动参与者所面临的海上风险,而这些巨大的海上风险,多来源于海难事故。其中,绝大多数巨额索

---

① 司玉琢:《海商法专论》,中国人民大学出版社2018年版,第81页。
② 参见我国《民法典》第1173条。
③ 例如,未经允许进入高度危险活动区域或者高度危险物存放区域而受到损害的,管理人在采取足够安全措施并尽到充分警示义务的情况下,可以减轻或者不承担责任。参见我国《民法典》第1243条。
④ 参见我国《民法典》第181条。
⑤ 参见韩世远:《合同法总论》,法律出版社2018年版,第487~488页。
⑥ 傅廷中:《海事赔偿责任限制与承运人责任限制关系之辨》,载《中国海商法研究》2018年第2期。

赔是基于侵权所引起的,违约所引起的索赔所占的份额较少,且往往没有达到突破海事赔偿责任限额的程度。此外,承运人因为货物的灭失、毁损或者迟延交付,以及旅客的行李灭失和人身伤亡,本来就有权主张单位责任限制(一次限制),即每件货物或者每名旅客的赔偿责任限额已经限制在法定的范围内,在总赔偿额上突破责任限额而享有海事赔偿责任限制(二次限制)的机会较小。从这个意义上来说,违约责任所引起的索赔中,适用海事赔偿责任限制的概率看似微乎其微。但是,笔者认为,海事赔偿责任限制在违约责任的索赔中仍然发挥着巨大的作用。在新航路开辟初期,船舶所有人常常因为海上风险导致的货物损失而遭受来自货主的索赔,在船舶全损的情况下,索赔额更是天文数字,这也是海事赔偿责任限制制度产生的原因之一。随着船舶的大型化和船上所载货物价值的不断提高,承运人因货物毁损、灭失、迟延到达而遭受的索赔也日益增长。而在海上旅客运输中,如果发生重大人身伤亡事故,承运人所遭受的索赔更是天文数字。在这种情况下,如果经过限制后的违约索赔额加上同一事故中其他损失的索赔总额超过了海事赔偿责任限制所规定的限额,则海事赔偿责任限制仍将发挥作用。由此可见,尽管海事赔偿责任限制在绝大多数情况下所针对的是海难事故中的侵权损害赔偿,但是限制海事赔偿责任的权利不仅仅源于侵权责任引起的索赔,同时还涉及违约责任的索赔。[①] 此外,从立法上看,海事赔偿责任限制亦同时适用于违约和侵权索赔。目前国际上普遍适用的《1976年海事索赔责任限制公约》就明确了这种倾向——公约第2条(有关限制性海事请求)第2款规定:"即使以追偿请求或者根据合同要求赔偿的方式或者其他方式提出,也应受责任限制的制约。"我国《海商法》第207条亦参照上述公约采用了类似的规定。由上述规定可知,在限制性海事请求中,不仅仅包括违约赔偿的索赔请求,还包括其他类型的索赔请求,其中自然也包括因为侵权所引起的索赔请求。海事赔偿责任限制制度在适用的索赔类型上与一般民事法律规范所规定的免责事由并不具有差异性。

概言之,海商法被认为具有浓厚的英美法特征,海事赔偿责任限制制度亦具有英美法传统,这使得其难以在传统民法体系中找到准确的理论支撑。然而,根据上文的分析,无论是一般民事法律规定还是作为民事特别立法的海商法,都存在大量免除或限制赔偿责任的规定。其中,不可抗力、意外事件、第三

---

① 雍春华:《论海商法中两种赔偿责任限制制度冲突与协调——以"CMA Djakarta"轮案为分析路径》,载《海峡法学》2018年第3期。

人过错等特别免责事由与海事赔偿责任限制在法理基础和运行机理上都具有高度的契合性。海事赔偿责任限制制度是民法的特别制度,其通过法律明确规定的方式赋予海事赔偿责任限制的权利人在满足特定法定条件下免除部分赔偿责任的权利,从本质上讲,海事赔偿责任限制是在海事领域所特有的法定免责事由。

第三节 免责权的构建与海事赔偿责任限制正当性的重塑

一、现有理论对免责事由的解释错位

海事赔偿责任限制与不可抗力、意外事件、第三人过错等具有相同的法理基础和运行机理,本质上属民法体系下的特别免责事由,已如前述。但是,将海事赔偿责任限制笼统地界定为法定免责事由,在理论上恐难以被我国理论界所广泛接受,其原因在于目前理论界多数观点仍然将免责事由与民事责任的构成要件挂钩,认为免责事由阻止了责任的构成,是责任的消极构成要件。而海事赔偿责任限制存在的前提,显然是当事人负有责任,是在责任构成要件成就之后责任人拥有的对责任进行减损的权利,这与现有理论对于免责事由的理解产生偏差。

目前,将免责事由与责任构成要件挂钩而持"消极构成要件"说的学者不在少数。程啸教授将免责事由界定为"因其之存在而使侵权责任不成立的法律事实"。[1] 杨立新教授则进一步指出,在侵权责任中,免责事由立足于整个侵权责任的构成,破坏其中任何一个侵权责任构成的具体要件,进而破坏整个责任构成而使行为人免除或减轻责任。[2] 具体而言,由于行为的违法性被认为是侵权损害赔偿的构成要件之一,免责事由的成立使得行为缺乏了违法性要件。[3] 王泽鉴教授也持相同观点,认为在侵权责任中,免责事由所阻却的是责任的违法性,从而使得责任不成立。[4] 亦有学者指出,免责事由的目的在于对抗侵权责任

---

[1] 程啸:《侵权责任法教程》,中国人民大学出版社2017年版,第119页。
[2] 杨立新:《侵权责任法》,法律出版社2018年版,第219～220页。
[3] 参见杨立新:《侵权损害赔偿》,法律出版社2016年版,第86页。
[4] 参见王泽鉴:《民法总则》,北京大学出版社2009年版,第541页。

构成的具体要件,使侵权责任归于不成立。① 有学者则将不可抗力、紧急避险等事由称为侵权责任法中的"抗辩事由",认为上述事由是被告在诉讼中据以抗辩的实体法依据,是阻却法律效果发生的消极构成要件。② 而对于违约责任免责事由的解释,学者们亦普遍认为是责任的消极构成要件。有学者指出,违约责任的构成要件不仅仅包括违约行为,还包括"不存在法定或者约定的免责事由"这一构成要件,如果存在上述免责事由,则违约责任不成立。③ 有学者认为,免责事由是责任构成层面上的问题,由于免责事由的存在,而使得责任不构成。譬如,在过错责任的场合,不可抗力使得债务人不存在过错,因果关系亦因此中断;而在无过错责任的场合,不可抗力导致因果关系中断亦足以导致违约责任不构成。④ 概言之,学者们普遍认为免责事由的作用是直接摧毁责任的构成要件进而使得责任不成立,是在判断民事责任是否成就时应该考虑的构成要件之一。

但是,从我国现行民事立法看,"消极构成要件"说显然与免责事由的运行机理相违背,混淆了免除赔偿责任的事由与责任不成立的抗辩之间的关系:

首先,免责事由不属于侵权或者违约责任的构成内容,立法上对两者作了明显的区分。《民法典》颁布前,我国《侵权责任法》第三章用整章的篇幅单独规定了"不承担责任和减轻责任的情形",并未与责任的构成要件一同规定。《民法典》虽然在"侵权责任编"第一章"一般规定"中明确了责任的构成要件和被侵权人过错、受害人故意以及第三人造成损害等减轻或不承担责任的情形,但是对于不可抗力、正当防卫、紧急避险等免责事由,则在《民法典》"总则编"中单独予以规定。显然,立法上将免责事由和侵权责任的构成要件进行了区分。在违约责任中亦是如此,我国立法并未将违约责任的构成要件与免责事由挂钩——《民法典》颁布前,我国《合同法》第107条规定了违约责任的构成要件,第117条规定了不可抗力的免责事由,第311条则规定了运输合同中的特定免责事由。《民法典》颁布后,"合同编"第577条、第590条和第832条亦分别作出了相同规定。

其次,侵权或者违约责任的成立与否,只需考察是否符合责任的构成要件,无须考虑免责事由的存在与否。由上述规定可知,我国民事立法上并未将免责

---

① 参见刘建民、刘言浩:《商事侵权责任法》,复旦大学出版社2012年版,第109页。
② 冯珏:《论侵权法中的抗辩事由》,载《法律科学》2011年第4期。
③ 参见王利明、房绍坤、王轶:《合同法》,中国人民大学出版社2013年版,第203~204页。
④ 韩世远:《合同法总论》,法律出版社2018年版,第481页。

事由作为责任的构成内容,更遑论责任的消极构成要件。具体而言,对侵权责任而言,虽然理论界仍然存在三要件说和四要件说的争论,但根据《民法典》第1165条之规定以及我国司法界和学术界的观点,我国通说采四要件说,认为基于过错责任原则确认的一般侵权行为,其构成要件为:违法行为、损害事实、因果关系以及主观过错。① 而基于过错责任原则和过错推定原则确定的特殊侵权行为,其区别仅在于举证责任的分配不同。根据《民法典》第1166条的规定,对适用无过错责任原则的侵权责任而言,其构成要件为:违法行为、损害事实和因果关系。具备上述要件,侵权行为即告成立。② 可见,免责事由并不属于上述任何构成要件。当然,应该承认,免责事由主要包括正当理由和外来原因两类,前者确实阻却了行为人的违法性,譬如正当防卫、紧急避险、自助行为等;而在后者中,损失是由于外来原因所致而非行为人的过错,更谈不上阻却了违法性而使得侵权责任不成立,譬如不可抗力、意外事件、受害人过错和第三人过错等。③ 而在违约责任中,我国立法采用了严格责任原则,④即当事人只要违反了合同的规定,违约责任即告成就。⑤ 此外,我国立法还规定了部分特殊的违约责任的构成要件,采用过错责任原则。⑥ 但无论如何,免责事由在我国立法体系下并未成为违约责任的构成要件,不影响违约责任的成立。

最后,由以上分析可知,民事责任的成立与否并不取决于免责事由。相反,免责事由发挥作用的前提是当事人负有责任。在我国立法体系下,无论对违约责任还是侵权责任而言,免责事由都不是民事责任的构成要件,只是对已经成立的民事责任,通过法律明确规定的形式进行人为的减损,以平衡当事双方的权利和义务关系。

由此可见,目前理论界将免责事由认定为责任的消极构成要件的理解,显然混淆了使民事责任构成要件不成立的抗辩和免除民事责任的法定事由之间

---

① 参见杨立新:《侵权责任法》,法律出版社2018年版,第81页;张新宝:《侵权责任法》,中国人民大学出版社2016年版,第25页。

② 参见杨立新:《中华人民共和国民法典条文要义》,中国法制出版社2020年版,第844~845页。

③ 王利明:《侵权责任法研究》(上卷),中国人民大学出版社2016年版,第422~423页。

④ 参见我国《民法典》第577条,"当事人一方不履行合同义务或者履行合同义务不符合约定的,应当承担继续履行、采取补救措施或者赔偿损失等违约责任"。

⑤ 参见梁慧星:《从过错责任到严格责任》,载梁慧星主编:《民商法论丛》(第8卷),法律出版社1997年版,第1~7页。

⑥ 譬如供电人责任(《民法典》第651条、第652条、第653条)、承租人保管责任(《民法典》第714条)、加工承揽人责任(《民法典》第781条、第784条)、保管人责任(《民法典》第894条)等。

的关系,与现行立法出现了解释上的错位。应该明确的是,能够导致责任构成要件不成立的事由为"抗辩事由",缺少了任何要件,都会导致民事责任的不成立,而"免责事由"则是指符合了责任构成要件,但又具备了法定的免责情形而使责任被免除或减轻的事由。① 但我国学术界普遍将"不承担责任或者减轻责任的情形"视为侵权或违约责任的构成要件或者直接影响其是否成立的法律事实,这与我国立法中先有"责任"后有"责任的减轻和免除"的内在逻辑是不相符合的。

二、现有理论的纠正与免责权理论的提出

现有理论对于免责事由的理解与现行立法的逻辑出现了解释上的错位,使得海事赔偿责任限制的免责事由定性遭遇障碍。在对现有理论解释的错位进行纠正之前,如果将海事赔偿责任限制笼统地定性为免责事由,不仅不利于明晰海事赔偿责任限制在民法体系中的定位,还会加剧对其性质的争论。对此,有必要在民法体系下对免责事由的理论进行重新梳理,为海事赔偿责任限制制度在我国法律体系中寻找栖身之地。

(一)免责权概念的提出

现有理论之所以会出现与立法上的逻辑错位,其根源在于现有理论普遍认为免责事由是"寄生"于责任构成要件存在的,而并非一项独立的权利。在这种固有思维的影响下,现有观点普遍从被侵权人或守约方的角度对免责事由进行论证,所关心的是其赔偿请求是否能够得到满足,在这一思维进路中,本应该属于债务人的免责事由只能依附于债权人的请求权而存在,成为请求权是否能够成立的影响因素,这忽略了债务人在限制或免除责任时的主观能动性,显然违背了免责事由制度的建立初衷。在诉讼中,主张免除或减少责任的主体并非债权人,而是债务人。对被侵权人而言,只要证明符合侵权责任的构成要件,侵权责任即告成立;而对守约方而言,只要证明违约方没有履行合同或者履行合同不符合合同的约定,违约责任即成立。而从侵权人和违约方的角度观之,如果能够证明存在法定的减轻或者免除赔偿责任的事由,则侵权责任或违约责任将会失去效力,或者其效力将被部分减损。从这个意义上来说,不承担责任或者减轻责任的免责事由实际上是赋予债务人对抗债权人的法定权利。

---

① 王利明:《侵权责任法研究》(上卷),中国人民大学出版社2016年版,第418页。

针对现有理论在解释免责事由时出现的逻辑错位,有学者在侵权责任体系中提出了"侵权责任免责权"的概念,认为免责是一项独立的权利,并不依托于索赔请求而存在,这种权利能够产生减轻或免除赔偿责任的法律效果。他将这种权利定性为:"侵权人所享有的,在特定事由下,得以免除或者减轻侵权责任,对抗被侵权人要求其承担侵权责任主张的权利。"[1]笔者认为,这种定义符合免责事由的本质。所谓权利,正如萨维尼(Savigny)及温德沙伊德(Windscheid)两位法学家所提出的意思力(Willensmacht)或意思支配(Willensherrschaft)理论说中所指出的,是"个人意思自由活动或个人意思所能支配的范围",亦有学者指出上述意思力的赋予旨在满足特定的利益,认为"权利系法律所保护的特定利益"。[2] 免责事由恰恰是法律赋予被索赔方的特定利益,这种利益并未体现在利益的获得上,而体现在损失的减少所带来的利益上。同时,应该指出的是,免责权理论不仅适用于侵权责任中,在解释违约责任的免责事由时同样适用。在违约责任中,免责事由同样是法律赋予的违约方在特定情形下可以对抗守约方请求的法定权利。[3]

(二)免责权理论的优势

将当事人主张免责的抗辩认定为一种权利,更能体现免责事由理论保护被索赔方正当权益的初衷,这种观点亦纠正了免责权理论的解释错位,理顺了免责事由在理论和立法上的矛盾,是对侵权责任免责事由较为合理的解释,同时也为海事赔偿责任限制制度融入民法体系扫除了理论上的障碍。正如王泽鉴教授所言,当某种利益具有加以保护的必要时,可以经由立法或判例学说赋予其一定的法律效力,使其成为权利。[4] 免责权的创设,既是厘清免责事由理论的要求,也是实践中公平维护索赔方与被索赔方利益的要求。详言之,免责权理论的提出具有如下优势:

首先,免责权理论的提出更为妥当地厘清了法定免责事由和责任构成要件之间的关系。传统观点普遍认为免责事由是影响侵权和违约责任是否成立的重要因素,即免责事由通过直接削弱责任的构成要件从而使得责任不成立,已如前述。这使得免责事由在民法的责任体系中处于暧昧不明之地位——一方

---

[1] 谢潇:《侵权责任免责权:既有理论商榷基础上的概念构造尝试》,载《政治与法律》2018年第8期。

[2] 参见王泽鉴:《民法总则》,北京大学出版社2009年版,第94页。

[3] 譬如对抗守约方提出的强制继续履行合同、采取补救措施、赔偿损失或者支付违约金等请求。

[4] 参见王泽鉴:《民法总则》,北京大学出版社2009年版,第96页。

面,免责事由在我国立法中独立于侵权和违约责任的构成要件而存在;另一方面,免责事由确实能够起到免除或减轻赔偿责任的效果,因此在理论上亦普遍将其认定为责任的消极构成要件。应该承认,法定免责事由在某些情况下能够对责任构成要件产生影响。譬如,法定免责事由有可能因阻却了违法性而使责任不成立,有学者指出免责事由的成立可能表明行为人没有过错,亦可能表明行为人的行为与损害结果之间没有因果关系,故而使得侵权责任不成立。[1] 从这个意义上说,免责事由似乎直接影响着侵权责任构成要件的成立与否。但是,在某些适用无过错责任的特殊侵权责任中,过错并未成为其构成要件,由此上述免责事由也无法影响责任的构成。易言之,上述免责事由对责任构成的影响,仅适用于采用过错原则和过错推定原则的侵权责任中。除此之外,在违约责任中,由于通常不存在当事人过错这一构成要件,免责事由无法直接影响违约责任的构成。基于此,免责事由并不当然地影响责任的构成,这使得现有将免责事由认定为责任消极构成要件的观点受到了挑战。此外,在海事赔偿责任限制中,法律赋予债务人限制赔偿责任的权利并非在于阻却违法性,而在于将面临海上风险的主体在特定海事赔偿请求下的责任限制在有限的范围内,以达促进海上冒险之效。其中,当事人是否享有责任限制的权利,并不影响当事人海事赔偿责任的成立与否。在这种背景下,将法定免责事由定性为当事人的免责权,有利于其获得独立的法律地位,从而摆脱在抗辩事由理论下成为构成要件派生性产物的窘境。[2] 同时,亦能够解决免责事由在解释上与现行立法的错位问题。

其次,免责权理论的提出更符合免责事由理论平等维护当事双方权利义务的初衷。现有理论普遍从索赔方的角度进行分析,真正关心的仅仅是索赔方能否获得索赔,而对于被索赔方的权利,则在所不问。若不存在免责事由,则索赔方在证明责任构成后可以主张侵权损害赔偿请求,而被索赔方所能做的仅仅是被动地提出抗辩。这种做法完全忽略了被索赔方在索赔案件中的利益和能动地位。免责权理论的提出赋予侵权人、违约方限制或免除赔偿责任的实体权利,充分保障了被索赔方在对抗索赔方时的主观能动性,有利于维护当事人主义下诉讼双方的平等地位,改变了以往责任方的免责事由依附于索赔方而不利于被索赔方利益保护的做法。在免责权理论的框架下,索赔双方的权利义务不

---

[1] 参见王利明:《侵权责任法研究》(上卷),中国人民大学出版社2016年版,第419页。
[2] 参见冯珏:《论侵权法中的抗辩事由》,载《法律科学》2011年第4期。

仅仅呈现出索赔方向赔偿方进行赔偿请求的单一路径展开,而是进入了索赔方进行索赔,赔偿方进行防御的对抗状态,索赔方依据侵权或违约的构成要件提出赔偿请求,赔偿方根据相关的免责事由进行防御,此更有利于平等维护双方的权利义务,这种权利视角下的分析也更符合民事诉讼法所倡导的当事人主义精神。

最后,"免责权"概念的提出为海事赔偿责任限制融入民法体系扫除了障碍。根据传统的民法理论,免责事由是被索赔方在诉讼中据以减轻或免除赔偿责任的依据;也就是说,免责事由的提出以索赔方提出索赔请求为前提。但是,根据我国《海事诉讼特别程序法》的规定,在申请海事赔偿责任限制的案件中,限制性海事请求的债务人可以在海难事故发生后的任何时间提出海事赔偿责任限制的申请,并不以请求人的索赔为前提条件,这与传统理论对免责事由的理解并不一致。除此之外,传统理论认为只要能够确定免责事由的存在,法院可以依法免除或减轻被告的赔偿责任,而不以被告提出免除赔偿责任的申请为前提,即法院可以主动适用。[1] 而在海事赔偿责任限制中,如果当事人并未提出限制海事赔偿责任的请求,法院不得主动适用,这在我国立法中已经明确。[2] 免责权理论的提出,赋予了当事人主动限制或免除赔偿责任的独立权利,使得其权利的行使不必以当事人的索赔为前提,同时也明确了责任方在主张免责权时的能动地位,这也表明法院不得主动适用免责权。由此可见,免责权理论的提出,为海事赔偿责任限制在民法体系中的发展扫除了障碍。海事赔偿责任限制是海上活动参与者所拥有的一种法定特权。[3] 权利主体所拥有的限制海事赔偿责任的权利,并非依托于索赔方,而是依据法律规定而产生的权利。其中,责任限制所适用的船舶、责任主体、限制性海事请求、责任限额等权利内容皆由法律明确规定。[4] 概言之,主张限制海事赔偿责任的权利,本质上属于当事人主张免除部分赔偿责任的免责权。

(三)免责权的具体构建路径

免责权理论的提出,厘清了免责事由和责任构成之间的关系,确立了责任方在诉讼中主张免除或减轻赔偿责任的能动地位,确保了侵权或违约索赔中双

---

[1] 参见王利明:《侵权责任法研究》(上卷),中国人民大学出版社2016年版,第419页。
[2] 《最高人民法院关于审理海事赔偿责任限制相关纠纷案件的若干规定》第14条规定,责任人未提出海事赔偿责任限制抗辩的,海事法院不应主动适用海商法关于海事赔偿责任限制的规定进行裁判。
[3] 参见司玉琢等编:《新编海商法学》,大连海事大学出版社2006年版,第508页。
[4] 参见张湘兰、郑瑞平、姚天冲:《海商法论》,武汉大学出版社2001年版,第311页。

方当事人权益的平等保护。同时,免责权的提出亦为海事赔偿责任限制在民法体系下的完善奠定了理论基础。但是,作为一项法定的特权,其权利属性、权利的主体、权利的主要内容、权利的行使方式以及权利的丧失和取得都应该由法律明确规定,以防止权利的滥用。

1.免责权的权利属性

免责权是一项法定权利,是法律赋予被索赔方在一定条件下主张免除赔偿责任的权利。免责权和抗辩权具有高度的相似性,二者都是反对权,且与物权、人格权等第一性权利不同,免责权和抗辩权皆为技术性权利。但是,两者亦存在差别,免责权以削弱责任为目的,而抗辩权以请求权不发生效力为功能。免责权是在诉讼上外在于侵权或违约责任的事物,其与侵权或违约责任的成立无关,但是会产生削弱已经成立的侵权或违约责任的效果。

2.免责权的权利主体

民事权利的主体为人,包括自然人和法人,作为一项民事权利,免责权的权利主体也自然被上述范围涵盖,并无异议。但是,免责权作为一种相对权,只能对抗特定主体的索赔,即对抗债权人要求获得全额赔偿请求的权利,这决定了权利的主体并不涵盖所有的民事主体。因此,应该以什么标准确定享有免责权的主体,是权利构建中的一个关键问题。

首先,从免责权的权利属性看,免责权是被索赔方在面对索赔方索赔时的一项防御性权利,这种权利所直接作用的是责任本身,将产生限制或免除赔偿责任的作用。由此,作为享有免责权的主体,自然也应该是责任的承受者,包括直接承受者和间接承受者。也就是说,被索赔方之所以能够享有免责权,其基础在于责任的承担,负有责任是主张免责的前提。

其次,从免责权的理论基础看,免责权的设立是基于民法公平观的要求,旨在公平分担风险。"公平"不仅在不同学科中有不同内涵,在不同法律部门间,同样会有不同的阐释,其既可以指分配结果的平等,亦可以指机会的平等,也可以指效果的平等。[①] 免责权所追求的,即是效果的平等,其通过法定的形式单方面赋予被索赔方免除或者限制赔偿责任的权利,是在合理差异下所追求的一种实质平等。不可抗力、紧急避险等原因所导致的风险如果仅仅由被索赔方单方面承担,将带来严重的不公平,因此法律将上述风险分摊给当事双方,进而实现合理差异基础上的实质公平。而巨大的海上风险如果仅仅由船方独自承担,亦

---

① 韦经建、何志鹏:《论国际经济法的公平原则》,载《吉林大学社会科学学报》2002年第3期。

是不公平的,因此海商法通过赋予船方限制赔偿责任的权利试图矫正船方和货方在风险承担上的不公平,由此平衡船货双方的权利义务关系。① 我国《民法典》在对"公平"进行阐释时,亦明确了"合理确定各方的权利和义务"的要求。② 正是基于对公平的追求,免责事由免除或限制债务人的赔偿责任,使得风险在债权人和债务人之间公平分担。由此可见,免责权的权利主体为侵权或违约赔偿中在责任承担上遭受不公平对待的当事人。

最后,从追求的效果看,免责权旨在通过法定的形式免除或减轻被索赔方所承担的赔偿责任。要确保免责权的效果,赋予所有被索赔人限制或免除赔偿责任的权利具有必要性。免责权赋予了被索赔方在特定事由成就时免除或限制赔偿责任的权利,构建起了保护被索赔方利益的"安全网"。这张"安全网"如果要继续发挥作用,就不能存在漏洞;否则,索赔方将可以利用这一漏洞,向不享有免责权的主体索赔,该主体再利用内部关系向其他主体索赔,免责权控制被索赔方风险的作用就失去了实际效用。譬如,在数人承担连带侵权责任的情况下,若其中任一责任主体无法主张免责而承担全部赔偿责任,则在承担全部赔偿责任之后,该主体有权依据共同侵权主体内部的关系向其他连带侵权人索赔,而由于免责权是对抗索赔方的,其他连带侵权人的免责权并无法对抗共同侵权人,免责权限制或免除被索赔方所面临风险的作用就失去了实际效用。由此可见,免责权的权利主体为所有面临索赔的责任人。

综合以上论述,免责权的权利主体为侵权或违约索赔中,在责任的承担上遭受不公平对待的所有被索赔人。

3.免责权的构成要件

一项完全的法定权利,常常由构成要件和法律效果所构成。免责权作为一项法定权利,其构成要件应该由法律明确规定。也就是说,必须符合一定的条件,被索赔方才能主张限制或免除其赔偿责任。传统观点认为,侵权损害赔偿免责事由的有效成立必须具备两个要件,其一为对抗性要件,即免责事由必须能够破坏整个侵权责任的内在结构,从而产生对抗索赔方请求权的效果,最终减损或消灭索赔方的请求;其二为客观性要件,也就是说,当事人所主张的免责事由必须是客观事实,具有客观属性而非仅仅单纯对对方请求权的否认。③ 上

---

① 对于海事赔偿责任限制制度符合民法公平观的观点,本书已经在第一章中予以证成,此不赘述。
② 参见我国《民法典》第6条。
③ 参见杨立新:《侵权损害赔偿》,法律出版社2016年版,第123页。

述观点仍然没有摆脱传统的免责事由依附于责任构成要件的做法,认为免责事由是由侵权行为的归责原则和侵权损害赔偿构成要件派生出来的。[①] 作为一项被索赔方所享有的独立权利,免责权的构成要件应该区别于责任的构成要件。

不同的免责事由下,免责权的构成要件具有差异性,立法也对此作出了不同的规定。譬如,我国《民法典》第 180 条规定了不可抗力的免责权,第 181 条规定了正当防卫的免责权,第 182 条规定了紧急避险的免责权,第 590 条规定了因不可抗力而无法履行合同的免责权,第 832 条规定了运输合同中的特殊免责权,第 1173 条规定了被侵权人过错的免责权,第 1174 条规定了受害人故意的免责权,第 1175 条规定了第三人原因的免责权。但是,上述免责权仍然存在一系列共性。具体而言,免责权的一般性构成要件主要有以下几个:

第一,责任已经成立。被索赔方主张免责的基础,在于符合责任构成要件的侵权或者违约责任已然成立。因为免责权旨在满足一定条件下减轻或者免除责任人的赔偿责任,从而影响责任所能产生的效果,免责权所作用的对象是责任本身,如果责任本身并未成立,免责权自然也缺乏作用的对象。

第二,具备法律规定的特定事由。作为一项法定特权,可以主张免责权的事由必须由法律明确规定。譬如,在侵权责任中,若免责权人主张因正当防卫而免责,必须证明防卫的对象是加害人的不法侵害、防卫行为具有合法目的、防卫限度在必要的范围内。而在海事赔偿责任限制中,主张免责的主体必须证明出现了法律所规定的限制性海事请求范围内的特定索赔,才可以主张责任限制。这种对权利范围的限制,既是平衡当事双方利益的要求,也是确保免责权正当性的必然要求。

第三,免责权人主观上不存在恶意。免责权的目的在于合理分担风险,平等保护无重大过错的双方当事人。如果侵权或违约行为是由当事人故意为之,则不应该被赋予限制赔偿责任的权利。譬如,在以正当防卫为免责依据的免责权中,免责权人须以合法防卫为目的,如果免责权人主观上存在报复或者挑拨的目的,则该行为构成违法行为,不可主张免责。[②] 而在海事赔偿责任限制中,我国《海商法》以及目前国际上普遍通行的《1976 年海事索赔责任限制公约》都明确规定如果当事人主观上存在故意或者严重过错,则将丧失限制赔偿责任的权利。[③] 因此,当事人主观的心理状态亦是免责权的成立要件之一。在确定免

---

① 参见杨立新:《侵权损害赔偿》,法律出版社 2016 年版,第 122 页。
② 参见杨立新:《侵权损害赔偿》,法律出版社 2008 年版,第 146 页。
③ 参见《海商法》第 209 条、《1976 年海事索赔责任限制公约》第 4 条。

责权是否成就时,应该考察责任人在造成损害后果时的主观心理状态,如果责任人故意造成损害或者对损害的发生存在主观恶意,则不应该被赋予免责权。①

4.免责权的法律效果

从实体法上看,免责权有可能产生两种类型的法律效果。第一类为完全免除赔偿责任,被索赔方将不承担任何赔偿责任。譬如在正当防卫、不可抗力、紧急避险以及受害人故意等特定事由下,若符合特定构成要件则免责权人可以据此主张免除全部赔偿责任。当然,在某些特殊情况下,免责权人无法免除全部赔偿责任而只能免除部分赔偿责任,譬如当防卫人的防卫行为超出了必要的限度而造成不应有的损害时,防卫人仍然应该承担部分赔偿责任而无法主张全部责任的免除。在这种情况下,就会产生免责权的第二类法律效果,即免责权人只能主张对责任进行减损或限制。此外,如果受损方对损害的扩大存在过错,免责权人亦可以主张免除部分赔偿责任。而在海事领域,根据海事赔偿责任限制制度的规定,权利人主张限制海事赔偿责任所产生的效果是将赔偿额限制在法律规定的范围内,即产生免除部分责任的效果。

从程序法上看,免责权具有对抗性,这意味着其专门针对受害人一方的请求,具有部分或全部抵消受害人请求的功能。② 也就是说,免责权可以产生减损甚至消灭索赔方诉权的作用。需要说明的是,免责权和抗辩权虽然都对责任的承担产生影响,皆可产生对抗请求权的效果,但是,免责权的实施将产生消灭请求权的效果,而抗辩权的行使只是使被对抗的权利丧失请求力,索赔方的请求权并未因此而消灭。③ 在责任人提出抗辩并被法庭采纳之后,索赔方的诉讼请求将无法得到支持,但如果出现新的证据,索赔方依然可以请求对方承担赔偿责任。而如果当事人主张不可抗力的免责权被法院采纳,则债权债务关系被消灭,索赔方将丧失其请求权,无法再向被索赔方提出索赔请求。在海事赔偿领域亦是如此,当事人向法院申请设立海事赔偿责任限制基金并得到批准后,索赔方在同一事故中超出责任限制基金的索赔请求随即消灭。

三、免责权理论下海事赔偿责任限制制度正当性的重塑

行文至此,海事赔偿责任限制制度在民法体系下的定位已然明晰。综合上

---

① 参见谢潇:《侵权责任免责权:既有理论商榷基础上的概念构造尝试》,载《政治与法律》2018年第8期。
② 张新宝:《侵权责任法》,中国人民大学出版社2016年版,第62页。
③ 汪渊智:《形成权理论初探》,载《中国法学》2003年第3期。

文的论述,从权利的性质、宗旨、构成要件、法律效果等方面看,限制海事赔偿责任的权利本质上是一种民事免责权——根据一般民事法律规范的规定,免责权人可以在法律规定的特定事由的范围内主张全部免除或者部分减轻赔偿责任。而根据海事赔偿责任限制制度的规定,被索赔方在遭遇索赔方的索赔请求时,亦有权在法律规定的限制性海事请求的范围内主张将其对某一事故所引起的赔偿责任进行部分免除。基于此,现代海事赔偿责任限制制度的完善,应该立足于民法体系,遵循免责权基础理论,对不符合时代要求的规定进行改良。这不仅有利于为海事赔偿责任限制制度的完善提供理论的给养,在海陆风险差异性弱化的背景下,还能够使海事赔偿责任限制制度在保留必要特殊性规定的基础上,回归陆上损害赔偿制度,以回应对海事赔偿责任限制制度的质疑,进而重塑海事赔偿责任限制制度的正当性。

(一)免责权的权利主体

免责权赋予被索赔方在满足特定条件下免除或减轻赔偿责任的权利,为了确保免责权作用的实现,其权利主体为所有在责任承担上遭受不公平对待的当事人。而作为一种典型的免责权,海事赔偿责任限制的权利主体亦应该囊括所有在海事风险承担中有可能遭受不公平对待的当事人,唯有确保受保护对象的完整性,海事赔偿责任限制所构建的控制海上风险的安全网才能发挥作用。

一方面,海事赔偿责任限制权利主体的完整性符合民法中关于"民事主体在民事活动中法律地位一律平等"的要求。在责任承担中,所有受损方都可以依据责任的构成要件主张侵权或者违约方承担赔偿责任,相应的,所有面临索赔的主体,在满足特定法定情形时,也应该有权主张免除或减轻赔偿责任,唯有如此,免责权平等保护索赔方和被索赔方权益的目的才能得以实现。海事赔偿责任限制的权利主体一开始仅限于对船舶拥有所有权的人,随着船舶经营方式的发展,船舶管理人、船舶经营人参与到船舶的营运中,而海上运输方式的变革使得船舶承租人开始面临海上风险,海上保险的普及亦使得保险公司逐渐参与到海上赔偿责任的承担中。除此之外,由于海上风险的不确定性,救助人在实施救助作业中亦可以引起损害从而引起索赔。上述主体,都有可能因为海上风险而面临索赔,因此,都应该被平等地赋予海事赔偿责任限制的权利。

另一方面,海事赔偿责任限制权利主体的完整性是制度发挥作用的关键。作为一项免责权,海事赔偿责任限制的作用在于将面临海上风险的船舶一方的责任控制在一定的范围内,而实现这一作用的前提在于可以主张海事赔偿责任限制的权利主体的完整性。免责权可以被认为是保护所有被索赔主体权益的"安全网",而免责权的主体则构成"安全网"上的各个节点,免责权这张"安全网"是否存在漏洞,取决于其保护的主体是否完整。如果有部分主体无法主张免责,则索赔方可以向该主体主张索赔,该主体通过内部关系再向利益共同体内的其他被索赔主体索赔,则免责权制度将丧失其限制风险的作用。譬如,在航次租船合同下,航次承租人向船舶所有人租赁船舶从事货物运输,但船舶的实际操作仍然由船舶所有人及其雇员负责。若法律没有赋予航次承租人限制赔偿责任的权利,则当承租人将船上的全部或部分舱位用于运输第三人的货物并造成毁损时,第三人会优先选择无法主张海事赔偿责任限制的航次承租人索赔,航次承租人在进行全额赔偿后再基于租船合同关系向船舶所有人索赔,如此一来,海事赔偿责任限制制度保护船方主体的作用将丧失。

由此可见,作为一项民法的免责权,海事赔偿责任限制的权利主体应该包括所有在海上风险承担中有可能遭受不公平对待的主体。如此一来,海事赔偿责任限制制度既能够遵循平等保护民事主体的要求,进而促进制度正当性的重塑,同时也能保障这一制度正常发挥控制海上风险的作用。

(二)免责权的限度

免责权所遵循的是民法的公平观,具体而言,就是依据民法公平观的要求,合理分配民事主体的权利和义务。而把握权利义务分配尺度的关键,在于控制免责的程度,这也就使得免责权制度产生两种效果,其一为完全免除赔偿责任,其二为部分免除赔偿责任。譬如,因为正当防卫所引起的损害,侵权方通常不负赔偿责任,在紧急避险的情况下,侵权责任一般亦由引起险情者承担,但是,若正当防卫行为超过必要限度时,抑或是侵权人采取的紧急避险措施不当或者超过必要的限度,按照我国法律规定,免责权人仍然应当承担"适当的民事责任"。① 即只有当不可抗力是造成损失的全部原因,责任人才能免除全部赔偿责任;否则,如果不可抗力仅仅是损害发生和扩大的部分原因,则责任人只能免除部分赔偿责任。② 由此可见,免责权并非全部免除被索赔方的赔偿责任,而是根据不同情况处于动态的调整中,以确保外来原因所产生的风险能够在当事人之间分担。

作为一种典型的免责权,海事赔偿责任限制的免责范围或程度亦处于不断

---

① 参见我国《民法典》第181条、第182条。
② 张新宝:《侵权责任法》,中国人民大学出版社2016年版,第72页。

调整的过程中,以确保海上风险在船方与货方之间合理地分配,而控制两者所面临的海上风险的关键,就是对责任限额的调整——责任限额如果提高,船方所承担的风险随之提高;责任限额如果降低,货方所承担的风险随之提高。海事赔偿责任限制制度存在的基础是海陆风险的差异性导致船货双方在分担巨大的海上风险时的不公平。但是随着人类抗风险能力的提高,海陆风险的差异性已逐渐减小,在确定海事赔偿责任限制的限额时,应该逐渐与实际损失靠拢,调整免除赔偿责任的限度,以维护船方和货方间在风险承担时的平衡,回应对海事赔偿责任限制正当性的质疑。

(三)免责权的丧失

免责权作为一项法定特权,具有直接对抗索赔方请求权的作用,直接影响民事主体的权利义务关系。免责权的权利主体可以凭借自己的意愿改变法律关系,而无须相对方同意。因此,从某种意义上说,免责权甚至具有形成权的部分属性。[1] 免责权具有的这种强势的属性决定了并非只要免责事由成就,权利主体即可主张免责,而是受到一定的限制,以避免权利的滥用。这种对免责权的限制主要表现为对免责权的行使设定一定的条件,通常以免责权人在侵权或者违约行为中的主观过错因素作为判断是否符合条件的依据。譬如,关于不可抗力的免责权中,如果加害人在客观情形下完全有能力避免因自己的行为而给他人造成损害但并没有采取必要的措施,则其因为具有主观上的过错仍然应该承担赔偿责任。[2] 再如,职务授权行为是免责事由之一,但如果当事人在从事职务行为时,主观上存在损害他人权益的目的,则不应该被赋予免责的权利。此外,若该行为违背公共秩序和善良风俗,或者违背诚实信用,亦不应该被赋予免责权,因为行为人具有主观上的恶意。[3] 由此可见,无论是针对外来原因的免责权还是具有正当理由的免责权,权利人主观上的过错如果达到一定的程度,都有可能使其丧失免责权,前者是因为在外来原因发生时采取的措施不当而使行为超过了必要的限度,而后者是由于主观的恶意使得正当的行为丧失了合法性。

海事赔偿责任限制作为一项免责权,也对权利人的权利边界作出了限制,即规定权利人在某种条件达成时将丧失免责权。这种丧失免责权的规定在海

---

[1] 参见司玉琢:《海事赔偿责任限制优先适用原则研究——兼论海事赔偿责任限制权利之属性》,载《中国海商法年刊》2011年刊。
[2] 参见程啸:《侵权责任法教程》,中国人民大学出版社2017年版,第121页。
[3] 参见杨立新:《侵权损害赔偿》,法律出版社2016年版,第125页。

事赔偿责任限制发展的过程中经历了一系列变化,一开始,免责权人只要对损失的发生存在"知情或私谋"就将丧失限制赔偿责任的权利,后来立法将其改为"过失或私谋"。接着,免责权人因本人的"行为或过失"造成的损失才会丧失责任限制的权利。随后,立法将丧失条件改为权利人的"实际过失或私谋"。而如今,国际公约和各国国内立法普遍采用的是《1976年海事索赔责任限制公约》的规定,明确权利人"故意或明知可能造成此种损失而轻率地作为或者不作为"才会丧失免责权,我国《海商法》亦采此规定。总体而言,海事赔偿责任限制丧失的条件变得越来越严格,也就是说,权利人只有在严重过错的情况下才会失去免责权。有学者认为,这种丧失条件的严格化是海事赔偿责任限制权利的间接扩张,而海事赔偿责任限制权利主体的增加和适用对象的放宽则是直接扩张,为了保持当事人间利益的平衡,海事赔偿责任限制的责任限额不断提高。①

　　针对海事赔偿责任限制丧失条件的上述变化,本书认为,这种规定不仅仅是海事赔偿责任限制制度内部互相平衡的结果,而且是海事赔偿责任限制作为一项民法免责权的本质要求。对于当事人的主观过错,我国通说认为可以分为故意和过失两种形态。② 所谓故意,指行为人预见自己行为的结果而仍然希望(直接故意)或者放任结果的发生(间接故意);而所谓过失,则指行为人对自己行为所产生的损害后果应当预见或者能够预见而未能预见(疏忽),或者虽然预见了但是轻信损害结果可以避免(懈怠)。在一般的损害赔偿中,行为人故意或者过失造成他人损害,在民事责任的承担上确实并无差别,因为过错的程度并不影响责任的成立,因此在民法上并不对过错作过多的区分。③ 但是,在免责权中,区分故意和过失对于避免当事人滥用权利、划清免责权的权利边界具有积极意义——免责权的行使以存在需要承担的责任为前提,而在民法损害赔偿体系中,一般采用的是过错责任原则,只有在某些特殊情况下采过错推定或无过错责任原则。也就是说,需要承担责任的免责权人对于损害的发生在通常情况下存在一定程度的过错,在这种情况下,如果免责权的行使要求免责权人不存在过错,显然与制度的运行机理相违背。因此,只有在当事人对于损害发生的

---

① 夏元军:《海事赔偿责任限制权利的扩张与平衡》,载《上海大学学报(社会科学版)》2017年第4期。

② 参见杨立新:《侵权责任法》,法律出版社2018年版,第84页;王利明:《侵权责任法研究》,中国人民大学出版社2016年版,第339页;张新宝:《侵权责任法》,中国人民大学出版社2016年版,第34页。

③ 参见郑玉波:《民法债编总论》,中国政法大学出版社2004年版,第139页。

过错达到一定程度的情况下,才会导致其丧失免责权。如果仅仅是存在轻微过失,则并不应该当然地剥夺当事人的免责权。由此观之,海事赔偿责任限制丧失条件逐渐严格,使得在严重过错的情况下才有可能丧失免责权,这正是向民法的免责权体系靠拢的做法,同时也是在责任限额逐渐提高的背景下对被索赔方利益的平衡,是海事赔偿责任限制正当性重塑的必然要求。

第四章

海洋强国的推进与我国海事赔偿责任限制制度的完善

在免责权理论下,前文从权利主体、责任限额和权利的边界等方面提出了重塑海事赔偿责任限制制度正当性的路径。在此基础上,本章将对我国海事赔偿责任限制制度的具体完善对策进行探索。

鉴于海事赔偿责任限制制度在促进航运和贸易业发展中的特殊作用,海峡两岸暨港澳都建立了该制度。对海峡两岸暨港澳的海事赔偿责任限制立法进行比较研究,在差异性的规定中探寻海峡两岸暨港澳海事赔偿责任限制立法的共同发展规律,有利于梳理和总结我国《海商法》关于海事赔偿责任限制制度的立法困境,并为制度的完善提供经验和教训。

第一节 我国海事赔偿责任限制制度的立法现状

一、我国海事赔偿责任限制立法

我国有关海事赔偿责任限制的立法,始于交通部[1]颁发的《关于海损赔偿的几项规定》。[2] 在有关权利的主体方面,该规定仅作了简单的表述,明确了享有海事赔偿责任限制的主体为船舶所有人和承运人,却并未赋予船舶承租人、管理人和经营人等主体限制海事赔偿责任的权利。在责任限额方面,该规定采用

---

[1] 根据十一届全国人大一次会议审议通过的《国务院机构改革方案》,交通部已整合为交通运输部。

[2] 该规定于1959年9月19日颁布,同年10月15日起施行,于2003年12月2日被《交通部关于废止219件交通规章的决定》废止。

了比较保守的船价制,将责任限额限定在船舶价值和事故航次所得运费的范围内,①并规定了船舶价值和运费的计算方式。② 此外,基于对人身伤亡损害优先保护的考量,该规定排除了关于人身伤亡损害赔偿的责任限制。③ 也就是说,有关责任限制的规定仅限于财产损失。上述规定虽然填补了我国海事赔偿责任限制立法的空白,但是,仅仅4个条文,无法对海事赔偿责任限制制度的诸多方面作出规定。譬如,关于海事赔偿责任限制的丧失条件,仅通过交通部复函的形式明确了在船舶不适航的情况下,船舶所有人或承租人将丧失限制赔偿责任的权利。④ 对于其他丧失责任限制的情形如权利人故意为之,亦未有明确规定。上述缺乏系统性的海事赔偿责任限制的早期立法,给司法实践中审理涉及海事赔偿责任限制的案件带来困难,在海事司法实践中法官往往不得不参照国际惯例进行裁判。⑤

为了完善我国海事赔偿责任限制法制,适应不断发展的航运和贸易的需求,我国在1992年颁布了现行《海商法》,并在第十一章以专章的形式对海事赔偿责任限制制度作出了规定。该章主要以《1976年海事索赔责任限制公约》为蓝本,一改1959年《关于海损赔偿的几项规定》的简陋规定,对海事赔偿责任限制制度的实体性问题以及设立海事赔偿责任限制基金的若干程序性事项作了规定。我国虽然没有加入有关海事赔偿责任限制的国际公约,但是《海商法》关于海事赔偿责任限制的规定与《1976年海事索赔责任限制公约》保持了高度一致,这体现了我国海事赔偿责任限制立法的国际统一性。现行《海商法》有关海事赔偿责任限制的主要规定如下:

(一)权利主体

关于海事赔偿责任限制权利主体的规定体现在第204条、第205条和第206条,主要参照了《1976年海事索赔责任限制公约》第1条的规定,明确了船

---

① 该规定第4条第1款规定,海损的最高赔偿额,以船舶价值、运费和开航以后船舶受损未经修复所得的赔偿为限。

② 该规定第4条第2款规定,前款船舶价值,按船舶发生海损事故以后进入第一到达港埠时的状态估计;运费是指海损事故发生时在船上的旅客、货物和行李的运费。

③ 该规定第4条第3款规定,对于人身伤亡的抚恤、善后等,应当优先办理,同时不受本条最高赔偿额的限制。

④ 参见《交通部关于不适航船舶发生海损事故和船舶沉没的"海损的最高赔偿"问题的复函》(交安港〔62〕字第119号),该复函已于1994年3月25日被《交通部关于废止900件交通规章和规范性文件的决定》废止。

⑤ 参见司玉琢、吴兆麟:《船舶碰撞法》,大连海事大学出版社1995年版,第261页。

舶所有人、救助人、船舶承租人、船舶经营人及应当承担责任的上述主体的雇员可以主张海事赔偿责任限制;同时,由于责任的转承,保险人亦享有主张海事赔偿责任限制的权利。

(二)限制性与非限制性海事请求

关于可以主张海事赔偿责任的海事请求(限制性海事请求)的规定在第207条中予以明确,该条参照了《1976年海事索赔责任限制公约》第2条的规定,但出于保护沉船沉物打捞方利益的考量,未将公约第2条第1款第d项和第e项所规定的海事请求列为限制性海事请求。[①] 有趣的是,上述第d项、第e项两项亦未在第208条关于非限制性海事请求的规定中予以明确,而是直接参照了《1976年海事索赔责任限制公约》第3条的规定,明确了部分不可以主张海事赔偿责任限制的海事请求,即非限制性海事请求。[②]

(三)丧失海事赔偿责任限制的条件

关于丧失海事赔偿责任限制的条件,《海商法》第209条参照《1976年海事索赔责任限制公约》第4条的规定,明确了权利人"故意或明知可能造成此种损失而轻率地作为或者不作为"将会丧失免责权。

(四)责任限额

关于海事赔偿责任限制的责任限额,《海商法》第210条、第211条参照《1976年海事索赔责任限制公约》第6条、第7条的规定,明确了以船舶吨位和载客人数为基础的人身伤亡、财产损失和旅客运输的赔偿责任限额。

(五)程序性规定

《海商法》第212条、第213条和第214条则对单次事故的索赔总额计算、责任限制基金的设立以及反请求等程序性事项作出了规定,在《海事诉讼特别程序法》出台之前,这些规定为法院审理涉海事赔偿责任限制案件提供了法律依据。

除此之外,当事人在行使限制赔偿责任的权利时,必须向法院提出设立海事赔偿责任限制基金的申请,只有基金被批准成立,权利人才能以基金为限承

---

① 限制性海事请求分别为"有关沉没、遇难、搁浅或被弃船舶(包括船上的任何物件)的起浮、清除、毁坏或使之变为无害的索赔"和"有关船上货物的清除、毁坏或使之变为无害的索赔"。

② 分别为"对救助款项或者共同海损分摊的请求""我国参加的有关油污损害民事责任公约规定的损害赔偿请求""我国参加的核能损害责任限制公约规定的损害赔偿请求""核动力船舶造成的损害赔偿请求""船舶所有人或者救助人的受雇人提出的赔偿请求,根据调整劳务合同的法律,船舶所有人或者救助人对该类赔偿请求无权限制赔偿责任,或者该项法律作了高于本章规定的赔偿限额的规定"。

担赔偿责任。我国《海事诉讼特别程序法》第九章明确规定了海事赔偿责任限制的程序,在程序上保障了海事免责权的行使。最高人民法院的司法解释亦完善了我国海事赔偿责任限制的规定。① 交通运输部的相关规定也丰富了审理海事赔偿责任限制案件的依据。②

综合以上论述,我国现行海事赔偿责任限制立法以《1976年海事索赔责任限制公约》为基础,并结合我国的航运和贸易实践,在《海商法》施行过程中增加了若干具体的实施细则,从而建立了比较完备的海事赔偿责任限制制度。同时,以相关程序法作为行使海事赔偿责任限制权利的保障。

二、我国港澳台地区海事赔偿责任限制立法

(一) 台湾地区

台湾地区的海事赔偿责任限制立法,滥觞于1929年12月30日颁布的《中华民国海商法》中有关船东责任限制的规定,该法关于海事赔偿责任限制的规定并未独立成章,而是在"船舶"章节下予以规定,共计4个条文,主要参照了《1924年责任限制公约》的规定。该法第23条参照了《1924年责任限制公约》第1条的规定,明确可主张责任限制的权利主体为船舶所有人,并规定了九类可以主张责任限制的海事请求,同时明确责任限额"以本次航海之船舶价值、运费及其他附属费为限",即采用了"船价制"的责任限额计算方式。第24条参照《1924年责任限制公约》第2条的规定,明确因为船舶所有人的行为或过失产生的索赔不适用海事赔偿责任限制的规定。第25条则参照《1924年责任限制公约》第3条的规定,明确了船价的计算依据。第26条参照《1924年责任限制公约》第2条第2款的规定,明确了在船舶所有人或船舶共有人作为船长的情况下,只能对本人或者船上人员的航海过失主张限制赔偿责任。国民党退据台湾之后,上述有关海事赔偿责任限制的规定也在我国台湾地区沿袭下来。

台湾地区"海商法"自颁布以来,经历了大小修订共计4次,海事赔偿责任限制的规定也历经了改变:在1962年的修订中,增加了"委弃制"的责任限额计算方式,即船舶所有人主张责任限制时既可采用"船价制",亦可通过委弃船舶

---

① 参见《最高人民法院关于适用〈中华人民共和国海事诉讼特别程序法〉若干问题的解释》(自2003年2月1日起施行)以及《最高人民法院关于审理海事赔偿责任限制相关纠纷案件的若干规定》(自2010年9月15日起施行)。

② 参见《交通部关于不满300总吨船舶及沿海运输、沿海作业船舶海事赔偿限额的规定》(自1994年1月1日起施行)和《中华人民共和国港口间海上旅客运输赔偿责任限额规定》(自1994年1月1日起施行)。

实现免除赔偿责任。1999年的修订中,参照《1976年海事索赔责任限制公约》第1条的规定,将海事赔偿责任限制的权利主体扩张至包含船舶所有人、船舶承租人、船舶经理人和营运人。此外,对于责任限额则采用了"船价制"和"金额制"并用的计算方式,明确在采用"船价制"时如果限额低于一定的标准,则改采"金额制"。[①] 而责任限制的丧失条件则改为"船舶所有人本人的故意或过失而导致索赔,责任人将无法主张责任限制"。2000年仅仅对第76条的文字疏漏作了修订,并未对海事赔偿责任限制的规定作出修改。

现行台湾地区"海商法"经2009年的"大修"而形成,由8个章节[②]组成,共计153个条文,其中海事赔偿责任限制的规定仍然置于"船舶"章节中,且仅有3个条文,主要对责任限制的权利主体、限制性海事请求和非限制性海事请求、责任限额作出了规定。

1.权利主体

关于海事赔偿责任限制的权利主体,现行台湾地区"海商法"第21条主要参照《1976年海事索赔责任限制公约》第1条的规定,明确规定了可主张责任限制的主体为船舶所有人,同时明确船舶所有人包括船舶承租人、经理人[③]和营运人,但是,应当承担责任的上述主体的雇员并无法主张责任限制,对于保险人是否能主张责任限制亦未明确。

2.限制性与非限制性海事请求

关于可主张海事赔偿责任限制的请求,现行台湾地区"海商法"第21条规定了四类限制性海事请求[④]。虽然以上条文基本参照了《1976年海事索赔责任限制公约》的表述,仅作了措辞上的修改,但与公约相比,范围较窄,并未将"有关海上货物、旅客或其行李运输的延迟引起的损失的索赔"和"有关船上货物的清除、毁坏或使之变为无害的索赔"列为限制性海事请求。此外,台湾地区"海

---

① 对于财产损失,以船舶登记总吨位与54特别提款权(SDR)的乘积为标准,对于人身伤亡,以船舶登记总吨位与162特别提款权(SDR)的乘积为标准,若采用"船价制"计算低于上述标准,则直接以上述标准进行赔偿。
② 8个章节分别为总则、船舶、运送、船舶碰撞、海难救助、共同海损、海商保险和附则。
③ the manager of a seagoing ship,我国大陆地区一般翻译为船舶管理人。
④ 四类限制性海事请求分别为:(1)在船上、操作船舶或救助工作直接所致人身伤亡或财物毁损灭失之损害赔偿;(2)船舶操作或救助工作所致权益侵害之损害赔偿,但不包括因契约关系所生之损害赔偿;(3)沉船或落海之打捞移除所生之债务,但不包括依契约之报酬或给付;(4)为避免或减轻前二款责任所负之债务。

商法"第 22 条规定了五类非限制性海事请求,①涉及因劳动关系、海难救助、运输有毒有害危险品等引起的索赔请求,这些项目基本与现行《海商法》的规定一致。

3.责任限额

关于责任限额,现行台湾地区"海商法"所采用的是"以船价制为主、金额制为辅"的混合制。该法第 21 条第 1 项明确规定船舶所有人对于限制性海事请求所负的责任以"本次航行之船舶价值、运费及其他附属费为限"。第 4 项又规定"第一项责任限制数额如低于下列标准者,船舶所有人应补足之",并以船舶吨位为基础规定了人身伤亡和财产损失的最低标准。也就是说,在船价制和金额制中采较高者作为责任限额。同时,该项还明确规定人身伤亡的损失优先受偿,体现了优先保护生命安全的立法价值取向。

4.丧失海事赔偿责任限制的条件

关于丧失海事赔偿责任限制的条件,在台湾地区"海商法"中与非限制性海事请求一同规定。该法第 22 条明确了六类不适用海事赔偿责任限制的情形,其中第一类即为"本于船舶所有人本人之故意或过失所生之债务",也就是说,如果损失是由于船舶所有人的故意或过失造成的,则船舶所有人将无权主张海事赔偿责任限制。

概言之,台湾地区"海商法"虽然对海事赔偿责任限制的权利主体、限制性和非限制性海事请求以及责任限额等作出了规定,但是条文过于简陋,仅有 3 个条文对海事赔偿责任限制进行规定,无法完全采纳现行国际公约的最新成果,加之有关行使海事赔偿责任限制的程序并未作出规定,这给司法实践带来了不确定性。正是基于此,早在 2014 年,由黄裕凯教授负责撰写并形成了 458 个条文的台湾地区"海商法"修正建议,以专章的形式规定了海事赔偿责任限制制度。(下称"学者稿")②而台湾地区交通事务主管部门(航港局)对于"海商法"的官方研修工作也于 2013 年年底正式启动,先后形成了多个版本的修订意见稿,最新的修正条文于 2020 年 8 月公布,但仅仅修正了 15 处内容,与上述"学

---

① 五类非限制性海事请求分别为:"本于船长、海员及其他服务船舶之人员之雇用契约所生之债务""救助报酬及共同海损分担额""船舶运送毒性化学物质或油污所生损害之赔偿""船舶运送核子物质或废料发生核子事故所生损害之赔偿""核能动力船舶所生核子损害之赔偿"。

② 黄裕凯:《海商法修正建议》,台湾航贸文化事业有限公司 2014 年版。

者稿"相比,官方版本对海事赔偿责任限制制度并未有实质性修改。①

(二)香港特别行政区

在回归之前,港英政府一般通过法令的形式将英国的立法适用于香港地区,因此,香港很多重要领域的法律都源自英国的立法。英国《1979年商船航运法》(Merchant Shipping Act 1979)通过后,港英政府通过颁布《1979年商船航运法1980年(香港)令》[Merchant Shipping Act,1979(Hong Kong) Order 1980]的形式将上述英国国内立法适用于香港,以调整香港的海上货物运输。基于此,在海事赔偿责任限制领域,我国香港地区的立法与英国《1979年商船航运法》亦基本保持一致。

香港回归后,《1979年商船航运法1980年(香港)令》被废除。② 在此之后,英国有关海事赔偿责任限制的立法不再对香港地区适用。但是,海事赔偿责任限制立法具有很强的国际统一性,英国于1980年1月31日加入《1976年海事索赔责任限制公约》,该公约于1986年12月1日对英国生效,在加入公约时,英国同时声明该公约亦适用于香港地区,直到1997年7月1日对香港停止生效。③ 根据《中英联合声明》所达成的协议,《中华人民共和国香港特别行政区基本法》第153条第2款明确"中华人民共和国尚未参加但已适用于香港的国际协议仍可继续适用"。对此,中国政府于1997年6月5日向IMO提交了通告,明确《1976年海事索赔责任限制公约》将于1997年7月1日继续对我国香港特别行政区生效,但同时保留第2条第1款第d项的规定。④ 该公约也因此在我国香港特别行政区继续适用。此后,由于航运实践的需要,2015年2月2日,我国政府签订并加入《1996年议定书》,但声明仅在我国香港特别行政区适用,该议定书于2015年5月3日正式对香港生效。⑤《1976年海事索赔责任限制公约》通过《商船(限制船东责任)条例》在香港实施。⑥

---

① "海商法部分条文修正草案",http://merchantmarine.financelaw.fju.edu.tw/data/202008%20Draft.pdf,最后访问时间:2023年10月31日。

② 参见香港《商船(限制船东责任)条例》第29条。

③ See IMO:Status of IMO Treaties (Update on 18 August 2020), pp.381-382,http://www.imo.org/en/About/Conventions/StatusOfConventions/Pages/Default.aspx,accessed on September 21,2024.

④ See IMO:Status of IMO Treaties (Update on 18 August 2020), p.380,p.384,http://www.imo.org/en/About/Conventions/StatusOfConventions/Pages/Default.aspx,accessed on September 21,2024.

⑤ See IMO:Status of IMO Treaties (Update on 18 August 2020), p.393,http://www.imo.org/en/About/Conventions/StatusOfConventions/Pages/Default.aspx,accessed on September 21,2024.

⑥ 参见香港立法会:《1993年第381号法律公告》。

《商船(限制船东责任)条例》分为导言、海上旅客及行李运输、限制海事索赔的责任以及杂项四个部分,除了将《1976年海事索赔责任限制公约》及其后续议定书纳入,还将《1974年海上运输旅客及其行李雅典公约》的规定转化为香港立法。我国虽然不是上述公约的缔约国,但是由于我国《海商法》中有关海事赔偿责任限制的规定亦参照了上述公约的规定,在本质上与我国香港地区的立法具有同源性,因此在条文的规定上,我国香港地区与内地有关海事赔偿责任限制的规定基本一致,但亦存在以下差异:

1. 权利主体

在责任限制的权利主体上,《海商法》虽然参照了《1976年海事索赔责任限制公约》的规定,但并未将船舶管理人纳入可主张责任限制的权利主体,而在香港特别行政区的立法下,船舶管理人为海事赔偿责任限制的权利主体。

2. 限制性与非限制性海事请求

关于限制性海事请求,出于保护沉船沉物打捞方利益的考量,《海商法》未将《1976年海事索赔责任限制公约》第2条第1款第d项和第e项列入限制性海事请求的范围。也就是说,无论是有关沉船本身的打捞和污染的清除(第d项)还是船上所载货物的打捞和污染的清除所引起的索赔(第e项),在内地立法下均无法主张海事赔偿责任限制。反观香港,《商船(限制船东责任)条例》第15条仅对《1976年海事索赔责任限制公约》第2条第1款第d项作出保留,即在香港特别行政区的立法下,船载货物的打捞和污染清理所引起的索赔,仍然可以主张海事赔偿责任限制。

3. 责任限额

在责任限额上,《海商法》目前所参照的是《1976年海事索赔责任限制公约》所确定的标准,而香港《商船(限制船东责任)条例》则采用了更高的责任限额标准,即《1996年议定书》[①]的标准。

(三)澳门特别行政区

澳门海商海事法律法规的渊源可以追溯至1888年的《葡萄牙商法典》,该法典于1889年1月1日对葡萄牙本土和离岛生效,葡萄牙1894年2月20日的法令将上述商法典延伸至海外,由此,其适用范围延伸至我国澳门地区,成为澳

---

① 该议定书的《2012年修正案》已经于2015年6月正式生效,对全体缔约国(或地区)具有法律效力。

门商事立法的主要渊源。①《葡萄牙商法典》分为四卷,共 749 个条文,②其中第三卷为海商制度,包括海运、海上风险保险、弃船、风险合同、海损、被迫进港、船舶碰撞和海上救助与援助共八编,但没有关于海事赔偿责任限制的规定。1999 年 8 月 3 日颁布的新的《澳门商法典》取代了《葡萄牙商法典》的规定,③并于 1999 年 11 月 1 日正式施行。④ 该法典亦未出现有关海事赔偿责任限制的规定,甚至鲜有涉及有关海上运输的规定。

而在海事赔偿责任限制制度上,由于澳门地区曾经被葡萄牙殖民统治,一度适用葡萄牙所加入的国际公约。葡萄牙曾加入《1957 年责任限制公约》,根据葡萄牙《第 48036/69 号法令》,该公约在葡萄牙共和国本土适用,后经《澳门政府公报 1969 年第 8 号》刊登后在澳门生效。澳门回归后,根据《中华人民共和国澳门特别行政区基本法》第 138 条的规定,中华人民共和国尚未参加但已适用于澳门的国际协议仍可继续适用。⑤ 由此可见,《1957 年责任限制公约》将继续适用于澳门特别行政区,但有趣的是,1999 年 12 月 13 日颁布的《第 109/99/M 号法令》却在海事赔偿责任限制制度中大量参照了《1976 年海事索赔责任限制公约》的规定。该法令共 9 编,分别为船舶、海上货物运送、海上旅客运送、拖航、海上保险、共同海损、碰撞、救助以及其他规定,其中,第一编第六章为有关海事赔偿责任限制的规定,主要规定如下:

1.权利主体

关于海事赔偿责任限制的权利主体,澳门立法采取了十分宽泛的规定,包括船舶所有人、承租人、经营人、经理人、救助人以及上述主体应该对其行为负责的雇员,都可以主张责任限制。而保险人亦可以主张与被保险人相同限度的责任限制权。由此可见,所有面临海上风险的主体,都可以享有海事赔偿责任限制的权利。

---

① 参见蒋恩慈、侯放:《澳门商法典概论》,澳门基金会 2000 年版,第 7 页。
② 分别为第一编"商事活动的一般规定",第二编"商业合同",第三编"海商制度",第四编"破产制度"。其中,第四编后来被《破产法》取代。
③ 参见《第 40/99/M 号法令》。
④ 参见《第 48/99/M 号法令》。
⑤ 1999 年 12 月 13 日,中华人民共和国常驻联合国代表、特命全权大使秦华孙就 1999 年 12 月 20 日后国际公约适用于澳门特别行政区事宜照会联合国秘书长,其中附件二将《1957 年船舶所有人责任限制公约》列为"中华人民共和国尚不是当事方,但 1999 年 12 月 20 日前适用于澳门的各项条约,自 1999 年 12 月 20 日起继续适用于澳门特别行政区"。

2.限制性与非限制性海事请求

关于限制性海事请求,基本参照了《1976年海事索赔责任限制公约》第2条的规定,明确了6项可以主张海事赔偿责任限制的海事请求,与公约的范围保持了一致,在我国的同类立法中,所适用范围最广。同时,有关非限制性海事请求的规定,亦与内地《海商法》第208条和公约第3条的规定保持了一致。

3.丧失海事赔偿责任限制的条件

关于丧失海事赔偿责任限制的条件,采用了《1976年海事索赔责任限制公约》的规定,明确"如经证明,损害系由一人之故意或明知可能造成毁损而轻率地作为或者不作为造成的,则该人无权限制其责任"。

4.责任限额

关于海事赔偿责任限制的责任限额,与《海商法》保持一致,即无论对于人身伤亡、财产损失还是旅客运输所造成的损失,都参照了《1976年海事索赔责任限制公约》所采用的责任限制标准,并对300总吨以下的船舶采用单独的责任限额。

5.其他规定

除此之外,上述法令还对未设立责任限制基金的情况下如何援引责任限制的规定、责任限制基金的设立和分配、责任限制权成立后其他诉权的排除以及油污损害责任下的责任限制等作出了规定。

三、海峡两岸暨港澳的立法比较与共同展望

基于促进航运和贸易业发展的考量,海峡两岸暨港澳也都先后建立了比较完备的海事赔偿责任限制制度。海峡两岸暨港澳有关海事赔偿责任限制的立法虽然都在一定程度上参照了国际公约的规定,但是却有各自的特性。在海事赔偿责任限制制度的具体规定上,海峡两岸暨港澳的立法仍然存在不同的规定。一方面,这种差异性源于不同的法律传统。譬如,我国台湾地区保留了深厚的大陆法系传统,因此在国际公约盛行的情况下,对于责任人的主观过错依然采用了故意和过失的判断标准,而香港特别行政区则采用"明知可能造成损害而轻率地作为或者不作为"的具有英美法色彩的表述。另一方面,这种差异性也源于海峡两岸暨港澳对航运、贸易和争端解决市场的发展政策的不同。譬如,我国香港特别行政区采用了较高的责任限额,这意味着索赔方能够得到更多的赔偿,此不仅有利于保护贸易方的利益,还能够吸引索赔方在香港提起索

赔,有利于香港争端解决市场的发展。而现行《海商法》保留较低的责任限额,则更有利于保护该法域下船队的利益,促进航运业的发展。

从现行立法上看,海峡两岸暨港澳有关海事赔偿责任限制立法的差异性主要可以体现在以下几个方面:首先,可主张海事赔偿责任限制的权利主体各不相同。目前主要存在仅限于狭义的船舶所有人、扩展到广义的船舶所有人、包含救助人和保险人等超越船舶所有权的主体等不同的立法。其次,可主张海事赔偿责任限制的事项存在差异。限制性海事请求的范围直接决定了海事赔偿责任限制制度的保护范围,但是从现行立法上看,海峡两岸暨港澳的立法对此亦未达成统一意见。再次,关于海事赔偿责任限制的丧失条件存在不同的规定。丧失条件标准的差异,导致海峡两岸暨港澳的裁判者在具体案件审理中采用不同的标准衡量权利人是否因为主观上的过错而丧失限制赔偿责任的权利,增加了裁判结果的不确定性。最后,关于海事赔偿责任限制的限额,海峡两岸暨港澳的标准各异,其限额标准涵盖船价制、《1976年海事索赔责任限制公约》的标准和该公约《2012年修正案》的标准,对权利人的保护力度可谓存在很大的不同。

概言之,我国海事赔偿责任限制立法整体上参照了国际公约的规定,具有较高的相似性,但是由于法律传统以及产业发展侧重点的不同,海峡两岸暨港澳在海事赔偿责任限制的权利主体、可以主张海事赔偿责任限制的海事请求、不可以主张海事赔偿责任限制的海事请求、责任限额和丧失海事赔偿责任限制的条件等方面仍然存在不同的立法选择,具体的规定如表4-1所示:

表4-1 四法域海事赔偿责任限制立法对照表

	大陆(内地)	台湾地区	香港特别行政区	澳门特别行政区
权利主体	船舶所有人、船舶承租人、船舶经营人、救助人、雇员[1]、保险人	船舶所有人、船舶承租人、经理人[2]、营运人[3]	船舶所有人、承租人、管理人、经理人、救助人、雇员、保险人	船舶所有人、承租人、经营人、经营人兼经理人、救助人、雇员、保险人

---

[1] 此处所指雇员,为船舶所有人、船舶承租人、船舶经营人、救助人等应该对其行为负责的人员,下同。

[2] 大陆一般称为管理人,是对manager的不同翻译。

[3] 大陆一般称为经营人,是对operator的不同翻译。

续表

	大陆（内地）	台湾地区	香港特别行政区	澳门特别行政区
限制性海事请求	参照《1976年海事索赔责任限制公约》第2条的规定，但排除了：（1）沉船的打捞和污染的清除所引起的索赔请求；（2）沉物的打捞和污染的清除所引起的索赔请求	参照《1976年海事索赔责任限制公约》第2条的规定，但排除了：有关海上货物、旅客或行李运输的延迟引起的损失的索赔请求；有关船上货物的清除、毁坏或使之变为无害的索赔	参照《1976年海事索赔责任限制公约》第2条的规定，但排除了：沉船的打捞和污染的清除所引起的索赔请求	参照《1976年海事索赔责任限制公约》第2条的规定，与公约基本保持一致
非限制性海事请求	参照《1976年海事索赔责任限制公约》第3条的规定	参照《1976年海事索赔责任限制公约》第3条的规定，但增加了"船舶运送有毒性化学物质所生之损害"引起的索赔请求	参照《1976年海事索赔责任限制公约》第3条的规定	参照《1976年海事索赔责任限制公约》第3条的规定
丧失条件	由于责任人的故意或者明知可能造成损失而轻率地作为或者不作为造成的损失	本于船舶所有人本人之故意或过失所生之债务	由于责任人的故意或明知可能造成损失而罔顾后果地作为或不作为造成的损失	毁损系由一人之故意或明知可能造成毁损而轻率地作为或不作为所造成的
责任限额	《1976年海事索赔责任限制公约》所确定的标准	船价制（船舶价值、运费及其他附属费）第一项的责任限额不得低于以下标准：财产损失不低于54 SDR/吨。人身伤亡不低于162 SDR/吨	《2012年修正案》所确定的标准	《1976年海事索赔责任限制公约》所确定的标准

海峡两岸暨港澳的海事赔偿责任限制立法虽然不尽相同，但是，从制度的宗旨和发展的目标看，我国大陆和港澳台地区的海事赔偿责任限制制度显然有共同的追求。

一方面，从海事赔偿责任限制制度的宗旨看，各国和地区建立海事赔偿责任限制制度的最重要目的，都是控制海上活动参与者所面临的风险，进而促进航运和贸易业发展，我国大陆和港澳台地区的海事赔偿责任限制立法亦是如此。譬如，将受保护对象明确纳入海事赔偿责任限制权利主体的范畴，构筑严密的"安全网"，使海上活动参与者所面临的风险能够得到有效控制，是上述立法共同的完善方向。

另一方面，在海陆风险变迁的背景下，现代海事赔偿责任限制立法面临着挑战。如何通过制度的完善平衡好"控制海上活动参与者所面临的风险"与"保护受害人的利益"之间的关系，以因应海陆风险变化对海事赔偿责任限制制度的冲击，进而重塑海事赔偿责任限制制度的正当性，成为海峡两岸暨港澳海事赔偿责任限制制度亟待完善的内容。譬如，应该通过责任限额的调整平衡索赔方和被索赔方之间的利益，在控制海上风险的同时不至于过分损害受害方的利益。

概言之，由于发展侧重点的不同，海峡两岸暨港澳在航运和贸易政策上存在差异，由此导致了海事赔偿责任限制制度规定上的差别。但是，在海陆风险变迁的背景下，上述立法有共同的完善方向。海峡两岸暨港澳都应该在平衡好船货双方利益的基础上对海事赔偿责任限制制度进行调整，以使得该制度能够继续发挥控制海上风险，进而促进航运和贸易业发展的作用。

第二节　我国《海商法》海事赔偿责任限制制度的立法困境

本节将对我国海事赔偿责任限制立法上存在的问题进行梳理，为制度的完善奠定基础。需要说明的是，由于海峡两岸暨港澳在航运和贸易业发展侧重点上存在差别，海峡两岸暨港澳的海事赔偿责任限制立法在权利主体、可主张海事赔偿责任限制的海事请求、丧失条件以及责任限额等方面的规定都存在差别。因此，本节的分析以《海商法》为样本，立足于我国海事法院审理的有关海事赔偿责任限制的案件，结合参与我国《海商法》修法过程中所作的调研和司法、实务、学术界专家的意见进行。

一、海事赔偿责任限制的权利主体不明确

从我国司法实践上考察,目前对于海事赔偿责任限制的权利主体,存在三个争议较大的问题。首先,船舶管理人在面临索赔时,是否可以主张责任限制。其次,保险人是否可以独立行使限制海事赔偿责任的权利,即保险人行使限制海事赔偿责任的权利是否以被保险人拥有该项权利为前提。最后,"船舶承租人"这一主体是否应该作广义解释,即是否包含所有类型的承租人,其中争议最大的,为航次承租人能否主张海事赔偿责任限制。

(一)未明确船舶管理人是否为权利主体

我国现行《海商法》海事赔偿责任限制制度是以《1976年海事索赔责任限制公约》为蓝本建立的,但是,在责任限制的权利主体方面却与公约存在差异。公约明确船舶经营人和船舶管理人等主体皆可主张海事赔偿责任限制,而我国《海商法》第204条仅规定了船舶经营人,并未明确船舶管理人是否为责任限制的权利主体,因此根据现行立法,船舶管理人并无法主张海事赔偿责任限制。

针对上述立法,有学者基于现行《海商法》制定时的航运和贸易背景进行分析,认为当时我国国内的船舶管理业并不发达,在航运实践中尚未出现专业的船舶管理人,这种实务上的缺位造成立法者对船舶管理业的短视而未将其纳入《海商法》调整范围。[①] 笔者认为,现行立法未将船舶管理人列为海事赔偿责任限制权利主体的做法,无论是在借鉴国际公约上的疏漏,还是在公约翻译中将船舶管理人和船舶经营人等同于同一类主体,抑或是立法者基于政策性考量而故意为之已经无从考究,但无论如何,缺乏船舶管理人这一主张责任限制的主体,显然不符合我国海事实践的发展,与当今国际航运中高度发达的船舶管理业格格不入,是我国海事赔偿责任限制立法的一大漏洞,应该在接下来的立法进程中予以完善。相比之下,我国港澳台地区的立法都将"船舶管理人"(经理人)明确列为可以主张海事赔偿责任限制的权利主体。

(二)未明确责任保险人是否拥有独立的限制赔偿责任的权利

我国《海商法》明确规定保险人可以与被保险人享受"相同"的赔偿责任限制。[②]《1976年海事索赔责任限制公约》则赋予了保险人与被保险人"在同一限

---

① 何丽新、谢美山:《海事赔偿责任限制研究》,厦门大学出版社2008年版,第118页。
② 参见《海商法》第206条的规定,被保险人依照本章规定可以限制赔偿责任的,对该海事赔偿请求承担责任的保险人,有权依照本章规定享受相同的赔偿责任限制。

度内"(to the same extent)主张限制赔偿责任的权利。① 从上述规定看,对于保险人是否为海事赔偿责任限制的权利主体,并无争议。但是,无论是我国《海商法》采用的"相同",还是《1976 年海事索赔责任限制公约》所采用的"同一限度",都容易产生两种不同的理解:有观点认为,保险人因为责任的转承而享有与被保险人相同的免责权,但是如果被保险人因为其不当行为而丧失责任限制的权利,②则保险人也受到牵连,将失去责任限制的权利。在被保险人失去免责权而进行全额赔偿的情况下,保险人亦应该对所有损失进行全额赔付而无法主张责任限制;但是,亦有不同的理解,认为此处所指"相同",是指"相同且独立"。保险人拥有完全独立的限制赔偿责任的权利,只要其承保了海上风险,就能够与被保险人享有相同的责任限制权,且不因被保险人的行为而丧失该项权利,在支付保险赔偿金时仅以责任限额为限。③ 当然,如果保险合同中有规定先赔付后求偿条款(Pay to be Paid Clause),④则即使被保险人因为破产而无法向索赔方进行赔付,保险人也可以根据保险合同的约定免除对第三人的赔偿责任,这种规则在 The Fanti 一案中得到确立。⑤ 由此可见,在上述情况下,破产制度在一定程度上已经限制了保险人的责任。但不可否认的是,在缺少先赔付后求偿条款的情况下,或者在被保险人并未破产而进行了全额赔付时,被保险人仍然可以根据保险合同的约定向保险人主张保险赔偿金,则保险人在这种情况下是否可以主张将保险赔偿金限制在海事赔偿责任限制基金的范围内? 这种条文规定上的歧义给司法实践带来了很大的不确定性,有必要对此进行厘清。

(三)船舶承租人的具体范围未明确

我国《海商法》第 204 条第 1 款明确了船舶所有人为有权限制赔偿责任的主体,该条第 2 款又明确了第 1 款所指的船舶所有人"包括船舶承租人和船舶经营人"。由此可见,船舶承租人可以主张责任限制并无疑义。但是,从目前的航运实践看,承租人主要包括光租承租人、期租承租人和航次承租人,对于上述主体是否都是海事赔偿责任限制的权利主体,存在不同的讨论,主要集中在航

---

① 参见公约第 1 条第 6 款的规定,对于按公约规定须受责任限制的索赔承担责任的保险人,有权与被保险人本人在同一限度内享受本公约的利益。

② 根据《海商法》第 209 条之规定,如果损失是责任人故意或明知可能造成损失而轻率地作为或者不作为,则责任人将丧失海事赔偿责任限制的权利。

③ See Barnabas W. B. Reynolds, Michael N. Tsimplis, *Shipowners' Limitation of Liability*, Kluwer Law International, 2012, pp.38-39.

④ 约定"被保险人向受害人支付损害赔偿之前无权向保险人请求补偿"的条款。

⑤ The Fanti (1991) 2 AC 1.

次租船的承租人是否能够享受责任限制的争论。

关于上述争议问题,目前出现了两派观点——有学者认为《海商法》第204条所指的船舶承租人仅包括狭义的船舶承租人,即仅限于光船承租人;[①]有的学者则认为享有海事赔偿责任限制权利的主体包括广义的承租人,即光租承租人、期租承租人和航次承租人。[②] 持狭义说的学者普遍认为,海事赔偿责任限制权利的享有主要是基于经营船舶所面临的巨大风险,因此,享受责任限制的人应当是经营船舶的人,他们因为从事船舶经营而面临来自海上的风险,进而需要得到额外保护。而在航次租船合同下,船舶由出租人负责营运,而没有像光船承租人一样占有和控制船舶,因此航次承租人并不承担经营中的风险。此外,不管是通过委弃船舶以免除赔偿责任,还是以船舶价值为限度承担赔偿责任,抑或是以船舶吨位为基础计算责任限额,本质上都是以整艘船舶为基础来计算责任人享有责任限制的限度,但航次承租人往往仅承租了船舶的部分舱位,显然不应该成为海事赔偿责任限制的权利主体。而持广义说的学者认为,责任主体享有限制赔偿责任的权利,并非因为他们是船舶的所有者或者控制者,而是因为他们承担了相应的海上风险和责任。船舶承租人、船舶经营人、保险人和救助人等主体并不拥有船舶的所有权,也不实际控制船舶,但是,《1976年海事索赔责任限制公约》及我国《海商法》都赋予他们享有海事赔偿责任限制的权利,这正是因为他们在某些情况下亦有可能承受船舶所有人所面临的海上风险,因此同样享有限制赔偿责任的权利。对航次承租人来说,在海上运输过程中同样也有可能承担责任。当航次承租人将其承租的船舶转租给第三人时,其实际上扮演着船舶所有人的角色,有可能在发生货损后对货主承担赔偿责任。在这种情况下,其地位与光船租船、定期租船合同下的承租人并无实质性区别,因此同样应该被赋予限制赔偿责任的权利。

在我国司法实践中,对于"享有海事赔偿责任限制的船舶承租人范围"亦存在不同的观点。上海海事法院在2010年的判决中认为我国《海商法》第204条中所指船舶承租人包括"光船租赁、定期租船、航次租船或以其他合法方式进行租赁的承租人"。[③] 厦门海事法院在2013年的判决中亦认为所有类型的船舶承

---

① 参见傅廷中:《海事赔偿责任限制与承运人责任限制关系之辨》,载《中国海商法研究》2018年第2期。

② 参见司玉琢:《海商法专论》,中国人民大学出版社2018年版,第357～360页;See Barnabas W.B. Reynolds, Michael N. Tsimplis, *Shipowners' Limitation of Liability*, Kluwer Law International, 2012, pp.29-34.

③ 参见上海海事法院(2010)沪海法商初字第355号民事判决书。

租人均可成为海事赔偿责任限制的权利主体。[①] 但是,这种观点在 2014 年受到了挑战,广州海事法院在判决中表明了不同的立场,认为《海商法》第 204 条中的船舶承租人不包括航次承租人。[②] 该案上诉至广东省高级人民法院后,二审法院持相同的观点。[③] 最高人民法院在 2017 年对上述案件进行再审时,亦维持了原判决,同时重申"航次承租人不可主张海事赔偿责任限制"。[④] 至此,虽然最高人民法院表明了支持"狭义承租人说"的观点,但是从不同法院的不同判决中可以看出,对于航次承租人是否可以主张海事赔偿责任限制仍然存在争议,现行立法中有关船舶承租人享受责任限制的规定有待进一步明确。

二、海事赔偿责任限制的保护范围未明晰

作为一项法定免责权,海事赔偿责任限制的权利主体必须为法律明确规定;同时,海事赔偿责任限制的范围亦由法律阐明,只有属于限制性海事请求所引起的索赔,权利人才可以主张海事赔偿责任限制。我国《海商法》有关限制性海事请求的规定是参照《1976 年海事索赔责任限制公约》制定的,明确规定了若干海事赔偿责任人可以主张海事赔偿责任限制的海事请求。与公约不同的是,我国并未将沉船打捞和污染清除、船载货物的打捞和污染清除所引起的索赔请求列入限制性海事请求的范畴。但令人费解的是,对于上述两类索赔请求,我国《海商法》亦未将其列入第 208 条有关不能主张海事赔偿责任限制的索赔请求中。由此导致可以主张海事赔偿责任限制的请求范围并不明晰,其中最大的争议,是有关残骸的打捞、清除和使之变为无害的费用(船舶打捞费和污染清除费)是否可以主张责任限制。

在现行《海商法》颁布后的相当长时间里,我国司法实践中普遍认为沉船沉物的打捞费用属于限制性海事请求——在"闽燃供 2"轮和"东海 209"轮船舶碰撞事故中,对于广州救助打捞局打捞作业所产生的 96 万元打捞费,法院判令两船船东按照过错比例承担,其中"东海 209"轮所属台州东海海运有限公司向法院申请设立海事赔偿责任限制基金并得到批准,因此法院认为上述打捞费用可以从海事赔偿责任限制基金中受偿,即明确了本案中对于打捞费的请求,责任

---

① 参见厦门海事法院(2013)厦海法商初字第 385 号民事判决书。
② 参见广州海事法院(2014)广海法初字第 118 号民事判决书。
③ 参见广东省高级人民法院(2015)粤高法民四终字第 23 号民事判决书。
④ 参见最高人民法院(2017)最高法民再 69 号民事判决书。

人可以主张海事赔偿责任限制。① 而在"浙宁机589"轮与"浙甬油28"轮碰撞事故中,法院认定被告昌顺公司所属的"浙甬油28"轮在本次碰撞事故中承担65%的过失责任,包括船货损失和船舶的探摸、清障、打捞费用,上述损失都可以在被告所设立的海事赔偿责任限制基金的范围内进行赔偿。② 可见,我国海事法院的态度比较统一,皆认为对于残骸的打捞费,责任人可以主张海事赔偿责任限制。然而,在第二次全国涉外商事海事审判工作会议中,参会人员却提出了不同的看法,认为船舶残骸的强制打捞费用所引起的索赔请求为非限制性海事请求,并以《会议纪要》的形式予以明确。③ 上述不同的观点,体现出我国审判系统内部对这一问题仍然存在不同的看法。

除此之外,对于船舶污染物的清理和危害的消除费用是否可以主张海事赔偿责任限制,在我国司法实践中亦产生了不同的观点。"大勇"轮与"大望"轮碰撞事故中,"大勇"轮所属Sekwang Shipping公司向上海海事法院申请设立海事赔偿责任限制基金后,上海市环保局、东海渔监局、上海海事局提出异议,认为该船舶碰撞事故导致了船载苯乙烯泄漏,相关部门对上述化学品的清除等属于行政费用,应被认为是非限制性债权的范畴,责任人不应该享有责任限制权。但是,合议庭驳回了上述异议,认为化工品的泄漏是船舶在营运过程中造成的,符合《海商法》第207条所规定限制性海事请求的特征,因此,对化工品泄漏的清除费用的索赔,责任人可以主张责任限制。④ 该案表明法院认为船舶污染物的清除费用属于限制性海事请求的态度。但是,上述判决作出后,最高人民法院在审理有关船舶碰撞案件的司法解释中给出了不同的观点,认为沉船沉物所造成污染的清除费用不可以主张海事赔偿责任限制,即属于非限制性海事请求。⑤ 由此表明了无论是船舶残骸的打捞,还是船舶造成的污染的清除(使其无害)的费用,责任人在面临索赔时皆不可主张责任限制。最高人民法院在随后

---

① 参见广州海事法院(2001)广海法初字第57号民事判决书。
② 参见宁波海事法院(2007)甬海法权字第32号民事判决书。
③ 《最高人民法院第二次全国涉外商事海事审判工作会议纪要》(法发〔2005〕26号)第139条规定,就沉船沉物强制打捞清除费用提出的请求为海事赔偿请求,责任人不能依照《海商法》第十一章的规定享受海事赔偿责任限制。
④ 参见上海市高级人民法院(2002)沪高民四(海)基字第1号。
⑤ 《最高人民法院关于审理船舶碰撞纠纷案件若干问题的规定》(法释〔2008〕7号)第9条规定,因起浮、清除、拆毁由船舶碰撞造成的沉没、遇难、搁浅或被弃船舶及船上货物或者使其无害的费用提出的赔偿请求,责任人不能依照海商法第十一章的规定享受海事赔偿责任限制。

发布的审理海事赔偿责任限制案件的司法解释中亦重申了上述观点。①

概言之,对于船舶残骸的打捞和船舶造成污染的清除费用是否属于限制性海事请求的不同观点,既反映出了我国《海商法》有关海事赔偿责任限制的范围规定的不明晰,也体现出了立法机关对于平衡海事执法机关与船方利益时的犹豫,由此造成了海事司法实践中处理涉及海事赔偿责任限制案件时的混乱,不利于当事人权利的保护。基于此,有必要对海事赔偿责任限制的范围进行明确。

三、丧失海事赔偿责任限制的条件难认定

作为一项法定的免责权,权利的行使不可能没有边界,因此法律在赋予权利人责任限制权的同时,亦同时规定了丧失责任限制的条件。我国《海商法》第209条参照了《1976年海事索赔责任限制公约》第4条的规定,对丧失海事赔偿责任限制的条件作出了明确。②虽然关于丧失条件制度的规定仅有短短一个条文,看似并无难以理解之处,但是,由于丧失条件制度的规定具有英美法渊源,与我国的大陆法传统在互相碰撞中难免产生衔接上的问题,而民法基础理论与海商法的自体性又存在差异,因此产生了一些争议性问题,主要体现在以下几个方面:

(一)过错主体的范围

我国《海商法》第209条虽然参照了《1976年海事索赔责任限制公约》第4条的规定,但是却存在两字之差。前者仅仅明确了责任限制权将由于"责任人"不当行为而丧失,而后者明确规定因"责任人本人"的行为才会丧失。公约所采用的是"his personal act or omission",而我国《海商法》第209条仅仅采用"责任人"而未使用"责任人本人"。因此,仅就文义解释而言,我国《海商法》第209条所指的责任人显然为广义的责任人,即包括责任人的代理人。根据传统民法理论,代理人在被代理人授权范围内的行为所产生的法律后果将由被代理人承担。如果责任人的代理人(包括船长、船员)在责任人授权的范围内存在不当行

---

① 《最高人民法院关于审理海事赔偿责任限制相关纠纷案件的若干规定》(法释〔2010〕11号)第17条第1款规定,海商法第207条规定的可以限制赔偿责任的海事赔偿请求不包括因沉没、遇难、搁浅或者被弃船舶的起浮、清除、拆毁或者使之无害提起的索赔,或者因船上货物的清除、拆毁或者使之无害提起的索赔。

② 《海商法》第209条规定,经证明,引起赔偿请求的损失是由于责任人的故意或者明知可能造成损失而轻率地作为或者不作为造成的,责任人无权依照本章规定限制赔偿责任。

为,责任人亦有可能因此丧失限制赔偿责任的权利,从这个意义上来说,我国《海商法》第 209 条摒弃了公约的"狭义责任人"的观点而改采"广义责任人说",是遵循民法原理的做法,值得肯定。但是,在《海商法》颁布后,司法实践中法院却采取了不同的观点。在"舟山通途工程有限公司与丹东吉祥船务有限公司、丹东海运有限公司船舶触碰损害责任纠纷案"中,由于责任人所雇佣的船长盲目抛锚而导致船舶走锚,最终造成碰撞事故,宁波海事法院认为,《海商法》第 209 条所指仅限于责任人本身的行为,而非船长及船上其他人员的行为,上述人员是否存在"明知可能造成损失而轻率地作为或不作为"并不影响雇主(船东)的责任限制权利。① 此外,在"中国华电工程有限公司、康提约克航运有限公司与康提克斯托航运公司船舶触碰损害责任纠纷案"中,法院亦认为《海商法》第 209 条中规定的"责任人"仅仅指遭受海事索赔的责任人本人,而不包括船长及船上其他雇员,上述人员是否存在足以导致海事赔偿责任限制权利丧失的行为,并不影响船舶承租人享受责任限制权利。② 对此,最高人民法院也持同样的观点,认为"责任人"应该指"本人",并通过司法解释予以明确。③ 在此之后,虽然在"FCGLORIA"轮水污染事故一案中,由于该轮船员明知排放管路处于未关闭状态但并未采取任何措施,进而导致污染事故的发生,武汉海事法院认为根据《海商法》第 209 条的规定,"FCGLORIA"轮的船东 KDB 公司因为船员放任污染发生的行为无权主张海事赔偿责任限制。④ 但该案的上诉法院则持不同观点,认为应该严格按照最高人民法院在司法解释中表明的态度,明确只有因为"责任人本人"的故意或轻率行为才会导致责任限制权利的丧失,船舶所有人雇佣的船长、船员的故意或轻率的行为不能等同于船舶所有人的故意或者轻率行为。⑤

综合以上论述,我国《海商法》在 1992 年颁布时在认定责任人是否丧失赔偿责任限制权利时所采用的是广义的责任人概念,即包括责任人的雇员或代理人。但是在我国司法实践中,该定义却逐渐向狭义的责任主体转变,最终通过最高人民法院司法解释的形式明确了下来。至此,关于过错主体认定的争议似乎已经得到明确,即只有因为责任人本人的过错所造成的损失,责任人才会丧

---

① 参见宁波海事法院(2001)甬海事初字第 109 号民事判决书。
② 参见天津市高级人民法院(2009)津高民四终字第 369 号民事判决书。
③ 《最高人民法院关于审理海事赔偿责任限制相关纠纷案件的若干规定》第 18 条规定,海商法第 209 条规定的"责任人"是指海事事故的责任人本人。
④ 参见武汉海事法院(2012)武海法事字第 00019 号民事判决书。
⑤ 参见湖北省高级法院(2015)鄂民四终字第 00060 号民事判决书。

失海事赔偿责任限制的权利。这种规定使得在民法体系下产生了两条截然不同的认定代理人或者雇员行为法律后果的路径。根据我国传统民法理论,雇主需要对雇员因执行工作任务的行为而造成的损害对外承担赔偿责任。[1] 而代理人在代理权限内以本人的名义与第三人进行民事法律行为,由此产生的法律效果亦直接由被代理人本人承担。[2] 我国《民法典》"总则编"第七章亦对代理制度作出了规定,明确"代理人在代理权限内,以被代理人名义实施的民事法律行为,对被代理人发生效力"。[3] 因此,对于雇员、代理人在授权范围内的行为,雇主、被代理人对外承担民事责任。而根据我国《海商法》的规定,却有着截然不同的法律效果。船舶所有人因船长或船员的过错行为,无论是否为职务范围内的行为,都不承担任何不利后果,即不因其代理人或雇员的不当行为而丧失海事赔偿责任限制的权利,已如前述。在海事赔偿责任限制责任主体的认定上,《海商法》的规定与民法理论存在较大的区别,这使得对过错主体的认定产生不同的依据,给司法实践带来混乱。

(二)过错标准

有关过错的标准,我国《海商法》第 209 条参照了《1976 年海事索赔责任限制公约》的规定,采用了"故意或者明知可能造成损失而轻率地作为或者不作为"的表述,此种表述来源于承运人责任限制中有关责任人丧失责任限制条件的规定。1924 年通过的《海牙规则》规定了承运人责任限制,即在承运人造成货物损失的情况下,将其赔偿责任限定在一定程度之内,通常以每一货运单位为基础规定责任限额,因此也称为单位责任限制。该公约第 4 条第 5 款明确赋予承运人每件或每单位货物不超过 100 英镑的限制赔偿责任的权利。但《海牙规则》中"在任何情况下"(in any event)的表述,使得承运人就算在故意造成货物损失的情况下也享受责任限制的权利,因对索赔方严重不公而遭到了抵制。对此,1968 年的《海牙-维斯比规则》在《海牙规则》规定的基础上增加了"如能证明货损是因承运人故意或明知可能造成损失而轻率地作为或不作为造成的,则无论是承运人或船舶,均无权享受责任限制的权利"的表述,由此明确了责任人丧失赔偿责任限制的条件。[4] 在船舶所有人为承运人的情况下,既可以主张承运人责任限制(一次限制),又可以主张海事赔偿责任限制(二次限制),因此,为

---

[1] 参见王利明、杨立新、王轶等:《民法学》,法律出版社 2014 年版,第 787 页。
[2] 参见徐国栋主编:《民法总论》,厦门大学出版社 2018 年版,第 249 页。
[3] 参见我国《民法典》第 162 条。
[4] 参见《海牙-维斯比规则》第 2 条。

了与承运人责任限制的规定相一致,《1976年海事索赔责任限制公约》对于海事赔偿责任限制的丧失条件亦参照了《海牙-维斯比规则》中有关丧失承运人责任限制的表述。在此之前,《1957年责任限制公约》所采用的是船舶所有人"实际过失或私谋"(actual fault or privity of the owner)的标准。

我国《海商法》第209条中有关过错标准的表述虽然能够防止海事赔偿责任限制权利人对权利的滥用,但该规定过于笼统,《海商法》颁布后,最高人民法院的相关司法解释虽然对海事赔偿责任限制权利的行使进行了细化,但是对于"明知可能造成损失而轻率地作为或者不作为"的标准,并未作进一步的解释。这导致在我国法律体系中并未有明确的认定标准与之对应,在理论界产生了不同的观点。有学者认为上述标准相当于我国民法理论中的重大过失,[1]有学者则认为上述规定类似于我国民法理论中的间接故意。[2] 目前在司法实践中亦未对此用语进行解释,使得该规定的适用范围具有很大的不确定性。譬如,在"蒋三六与林宁追船舶碰撞损害责任纠纷案"中,法院以船舶所有人对船舶配员不足、船员不适任、无证驾驶等为由,认定其存在《海商法》第209条所规定的丧失海事赔偿责任限制的情形而无权主张海事赔偿责任限制。[3] 在"舟山格伦赛夫石油化工有限公司、中海航集团国际航运有限公司海上、通海水域货物运输合同纠纷"案中,光船承租人未按照程序对船舱进行清洗、除味而导致承运货物变质,法院以此认定上述行为足以构成"明知可能造成损失而轻率地作为或者不作为"。[4] 在"毛雪波与陈伟、嵊泗县江山海运有限公司船舶碰撞损害责任纠纷案"中,船舶所有人在船舶碰撞事故后未指示船长留守现场开展搜救,导致重大人员伤亡和财产损失,据此法院认定船舶所有人的行为构成《海商法》第209条规定的过错标准,丧失主张海事赔偿责任限制的权利。[5] 由此可见,对于丧失海事赔偿责任限制过错标准的认定,海事审判中并没有统一的标准,同时由于《海商法》第209条有关过错标准的规定承袭英美法的过错体系,与我国大陆法的传统存在差异性,法官亦无法参照我国民法理论中有关过错的标准对当事人的过错程度进行认定,因此有赖于法官从主客观方面进行考察并进行自由裁量,这给海事赔偿责任限制权利的行使带来不确定性。

---

[1] 参见傅廷中:《海商法》,法律出版社2017年版,第357页。
[2] 司玉琢:《海商法专论》,中国人民大学出版社2018年版,第379页。
[3] 参见宁波海事法院(2019)浙72民初1036号民事判决书。
[4] 参见浙江省高级人民法院(2020)浙民终578号民事判决书。
[5] 参见上海海事法院(2014)沪海法海初字第85号民事判决书。

(三)举证责任

在《1976年海事索赔责任限制公约》之前,国际公约虽然并未对丧失赔偿责任的举证责任进行明确,但通说认为责任限制的权利人在具体案件中对其不存在丧失赔偿责任的情形负举证责任,即适用"谁主张,谁举证"的原则。[1]《1976年海事索赔责任限制公约》则改变了上述规定,公约第4条明确"如经证明……该责任人无权限制其责任"。从条文规定看,责任人存在过错的事实必须经过证明,责任人才无权限制赔偿责任,即索赔方需要证明责任人存在公约所规定的过错情形,才能向责任人主张全额赔偿。我国《海商法》第209条亦采用了上述表述。从丧失赔偿责任限制举证责任的演变看,随着举证责任从"谁主张,谁举证"变为"举证责任倒置",其目的正是确保船方不轻易丧失海事赔偿责任限制的权利,以确保船方所面临的海上风险能够被控制在有限的范围内。海事赔偿责任限制的丧失条件变得越来越严格,这本质上是海事赔偿责任限制权利的扩张,这种扩张使得海事赔偿责任限制的权利变得越来越难以失去。

证明责任往往会带来不利的后果,证明的不能将导致证明责任人的败诉,从这个意义上说,举证责任的分担是否公平,将直接影响诉讼的成败。[2] 因此,对于举证责任倒置规则应该严格遵循其适用的条件而不能滥用。在海事赔偿责任限制条件中采用"举证责任倒置"的做法,似乎是海事赔偿责任限制扩张过程中的必然趋势,但是却忽略了索赔方对于证据获取的能力。在海上运输中,船舶和货物往往由船舶所有人及其代理人控制,对于船舶所有人及其代理人过错程度的证据通常并不由索赔方掌握,在这种情况下,如果仍然将举证责任分配给索赔方,显然不公。这也造成了在海事诉讼中,即使责任人存在严重过错,索赔方也难以提出有效的证据加以证明。

四、海事赔偿责任限额的提高方案难确定

我国《海商法》第210条、第211条对人身伤亡、财产损失以及海上旅客运输的旅客人身伤亡的责任限额进行了规定,主要参照《1976年海事索赔责任限制公约》的标准规定了以船舶吨位为计算依据的金额制。在金额制下,船舶所有人等责任主体对一次事故所产生的债务,按照船舶吨位乘以每吨的责任限额计算出船舶所有人所应承担的赔偿责任。金额制改变了责任限额与船价的密

---

[1] 参见夏元军:《海事赔偿责任限制权利的扩张与平衡》,载《上海大学学报(社会科学版)》2017年第4期。

[2] 叶自强:《举证责任及其分配标准》,法律出版社2005年版,第155页。

切联系,削弱了责任人使用老旧船舶从事海上运输以规避赔偿责任的动机,有利于鼓励海上运输业的健康发展,但金额制所采用的计算方式为船舶的吨位乘以每吨的责任限额最终得出总限额,从某种程度上看,这种数额是确定的,这导致金额制存在一个与生俱来的弊端,即随着时间的推移,通货膨胀因素的影响以及船舶载运货物价值的提高将使得责任限额出现实际缩水。

基于此,在我国《海商法》颁布三十余载时寻求对责任限额的提高似乎成为必然。有学者指出,提高限额是立法的趋势,应从经济发展与人民生活水平提高的实际出发,遵循利益平衡与公平原则,以"人身伤亡充分赔偿、财产损失适当赔偿"这一国际海事赔偿责任限制立法中所普遍遵循的准则,适当调整我国海事赔偿责任限制的限额;同时,应引入责任限额的动态调整机制,以克服固定责任限额的局限性。[①] 有学者指出海事赔偿责任限制所达成的船货双方的平衡是一种十分敏感的平衡,常常会受到经济波动的影响,因此应该不断调整。[②] 有的学者则认为,我国《海商法》所确定的责任限额经历了三十多年已落后于时代,无法确保海事赔偿责任限制内部权利之间的平衡,长此以往,将会使海事赔偿责任限制本身受到越来越多的质疑。[③]

概言之,海事赔偿责任限额的提高已经成为大部分学者的共识,但对于应该如何提高以及提高时应考虑何种因素,未有定论,而对于责任限额应该如何提高,亦鲜有学者提出具体的富有建设性的方案。责任限额的提高方案之所以迟迟难以确定,其原因在于责任限额的变化"牵一发而动全身",将对船货利益的平衡、国家经济的发展、司法管辖权的取得等产生重大的影响。首先,责任限额的确定直接关系到以船舶所有人为代表的船方和以托运人为代表的贸易方的利益,甚至有可能打破船货双方利益的平衡,从而影响航运和贸易的发展,船方和货方为了各自的利益也不断寻求对自身有利的立法,因此对于如何确定责任限额的标准也形成了多种观点。其次,我国既是航运大国,又是贸易大国,在责任限额的确定上面临着两难的抉择:责任限额过高将不利于本国航运业的发展,而责任限额过低将不利于维护本国货主的利益,本国贸易业的发展也将因此受到打击。最后,责任限额的变化还关系到一国司法管辖权的获得。责任限

---

① 仲海波:《我国海事赔偿责任限额完善之研究》,载《海大法律评论》2016—2017年刊。
② Karan Hakan, Revising Liability Limits in International Maritime Conventions: A Turkish Perspective, 34 *Journal of Maritime Law & Commerce*, 2003(4), pp.616-628.
③ 夏元军:《海事赔偿责任限制权利的扩张与平衡》,载《上海大学学报(社会科学版)》2017年第4期。

额提高,虽然不利于本国船队的发展,但是有利于吸引索赔方在本国提起诉讼,进而扩大本国的司法管辖权,提高在国际海事规则制定上的话语权。正如有学者所言,责任限制极具敏感性,如果利用不当将是对资源的浪费,因此应谨慎地让这种"武器"发挥合适的作用。① 正是在多方的压力下,学者们虽然指出了现有海事赔偿责任限额标准存在的不足,但是观点却倾向于保守,并未提出修改海事赔偿责任限额标准的具体建议。

第三节 我国《海商法》海事赔偿责任限制制度的完善

经过上一节的分析,可知我国《海商法》海事赔偿责任限制制度在司法实践中出现了若干问题,亟须对制度进行完善。我国《民法典》已经颁行数年,《海商法(修订草案)》也已经于 2024 年 11 月提交十四届全国人大常委会第十二次会议审议,《海商法》具体制度的发展迎来了新时代。笔者将以本书的研究为基础,以免责权理论为给养,从民法权利思维的角度提出完善我国海事赔偿责任限制制度的建议,为海商法制度的发展贡献力量。

关于民事法律关系的要素,主要存在三要素说②、四要素说③和五要素说,④目前国内民法学者多采三要素说,即认为民事法律关系包括主体、客体和内容三个要素,不包括责任和法律事实。⑤ 笔者亦赞同此观点,因为民事责任是指法律关系遭到破坏而产生的法律后果,譬如,合同法律关系被违反后产生违约责任,违约方应该承担此种法律后果。而法律事实指引起法律关系产生、变更或者消灭等法律效果的事实,是外在于法律关系的,其本身并非法律关系的构成要素。基于此,本节对于海事赔偿责任限制这一免责权的完善,也将从免责权的主体、免责权的客体以及免责权的内容三个方面进行论述。

此外,在《海商法》颁布之初,由于海商海事领域尚未出台专门适用于海事

---

① Jill A. Schaar, The Shipowners' Limitation of Liability Act: Still Afloat or Sinking Fast, 24 *Tulane Law Journal*, 2000(1), pp.664-665.
② 三要素说认为民事法律关系的要素包括主体、客体和内容。
③ 四要素说认为民事法律关系的要素包括主体、客体、内容和责任。
④ 五要素说认为民事法律关系的要素包括主体、客体、内容、权利义务的变动(法律效果)以及引起变动的原因(法律事实)。
⑤ 参见徐国栋主编:《民法总论》,厦门大学出版社 2018 年版,第 49 页;王利明:《民法总论》,中国人民大学出版社 2015 年版,第 87 页。

诉讼的程序法,海事法院在审判活动中只能依照《民事诉讼法》的规定,而该法对于海事赔偿责任限制的程序性问题并没有规定。因此,我国《海商法》在制定时,有关海事赔偿责任限制制度的规定不仅明确了责任限制的权利主体、限制性和非限制性海事请求、海事赔偿责任限额等实体性规范,还规定了若干程序性问题。但是,我国《海事诉讼特别程序法》已经于2000年7月1日施行,该法第九章(第101条至第110条)是关于设立海事赔偿责任限制基金的程序性规定,为司法实践中审理海事赔偿责任限制案件提供了理论依据。基于此,本书认为,《海商法》第213条至第215条有关设立海事赔偿责任限制权利行使的程序性规定,应由《海事诉讼特别程序法》予以规定。基于《海商法》实体法性质的定位,对于其中条文的修改,应该在《海事诉讼特别程序法》的修订中予以讨论,在此不赘述。

一、海事赔偿责任限制权利主体的完善

《海商法》第204条明确了船舶所有人、船舶承租人、船舶经营人和救助人可以主张限制赔偿责任。第205条明确了因船舶所有人、救助人的雇员的行为而遭受索赔时,这些雇员同样可以依照本章的规定限制赔偿责任。第206条则赋予了责任保险人享受与被保险人同等限度的责任限制权。由此可见,我国《海商法》所规定的责任限制权利主体包括:船舶所有人、船舶承租人、船舶经营人、救助人以及上述主体的雇员,以及承担海事赔偿责任的保险人。

为了保证控制海上风险的作用得以有效发挥,海事赔偿责任限制的权利主体应该随着船舶经营方式的变化而不断扩张,以确保所有权利主体能够公平享有责任限制权。对此,应明确船舶管理人可以主张责任限制,并赋予责任保险人独立的免责权,同时,对船舶承租人采广义的解释,唯有如此,才能保证海事赔偿责任限制的作用得以发挥。

(一)明确船舶管理人为权利主体

我国《海商法》在借鉴《1976年海事索赔责任限制公约》进行立法的同时,并未将船舶管理人纳入权利主体的范围,这造成权利主体的缺失,使得海事赔偿责任限制控制海上风险的"安全网"存在漏洞。明确船舶管理人为海事赔偿责任限制权利主体的做法,具有正当性。

一方面,赋予船舶管理人责任限制的权利,是保护面临风险的全体海上活动参与者的要求。船舶经营人(ship's operator)和船舶管理人(ship's manager)是海上运输中两个重要的主体,前者负责船舶的营运,后者负责船舶

运行中的技术性活动,两者在船舶运行中扮演着不同的角色。但是,无论是船舶经营人还是船舶管理人,在海上活动中都需要面对来自海洋的风险,在海事索赔中两者都有可能承担赔偿责任,即有可能成为海事索赔的责任主体。现行立法已经赋予船舶经营人主张海事赔偿责任限制的权利,则同样面临海上风险的船舶管理人亦应享有对抗海事索赔主张的权利,以保证海事赔偿责任限制保护全体海上活动参与者的"保护网"不出现漏洞。

另一方面,同时赋予船舶管理人和船舶经营人责任限制的权利,是平等保护合同双方当事人的要求。在航运实践中,船舶管理人受航运服务提供人(包括但不限于船舶所有人、船舶承租人和船舶经营人)的委托进行船舶管理工作,两者之间成立合同关系。船舶管理人在管理船舶时,往往是以航运服务提供人的名义提供服务,因此与航运服务提供人之间并不存在契约关系,但是,当船舶管理人的行为造成航运服务接受者的损失时,仍然有可能成立对第三人的侵权损害赔偿责任。除此之外,如果船舶管理人违反了船舶管理合同的约定,还有可能遭受合同相对方基于违约责任的索赔。由此可见,在船舶管理业务中,船舶管理人既可能承担侵权责任,亦有可能承担违约责任,同样会遭受索赔。在面临侵权责任索赔时,船舶管理人代替船舶所有人、承租人、经营人等主体管理船舶,若因管理船舶的行为而侵犯他人的合法权益,则第三人在进行索赔时,船舶管理人可以以船舶所有人、承租人或经营人的代理人的身份主张限制赔偿责任,对此,我国《海商法》第 205 条已经明确,如果索赔是向船舶所有人、承租人和经营人"对其行为、过失负有责任的人员"提出的,上述人员也可以依法主张海事赔偿责任限制,这为船舶管理人主张海事赔偿责任限制提供了依据。相同的规定在《1976 年海事索赔责任限制公约》第 1 条第 4 款中可以找到依据。但是,对船舶管理人违约责任的限制问题则无法提供法律依据,在这种情况下,如果船舶管理人遭受来自船方主体基于违反船舶管理合同约定的索赔时,并无法主张海事赔偿责任限制。对船舶管理合同的双方而言,一方可以将其违约责任限制在有限的范围内,而另一方却无法主张海事赔偿责任限制,这显然不符合平等保护合同双方权益的要求。

概言之,船舶管理人在海上活动中同样会面临巨大的海上风险,为了确保海事赔偿责任限制控制海上风险的作用得以实现,同时出于平等保护合同双方当事人的考量,应该扩大海事赔偿责任限制权利主体的范围,明确船舶管理人的权利主体地位。

(二)明确赋予责任保险人和财务担保人独立的限制赔偿责任的权利

诚然,仅就文义解释的角度,根据我国《海商法》第 206 条的规定,确实可以得出保险人所享有的责任限制权依附于被保险人所享有的责任限制权的观点，即只有在被保险人实际享受责任限制的范围内，保险人才可以主张责任限制，保险人可能因被保险人的行为丧失责任限制权。英国学者 Susan Hodges 和 Christopher Hill 亦把《1976 年海事索赔责任限制公约》中有关保险人享受责任限制的规定理解为，"被保险人享受责任限制是责任保险人享受限制的前提条件"，保险人的权利"寄生"在被保险人身上，被保险人丧失责任限制，保险人也丧失。[1] 在国内，有学者亦指出"责任保险人享受责任限制的前提是被保险人享有责任限制的权利"。[2] 但是，本书认为，从应然的角度看，应明确赋予责任保险人完全独立的海事赔偿责任限制权利。所谓"完全独立"体现为两个方面：其一，若海事请求权人直接起诉请求责任保险人承担赔偿责任，即使被保险人或被担保人因故丧失主张责任限制的权利，责任保险人仍然可以对海事请求权人主张责任限制；其二，若海事请求权人起诉被保险人，被保险人因故丧失责任限制的权利而对海事请求权人作出全额赔偿后向责任保险人提出支付保险赔偿金的请求，责任保险人可以向被保险人主张限制赔偿责任，即只需要在责任限额内支付保险赔偿金。明确责任保险人享有海事赔偿责任限制权利的完全独立性具有正当性，理由如下：

首先，保险人享有独立的海事赔偿责任限制权并不违背现行制度的规定和民法理论基础。无论根据国际公约还是国内立法，享受海事赔偿责任限制的条件均只有两个：一是属于责任限制主体范围，二是海事请求属于法律明确规定的限制性海事请求。就前一个条件而言，《1976 年海事索赔责任限制公约》已经明确责任保险人有权享有责任限制——公约第 1 章第 1 条的标题是"有权限制责任的人"（persons entitled to limit liability），而保险人规定在该条第 d 项中，所以"有权限制责任的人"自然包括责任保险人。我国《海商法》第 206 条亦明确保险人可以主张海事赔偿责任限制。因此，只需要满足第二个条件，即索赔请求属于限制性债权，保险人即可主张海事赔偿责任限制，而无论被保险人是否丧失该项权利。应该承认的是，我国《海商法》和国际公约并没有规定保险金请求权属于限制性债权，因此上述后一条件似乎并不满足。但是，这只是从形式上看待保险金的性质，而从实质意义上看，在责任保险中，保险金请求权与被保险人对外承担的责任密切相关，就风险性质而言是一致的，责任保险人给

---

[1] Susan Hodges, Christopher-Hill, *Principles of Maritime Law*, LLP Professional Publishing, 2001, pp.532-533.

[2] 何丽新、谢美山：《海事赔偿责任限制研究》，厦门大学出版社 2008 年版，第 138 页。

付保险金实质上就是最终承担被保险人的债务,只要该项债务为限制性债务,保险人即可主张海事赔偿责任限制。从这个意义上看,责任保险人也应当符合责任限制的两个条件,具备独立的责任限制权,并且非因自己的行为而丧失。同时,根据民法的一般原理,为他人设置负担的行为应当取得该人同意才能对该人有效,被保险人作出放弃责任限制权的行为实质上是为保险人设置本不应当承受的负担,应当取得保险人的同意。因此,在被保险人因行为而丧失或者主动放弃责任限制权的情况下,并不应影响保险人对责任限制的享有,被保险人的单方行为并不导致保险人承保责任的扩大,此时被保险人应承担责任的范围仍以责任限制为限。

其次,保险人享有独立的责任限制权符合海事赔偿责任限制促进航运和贸易业发展的宗旨。海事赔偿责任限制制度的初衷是控制船方的风险,保障和促进海上运输及其相关事业的发展,其中就包括海上保险业和担保业。鉴于航海活动的高风险性,船东一般需要投保海上保险将风险加以分散,在海上油类运输或者其他容易引起巨额赔偿的海上活动中,一般还会通过财务担保的形式将风险加以转移,此时责任保险人、财务担保人将成为海事赔偿责任的最终承担者,赋予责任保险人、财务担保人海事赔偿责任限制的权利能一定程度上增强保险人承保或担保人担保海事赔偿责任的信心。但责任保险和财务担保的功能仅在于增强船东责任承担和赔偿给付的能力,并非改变海事赔偿关系,真正导致责任或损失产生的人仍为船东,而且船东实际参与航海活动,能够掌控责任或损失的预防以及责任或损失产生后的处置,这是责任保险人和财务担保人难以干预的。如果船东因其行为丧失责任限制的权利,责任保险人、财务担保人也连带丧失该项权利,将超出保险人和担保人的合理预期,对保险人和投保人而言极为不利也极不公平。同时,虽然海上保险或财务担保的存在减轻了船东承担海事赔偿责任的压力,但这是以全部风险转嫁给危险共同体或担保人为代价的。考虑到一旦发生航海事故所造成的损失及其影响的严重性,若船东因故丧失责任限制的权利,责任保险人或财务担保人也不能享受责任限制,危险共同体或担保人将承担沉重的财务压力,长此以往,不仅不利于海上保险业的发展,亦不利于海上运输和贸易的健康运行;相反,如果赋予责任保险人和财务担保人独立的免责权,不仅能够确保海上保险业的健康运行,还有利于确保海事请求权人得到及时、充足的清偿,保护其合法权益得以实现。

最后,从保险的性质看,赋予保险人独立的责任限制权具有正当性。保险的本质是危险共同体中各成员之间的互助共济,保险人为保险基金的管理人。

保险的团体性和技术性使得保险合同的给付均衡并不同于其他民商事合同。一方面，从保险的团体性看，保险合同不仅是投保人（被保险人）与保险人之间的双务合同，还是危险共同体各成员之间对保费和风险的合理分摊。因此，应平衡每个保险团体成员的负担，从而提高危险共同体参与保险的积极性，保险人也能因此提高承保能力，同时确保合理的盈余，进而使得这种互助共济关系得以稳定存续并发展。海上风险虽然是由保险人承保，但损失实际上是由危险共同体最终承担的。如果因为被保险人"明知而轻率"的行为而导致保险人责任限制权利的丧失，保险人据此进行了全额赔偿，进而耗费了大量的保险金储备，则最终损害的仍然是危险共同体各成员的共同利益，海事赔偿责任限制制度控制海上风险的功能也将不复存在。另一方面，从保险的技术性看，风险的确定性是保险有效运行的关键。所谓责任保险，是指以被保险人对第三者依法应负的赔偿责任为保险标的的保险，这种责任的范围应当具有确定性，否则，将丧失可保性。只有在确定损失应由被保险人承担及其应当承担的责任范围后，才会讨论损失是否由保险人最终承担以及承担的数额。若被保险人本身不应该承担的责任，由保险人代替被保险人承担更是无从说起。即使在强制责任保险的场合，第三者享有对保险人的直接请求权，也不改变上述责任保险的运行机理。而如果所承保责任的范围无法确定，保险人则无法在订立保险合同时据此确定保险金，责任保险也难以有效运行，这也是海事赔偿责任限制将海上风险控制在有限范围内的原因之一。因此，赋予责任保险人独立的免责权具有必要性，对限制性海事请求而言，责任限额范围内方为被保险人应当承担的责任。

除此之外，是否应增加财务担保人为责任限制的权利主体，亦值得关注。在海上油类运输或者其他容易引起巨额赔偿的海上活动中，常常采用的是强制保障的做法，除了强制保险外，还采用财务担保的方式。譬如，《1992年油污损害民事责任国际公约》（International Convention on Civil Liability for Oil Pollution Damage，1992，以下简称《1992年责任公约》）、[①]《1996年海上运输有毒有害物质损害责任和赔偿国际公约》（International Convention on Liability and Compensation for Damage in Connection with the Carriage of Hazardous and Noxious Substances by Sea，1996，以下简称《1996年HNS公约》）及其2010年议定书、《2001年船舶燃油污染损害民事责任国际公约》（International

---

① 又称为《1969年油污损害民事责任国际公约》的1992年议定书，2000年1月5日对我国生效，《1969年油污损害民事责任国际公约》同时对我国失效。

Convention on Civil Liability for Bunker Oil Pollution Damage，2001，以下简称《2001 年燃油公约》）都采用了强制保险和责任担保制度。① 在上述机制下，财务担保与责任保险具有相同的目的和意义，都是通过保险人和担保人的参与确保在事故发生后受损方能够获得赔偿，这意味着保险人和担保人同样面临海上风险。基于此，赋予上述两种主体同等的限制海事赔偿责任的权利具有正当性。但是，需要明确的是，上述三个公约分别对应三种污染类型：（1）油轮造成的持久性油类污染（《1992 年责任公约》）；（2）船舶运输有毒有害物质所造成的污染（《1996 年 HNS 公约》）；（3）用于操纵和推进船舶的燃油所造成的污染（《2001 年燃油公约》）。其中，第（1）种和第（2）种都适用单独的责任限额标准，②独立于海事赔偿责任限制制度而存在。而第（3）种则与其他海事索赔请求共享一个限额，即适用海事赔偿责任限制的规定。③ 因此，此处所指财务担保人，具有范围上的限制，仅包括为燃油污染所造成的损害提供财务担保的担保人。

综合以上论述，在我国海事赔偿责任限制制度下，责任保险人和财务担保人是否拥有独立的责任限制权并未得到明确，这给航运、贸易和保险业的发展埋下了隐患，同时使得海事赔偿责任限制制度限制海上风险的作用无法得到保障。赋予责任保险人和财务担保人独立的免责权不仅符合民法的基本理论，且符合海事赔偿责任限制的制度初衷，同时能够确保海上保险业的健康发展，进而维护同为海上命运共同体的贸易方和航运方的共同利益。在具体条文的规定上，应赋予保险人或担保人独立的限制赔偿责任的权利，明确该项权利不因被保险人或被担保人的过错而丧失。对此，上述三个公约的规定提供了很好的范本。《1992 年责任公约》第 7 条第 8 款明确规定即使船舶所有人无权限制赔偿责任，保险人和担保人仍然可以依据公约的规定限制赔偿责任；《1996 年 HNS 公约》第 12 条第 8 款作出了类似的规定；《2001 年燃油公约》第 7 条第 10 款则明确保险人和担保人在遭受索赔时可以援用"船舶所有人本可援用的抗辩"（the shipowner would have been entitled to invoke）。也就是说，无论被保险人或被担保人是否存在不当行为，保险人和担保人在面临索赔时皆可主张责任限制，即具有独立的责任限制权。基于此，我国《海商法》第 206 条可以增加

---

① 参见《1992 年责任公约》第 7 条第 1 款、《1996 年 HNS 公约》第 12 条第 1 款、《2001 年燃油公约》第 7 条第 1 款。
② 参见《1992 年责任公约》第 5 条第 1 款和《1996 年 HNS 公约》第 9 条第 1 款。
③ 参见《2001 年燃油公约》第 6 条。

规定,即使被保险人或被担保人因第 209 条的规定而无权限制其赔偿责任,保险人或担保人仍可以主张海事赔偿责任限制。

(三)对船舶承租人采广义解释

对于第 204 条第 2 款所指船舶承租人是否包含航次承租人,目前理论和实务界还存在争议。笔者认为,立法应该起到定分止争之作用,对可以主张海事赔偿责任限制的船舶承租人类型予以明确。海事赔偿责任限制权利主体中的船舶承租人应作广义解释,而不应该将航次租船承租人排除在海事赔偿责任限制权利主体之外,主要基于以下理由:

首先,海事赔偿责任限制制度的作用是将全体海上冒险者的责任限制在有限的范围内,因此,受保护对象的完整性是海事赔偿责任限制制度发挥作用的关键。航次承租人作为海上运输的参与者,面临着难以预估的海上风险,自然也应该成为受保护的对象。不仅如此,随着船舶经营方式的多样化,享受海事赔偿责任限制的主体必然随着面临风险主体的增加而不断扩张,以保障该制度得以有效控制海上风险,进而实现促进航运业和贸易业发展的立法宗旨。

其次,海事赔偿责任限制制度的权利基础是全体海上活动参与者共担风险。海事赔偿责任限制制度通过对海上风险的再分配,在海上命运共同体即货方(索赔方)和船方(被索赔方)之间建立共担风险的机制。在这种机制下,上述主体一同承受遭遇的风险,使海上风险得到有效分散,进而减少单一主体所面临的海上风险。在这种背景下,如果海上风险由航次承租人独自承担而无法限制赔偿责任,巨大的海上风险将无法得到分散,承租人参与航运的积极性将受到打击。

最后,航次租船的承租人享有责任限制的权利更符合现行国际公约和我国《海商法》的立法初衷。我国《海商法》第 204 条第 2 款是参照《1976 年海事索赔责任限制公约》第 1 条第 2 款之规定制定的,公约规定"船舶所有人指船舶所有人、船舶承租人……",而我国《海商法》亦明确规定"船舶所有人包括船舶承租人……"。由此可见,无论是公约还是我国立法皆未对具体的承租人类型作过多的解释,认为所有承租人都可以与船舶所有人一样享受限制赔偿责任的权利。此外,公约采用的措辞为"指"(mean),而我国《海商法》更具前瞻性地使用了"包括"这一用语,表明我国立法认为海事赔偿责任限制的权利主体应采用开放的态度,而不仅仅限于所列举的内容,以因应海上活动参与者日益多元化的发展趋势。

概言之，无论从海事赔偿责任限制的制度初衷还是从航运和贸易业的发展现状观之，在现有法律规定下，船舶承租人可以作广义解释，即包括光船租船的承租人、定期租船的承租人、航次租船的承租人等所有承租人类型。但是，由于航运业的发展日新月异，随着经营方式的变革，未来将有可能出现其他类型的船舶承租人，甚至在人工智能技术不断普及的今天，人工智能系统亦有可能成为归责的主体。在这种情况下，如果采用列举式的方式，反而限缩了海事赔偿责任限制权利主体的类型。为确保在司法实践中可以对航次承租人作广义解释，应该增加第204条第3款的规定，明确："前款所称船舶承租人，包括以任何形式承租船舶的人。"

二、海事赔偿责任限制权利客体的完善

权利客体是权利所指向的对象，作为一项免除赔偿责任的权利，免责权所指向的对象，显然是责任本身。在海事赔偿责任限制中，体现为法律明确规定的可以限制海事赔偿责任的海事请求，即限制性海事请求。从目前的国际立法和我国《海商法》的规定看，法律在明确规定可以主张海事赔偿责任限制的海事请求（限制性海事请求）的同时，明确列举无法主张海事赔偿责任限制的海事请求（非限制性海事请求）。对于限制性海事请求，从我国《海商法》第207条的表述看，所列举的范围十分广泛，几乎涵盖了所有海事请求，且该条明确"除本法第208条（非限制性海事请求）和第209条（丧失海事赔偿责任限制的权利）另有规定外……责任人均可以依照本章规定限制赔偿责任"。由此可见，明确海事赔偿责任限制的权利客体的范围，关键不在于限制性海事请求的列举，而在于非限制性海事请求的规定，即除了非限制性海事请求所规定的内容，责任人在没有重大过错的情况下，皆可主张海事赔偿责任限制。

目前，对于非限制性海事请求的主要争议是残骸打捞和污染清理的费用是否可以主张海事赔偿责任限制，已如前述。这种争议不仅造成司法实践中的混乱，还严重打击了打捞和救助方的积极性，对海上活动的安全造成威胁，立法中应该予以明确。

（一）打捞、清污费用作为非限制性海事请求的正当性

我国对于航道的安全一直十分重视，对于威胁到航行安全的沉船沉物实行强制打捞制度。早在1957年交通部就颁布了《中华人民共和国打捞沉船管理办

法》,该办法明确了三类应当进行打捞的船舶。① 但是,并未明确打捞费用的承担主体。《中华人民共和国海上交通安全法》进一步明确船舶所有人和经营人对于沉船和沉物的打捞义务。② 而对海上污染而言,我国亦采取了强制清除的制度,明确了海事管理机构进行清污所产生的费用由造成污染的船舶负责。③ 由此可见,无论是对残骸的打捞,还是对受污染环境的恢复,责任的主体是沉船或者污染环境船舶的所有人、经营人,而索赔方则是主管机关,他们为了沉船的打捞和环境的恢复付出了一定的成本。沉船或沉物的打捞、清除费用往往高昂,若允许责任人针对上述费用所引起的索赔请求主张责任限制,不可避免地会导致打捞经费不足而不能有效地清除或打捞,势必影响航行安全和海洋环境,危害社会公共利益。基于维护我国海洋权益的考量,将残骸的打捞和污染的清除费用排除在限制性海事请求之外的做法无可厚非。因此,我国《海商法》第 207 条有关可以限制赔偿责任的海事请求虽然是参照《1976 年海事索赔责任限制公约》第 2 条"可限制责任的请求"制定的,但是并未依照公约的规定将有关残骸打捞和环境污染消除费用的索赔纳入第 207 条的范围;相反,相关司法解释明确规定针对上述索赔请求,责任人不可以主张海事赔偿责任限制。④ 这种做法并非我国独有,正是考虑到各国保护本国航道和海洋环境安全的需求,《1976 年海事索赔责任限制公约》第 18 条明确允许各国保留公约第 2 条第 1 款"可限制责任的请求"中有关沉船沉物打捞和污染清除的项目。

(二)明确打捞、清污费用为非限制性海事请求的路径

应该指出的是,在将上述两项涉及残骸打捞和污染清除费用的请求排除出"限制性海事请求"的范畴之后,应该在"非限制性海事请求"中予以明确。因为无论是按照我国《海商法》还是《1976 年海事索赔责任限制公约》的规定,"限制性海事请求"

---

① 包括"妨碍船舶航行、航道整治或者工程建筑的沉船"、"有修复使用价值的沉船"以及"虽无修复使用价值而有拆卸利用价值的沉船",参见《中华人民共和国打捞沉船管理办法》第 3 条。

② 《中华人民共和国海上交通安全法》第 40 条规定,对影响安全航行、航道整治以及有潜在爆炸危险的沉没物、漂浮物,其所有人、经营人应当在主管机关限定的时间内打捞清除。否则,主管机关有权采取措施强制打捞清除,其全部费用由沉没物、漂浮物的所有人、经营人承担。

③ 《防治船舶污染海洋环境管理条例》第 42 条第 1 款规定,发生船舶污染事故,海事管理机构可以采取清除、打捞、拖航、引航、过驳等必要措施,减轻污染损害。相关费用由造成海洋环境污染的船舶、有关作业单位承担。

④ 参见《最高人民法院关于审理船舶碰撞纠纷案件若干问题的规定》(法释〔2008〕7 号)第 9 条,《最高人民法院关于审理海事赔偿责任限制相关纠纷案件的若干规定》(法释〔2010〕11 号)第 17 条。

和"非限制性海事请求"都以不同的条文进行了规定,属于两种类型的海事请求。从逻辑上看,两者是互相对立的,前者规定了可主张责任限制的一般情形,后者为不可主张责任限制的特殊情况。

以我国《海商法》为例,第 207 条规定了"限制性海事请求"的范围,从条文的规定上,可谓十分广泛,包括了船舶营运和救助作业中的诸多情形,可以说涵盖了海上活动中所遭遇的绝大多数索赔。而第 208 条仅仅明确救助款项或共同海损的分摊请求、我国参加的其他国际公约所规定的损害赔偿请求、根据其他法律的规定不应该适用责任限制的情形等,不适用海事赔偿责任限制的规定,这仅仅是少数例外的情形。

按照现行《海商法》的规定,由于第 207 条规定的"限制性海事请求"的范围十分广泛,即使该条中并未规定有关残骸打捞和污染清除费用的请求,但依据通常的解释,上述索赔请求仍然有可能涵盖其中。譬如,第 207 条第 1 项为"在船上发生的或者与船舶营运、救助作业直接相关的人身伤亡或者财产的灭失、损坏……以及由此引起的相应损失的赔偿请求",船舶沉没以及造成污染显然都有可能是发生在船舶营运过程中的,而无论是残骸的打捞费用还是污染的清除费都属于在船舶营运过程中海上事故所引起的损失,这种损失就包括打捞船舶和恢复环境所付出的人力和金钱成本。此外,第 207 条第 4 项亦规定第三人为了避免责任人所造成的损失的进一步加剧,采取措施而产生的新的费用或损失,属于限制性海事请求。[①] 对于残骸的打捞或污染物的清除,同样是为了避免对航道或海洋环境造成进一步损失所采取的措施,因此亦有可能被认定为该项所指的范围。由此观之,明确涉及我国海洋权益的残骸打捞和污染清除费用不可主张责任限制,关键在于将上述请求列入第 208 条"非限制性海事请求"的范围,而非在第 207 条中排除其适用。为了在司法实践中明晰海事赔偿责任限制制度的保护范围,除了排除残骸打捞和环境污染费用的限制性海事请求性质,还应当通过立法的形式明确上述费用为非限制性海事请求。详言之,可以参照《1976 年海事索赔责任限制公约》的规定,对不可以主张海事赔偿责任限制的索赔范围进行明确,将公约第 2 条第 1 款第 d 项(有关沉船的打捞和污染的清除费用)和第 e 项(有关货物的打捞和污染的清除费用)明确列入非限制性海事请求中。

---

① 该项规定为,责任人以外的其他人,为避免或者减少责任人依照本章规定可以限制赔偿责任的损失而采取措施的赔偿请求,以及因此项措施造成进一步损失的赔偿请求。

(三)与国际公约的协调问题

需要注意的是,增加上述两项非限制性海事请求有可能与我国参加的国际公约的规定相冲突。譬如,我国参加的有关燃油污染的公约明确规定,燃油污染所引起的索赔是被允许主张海事赔偿责任限制的。[1] 易言之,对于燃油污染损害产生的责任,船舶所有人、保险人和担保人可以主张责任限制。而沉船、沉物的打捞及清理应包含油污的清理,因此如果将其纳入非限制性债权将导致与公约规定的不一致。此外,我国加入的有关残骸打捞的《2007年内罗毕国际船舶残骸清除公约》也明确规定,有关残骸打捞和污染清除的费用所引起的索赔请求,是可以主张责任限制的。[2] 也就是说,在公约项下,有关沉船打捞和污染清除的费用所引起的索赔请求属于限制性债权,如果我国《海商法》将上述海事请求明确为非限制性海事请求,应该注意具体条文的规定与公约的协调问题。

具体而言,对于与燃油公约规定的不同,应当在第208条非限制性海事请求中予以明确,即明确我国参加的有关燃油污染损害民事责任的公约应优先适用公约的规定,而不适用本章规定。而对于《2007年内罗毕国际船舶残骸清除公约》与我国《海商法》的冲突,则可以从公约的适用范围着手。从条文规定上看,该公约并不适用于我国的领海和内水。[3] 因此在把沉船、沉物打捞、清除费用作为非限制性债权予以明确规定时,应该明确限定在"中华人民共和国领海或者内水范围内"发生。如此一来,既维护了我国航道和海洋环境安全,又避免了与国际公约规定的冲突。

三、海事赔偿责任限制权利内容的完善

所谓民事法律关系的内容,主要指民事主体所享有的权利和承担的义务。免责权人的权利是免除赔偿责任,在海事赔偿责任限制中,免责的程度主要通过责任限额制度予以明确。此外,权利往往表现出一定的规则意义和规范形

---

[1] 《2001年国际燃油污染损害民事责任公约》第6条规定,本公约的任何条款不得影响船舶所有人与提供保险和经济担保的人在任何可以适用的内国或国际法律制度中,诸如经修订的《1976年海事索赔责任限制公约》的情况下,享受责任限制的权力。

[2] 该公约第10条第2款规定,本公约的任何内容不得影响登记所有人按照适用的国内或国际机制,如经修正的《1976年海事索赔责任限制公约》,限制其责任的权利。

[3] 公约第1条第1款把公约的适用范围限制在"缔约国根据国际法设立的专属经济区"或者"根据国际法所确定的领海之外并与其领海毗邻的、从测量其领海宽度的基线向外延伸不超过200海里的区域"。

式,这在某种程度上形成了权利的约束形式,为主体的行为提出了明确的行为指引和规范方式。[①] 这意味着免责权人亦有特定的义务,在海事赔偿责任限制中主要体现为遵守海事赔偿责任限制丧失条件的规定,不故意造成损害的发生,否则,将承担丧失免责权的法律后果。

(一)海事赔偿责任限制的限额

当前,对于海事赔偿责任限制限额的提高已经成为共识,但是,对于海事赔偿责任限制的责任限额应该采用何种标准,仍然没有定论。对于责任限额提高所考量的因素,主要有通货膨胀和实际损失两个。通货膨胀导致实际赔偿额的购买力下降,而随着船舶大型化趋势和集装箱运输的普及,单艘船舶的船货价值不断提高,这意味着实际损失不断提高。此外,为了提高运输效率,运输化学品和原油的船舶逐渐大型化,这使得海上运输的风险也因此而增加,进而使得在事故发生后,原有海事赔偿责任限制标准下受损方的获赔比例逐渐降低。当然,亦有学者提出,除了考虑通货膨胀使货币贬值的程度以及船载货物价值的提高对海运风险的影响,在责任限额的提高中还应该考察航海技术的发展对人类风险承受能力的提高程度。[②] 但笔者认为,技术的发展显然有利于提高人类的抗风险能力,但技术的发展虽然削弱了风险,却有可能带来其他新的风险,这使得技术发展对责任限额的影响并无法准确量化,因此,此处不作为确立责任限额的依据。此外,责任限额的高低还关系到一国航运和贸易业的利益,因此,传统观点认为在确定海事赔偿责任限额时还应该综合本国的国家利益加以考察。

从国际公约和比较法上看,目前采用金额制的国家主要采用了三种责任限额标准。其一为《1976 年海事索赔责任限制公约》所确立的责任限额标准;其二为《1996 年议定书》所采用的责任限额标准,根据船舶吨位的不同,该标准在《1976 年海事索赔责任限制公约》的基础上提高了 2~5 倍;其三为《2012 年修正案》所采用的标准,该标准在《1996 年议定书》的基础上提高了 51%。下面将从通货膨胀、实际损失以及我国的国家利益方面进行考察,以明确应该采用哪一种责任限额标准。

1. 通货膨胀

在金额制下,通货膨胀是影响责任限额实际购买力的最主要因素,如前述。

---

① 尹奎杰:《论权利思维的逻辑属性》,载《法律科学》2008 年第 3 期。
② 古宏亮:《浅论我国海事赔偿责任限制制度的完善》,载《现代商业》2010 年第 8 期。

我国现行《海商法》所确定的海事赔偿责任限额是否符合航运和贸易业的发展需求,目前未有一致的看法。但不可否认的是,仅仅考虑通货膨胀的影响,我国海事赔偿责任限制的责任限额就已经落后于时代的潮流——若1993年《海商法》正式施行时所确定的海事赔偿责任限额是符合客观需求的,随着近30多年来我国经济的快速发展和航运、贸易形势的变化,通货膨胀率随之提高,货币出现了贬值,现有责任限额标准必然出现实质性的缩水。

在考虑责任限额的提高时,居民消费价格指数(CPI)和国内生产总值平减指数(GDP Deflator)通常被用于反映通货膨胀的状况。从《海商法》正式施行的1993年开始至2023年止,我国上述两项指数的变化情况如表4-2、表4-3所示:

表4-2　1993—2023年我国居民消费价格指数

年份	1993	1994	1995	1996	1997	1998	1999	2000	2001	2002	2003
数据	14.700%	24.100%	17.100%	8.300%	2.800%	−0.800%	−1.400%	0.400%	0.700%	−0.800%	1.200%
年份	2004	2005	2006	2007	2008	2009	2010	2011	2012	2013	2014
数据	3.900%	1.800%	1.500%	4.800%	5.900%	−0.700%	3.300%	5.400%	2.646%	2.624%	1.988%
年份	2015	2016	2017	2018	2019	2020	2021	2022	2023		
数据	1.441%	2.003%	1.558%	2.105%	2.903%	2.700%	1.800%	2.000%	0.200%		

数据来源:IMF:World Economic Outlook Database,https://www.imf.org/en/Publications/WEO/weo-database/2024/October,最后访问时间:2024年10月10日。

表4-3　1993—2023年我国国内生产总值平减指数

年份	1993	1994	1995	1996	1997	1998	1999	2000	2001	2002	2003
数据	15.202%	20.601%	13.671%	6.501%	1.622%	−0.893%	−1.268%	2.061%	2.043%	0.605%	2.605%
年份	2004	2005	2006	2007	2008	2009	2010	2011	2012	2013	2014
数据	6.954%	3.903%	3.928%	7.749%	7.792%	−0.211%	6.881%	8.076%	2.335%	2.161%	1.032%
年份	2015	2016	2017	2018	2019	2020	2021	2022	2023		
数据	−0.003%	1.407%	4.234%	3.498%	1.582%	0.500%	4.552%	1.785%	−0.536%		

数据来源:World Bank Open Data:Inflation,GDP Deflator (annual %) - China,https://data.worldbank.org,最后访问时间:2024年10月10日。

以上述表 4-2、表 4-3 所列数据为基础,笔者对 1993 年至 2023 年我国的累计通货膨胀率进行计算。以居民消费价格指数为基础,计算出累计通货膨胀率为 300.80%,而以国内生产总值平减指数为基础,计算出累计通货膨胀率为 347.13%。在如此高的通货膨胀率的影响下,责任限额显然出现了实质性的缩水——若 1993 年发生某一的海损事故中,责任人的责任限额折合人民币为 1000 万元,那么,仅仅考虑通货膨胀所带来的影响,如今的海事赔偿责任限额至少要提高 300.80%,即达到 3000.8 万,才能达到与 1993 年时同等的水平。当然,通货膨胀率只是影响责任限额的因素之一,对责任限额的提高应该综合考虑客观情况的变化。但是,上述数据足以说明现有海事赔偿责任限额已然处于一个不合理的低水平。综合上述三种责任限额标准,至少应该提高至《1996 年议定书》的标准。

2. 实际损失

无论是采用以船舶为基础的委弃制、执行制和船价制,还是以一定金额为基础的金额制,在海事赔偿责任限制制度发展过程中,海损事故所造成的实际损失一直是影响责任限额高低的主要因素之一,立法者在调整责任限额时,都要考虑调整后索赔方的实际获赔比例,避免过分侵害被索赔方的利益。笔者利用威科先行和北大法宝数据库,筛选出以《海商法》第 210 条(关于人身伤亡和财产损失的责任限额)为判决依据的案件,对以上两数据库的检索结果进行交叉对比后共得到 159 份符合要求的判决书,样本中的案件审判时间从 2001 年至 2021 年不等,按照案号、实际损失、船舶总吨位、获赔比例和案件发生的水域等进行了分析对比,其海事赔偿责任限制限额和获赔情况如表 4-4 所示:

民商法法体系下海事赔偿责任限制的重塑

表 4-4 案件实际损失和获赔比例情况（2001—2021）

序号	案 号	实际损失/元	损失类型	船舶总吨位/t	《海商法》	《1996年议定书》	《2012年修正案》	水域
1	（2003）广海法终字第84号	945189.84	财产	798	100	100	100	国内
2	（2003）广海法终字第92号	116160.77	财产	798	100	100	100	国内
3	（2003）广海法初字第246号	469893.22	财产	480（第一被告）	100	100	100	国内
4		704839.83		798（第二被告）				
5	（2003）广海法初字第247号	188017.13	财产	480（第一被告）	100	100	100	国内
6		282025.70		798（第二被告）				
7	（2004）甬海事初字第26号	396956.00	财产	1956	100	100	100	国内
8	（2004）广海法初字第540号	23913.65	财产	480	100	100	100	国内
9	（2004）广海法初字第541号	68116.25	财产	480	100	100	100	国内
10	（2004）广海法初字第542号	77940.52	财产	480	100	100	100	国内
11	（2004）广海法初字第543号	131456.96	财产	480	100	100	100	国内
12	（2004）广海法初字第544号	68781.04	财产	480	100	100	100	国内
13	（2004）广海法初字第545号	63814.30	财产	480	100	100	100	国内
14	（2004）广海法初字第546号	63074.88	财产	480	100	100	100	国内
15	（2005）广海法初字第56号	630126.56	财产	480	100	100	100	国内
16	（2006）浙民三终字第152号	1783794.00	财产	约2100	100	100	100	国内
17	（2007）甬海事初字第17号	4948583.5	财产	1997	42.13	100	100	国内
18	（2007）甬海法权字第33号	547539.81	财产	1997	100	100	100	国内

续表

序号	案号	实际损失/元	损失类型	船舶总吨位/t	获赔比例/%				水域
					《海商法》	《1996年议定书》	《2012年修正案》		
19	（2007）甬海法权字第34号	616961.53	财产	1997	100	100	100		国内
20	（2007）甬海法权字第35号	547539.81	财产	1790	100	100	100		国内
21	（2007）青海法海事初字第420号	5526667.30	财产	4822	100	100	100		国际
22	（2007）沪海法商初字第549号	7821068.64	财产	约3500	42.89	100	100		国内
23	（2009）青海法海事初字第46号	15899161.60	财产	1354	19.44	62.90	94.96		国际
24	（2009）闽民终字第655号	177833.05	财产	885	100	100	100		国内
25	（2010）甬海法权字第1号	359084.00	财产	496	100	100	100		国内
26	（2010）甬海法权字第2号	118023.00	财产	496	100	100	100		国内
27	（2010）甬海法权字第3号	108664.00	财产	496	100	100	100		国内
28	（2010）甬海法权字第4号	689737.16	财产	496	100	100	100		国内
29	（2011）甬海法温权字第1号	452473.50	财产	499	100	100	100		国内
30	（2011）甬海法温权字第2号	518568.50	财产	499	100	100	100		国内
31	（2011）甬海法温权字第3号	209659.80	财产	499	100	100	100		国内
32	（2011）青海法海事初字第5-1号	757738872.86	财产	18093	41.00	98.2	100		国际
33	（2011）青海法海商初字第20号	6804842.92	财产	39000	41.32	100	100		国内

· 177 ·

续表

序号	案号	实际损失/元	损失类型	船舶总吨位/t	获赔比例/%				水域
					《海商法》	《1996年议定书》	《2012年修正案》	
34	（2011）甬海法合事初字第41号	5661301.00	财产	986	21.92	88.32	100	国内
35	（2012）粤高法民四终字第148号	6875098.34	财产	2492	36.12	87.03	100	国内
36	（2013）沪海法海初字第24号	5970292.48	财产	14045	100	100	100	国内
37	（2013）浙海终字第38号	7210500.00	财产	13794	100	100	100	国内
38	（2013）鲁民四终字第133号	4540000.00	财产	492	18.39	100	100	国内
39	（2013）沪海法商初字第875号	2365576.02	财产	14045	100	100	100	国内
40	（2014）沪海法海初字第1号	122496.42	财产	499	100	100	100	国内
41	（2014）青海法确字第7-1号	19414030.20	财产	9610	43.48	100	100	国内
42	（2014）青海法确字第8号	184500.00	财产	9610	100	100	100	国内
43	（2014）沪海法海初字第18号	1512000.00	财产	499	55.22	100	100	国内
44	（2014）沪海法海初字第19号	22792027.50	财产	7713	30.09	72.07	100	国内
45	（2014）沪海法海初字第22号	172456.37	财产	499	48.53	100	100	国内
46	（2014）沪海法海初字第23号	573984.12	财产	300	100	100	100	国内
47	（2014）沪海法海初字第24号	63317.18	财产	498	100	100	100	国内
48	（2014）沪海法海初字第35号	40832.14	财产	498	100	100	100	国内
49	（2014）浙海终字第41号	1000000.00	财产	122	39.00	100	100	国际
50	（2014）甬海事初字第47号	1058120.00	财产	499	78.91	100	100	国内

续表

序号	案　号	实际损失/元	损失类型	船舶总吨位/t	获赔比例/%				水域
					《海商法》	《1996年议定书》	《2012年修正案》		
51	(2014)桂民四终字第70号	174000.00	财产	119	100	100	100		国内
52	(2014)沪海法海初字第77号	573485.46	财产	496	100	100	100		国内
53	(2014)沪海法海初字第78号	504000.00	财产	499	100	100	100		国内
54	(2014)沪海法海初字第79号	63317.18	财产	496	100	100	100		国内
55	(2014)沪海法海初字第88号	1248108.88	财产	14102	100	100	100		国内
56	(2014)沪海法海初字第89号	11935840.29	财产	14102	100	100	100		国内
57	(2014)甬海法海初字第99号	769886.60	财产	499	100	100	100		国内
58	(2014)闽民终字第1103号	12352363.47	财产	26835	100	100	100		国内
59	(2015)甬海法海事初字第5号	6680000.00	财产	498	12.50	74.85	100		国内
60	(2015)甬海法海事初字第56号	20252265.16	财产	6362	28.29	67.77	100		国内
61	(2015)厦海法海事初字第101号	8646000.00	财产	2612	30.05	71.99	100		国内
62	(2015)甬海法海权字第126号	710941.23	财产	91166	100	100	100		国内
63	(2015)甬海法海权字第127号	4648.84	财产	91166	100	100	100		国内
64	(2015)甬海法海权字第128号	343019.17	财产	91166	100	100	100		国内
65	(2015)甬海法海权字第129号	146448.15	财产	91166	100	100	100		国内
66	(2015)甬海法海权字第131号	349544.21	财产	91166	100	100			国内
67	(2015)甬海法海权字第132号	101459.38	财产	91166	100	100	100		国内
68	(2015)甬海法海权字第134号	82599.29	财产	91166	100	100	100		国内

续表

序号	案号	实际损失/元	损失类型	船舶总吨位/t	获赔比例/% 《海商法》	获赔比例/% 《1996年议定书》	获赔比例/% 《2012年修正案》	水域
69	(2015)甬海法权字第135号	136983.35	财产	91166	100	100	100	国内
70	(2015)甬海法权字第136号	138372.61	财产	91166	100	100	100	国内
71	(2015)甬海法权字第137号	272966.70	财产	91166	100	100	100	国内
72	(2015)甬海法权字第138号	141349.72	财产	91166	100	100	100	国内
73	(2015)甬海法权字第139号	119548.28	财产	91166	100	100	100	国内
74	(2015)甬海法权字第140号	138173.77	财产	91166	100	100	100	国内
75	(2015)甬海法权字第141号	182606.00	财产	91166	100	100	100	国内
76	(2015)甬海法权字第142号	30045.46	财产	91166	100	100	100	国内
77	(2015)甬海法权字第143号	36449.10	财产	91166	100	100	100	国内
78	(2015)甬海法权字第144号	71306.96	财产	91166	100	100	100	国内
79	(2015)甬海法权字第145号	64752.91	财产	91166	100	100	100	国内
80	(2015)甬海法权字第146号	63530.38	财产	91166	100	100	100	国内
81	(2015)甬海法权字第147号	64898.16	财产	91166	100	100	100	国内
82	(2015)甬海法权字第148号	74221.15	财产	91166	100	100	100	国内
83	(2015)甬海法权字第149号	66119.05	财产	91166	100	100	100	国内
84	(2015)甬海法权字第150号	128250.48	财产	91166	100	100	100	国内
85	(2015)甬海法权字第151号	503521.30	财产	91166	100	100	100	国内
86	(2015)甬海法权字第152号	160521.26	财产	91166	100	100	100	国内

续表

序号	案 号	实际损失/元	损失类型	船舶总吨位/t	获赔比例/% 《海商法》	获赔比例/% 《1996年议定书》	获赔比例/% 《2012年修正案》	水域
87	(2015)甬海法权字第153号	149375.30	财产	91166	100	100	100	国内
88	(2015)甬海法权字第155号	1089370.49	财产	91166	100	100	100	国内
89	(2015)甬海法权字第157号	37669.46	财产	91166	100	100	100	国内
90	(2015)甬海法权字第158号	83598.79	财产	91166	100	100	100	国内
91	(2015)甬海法权字第161号	75808.27	财产	91166	100	100	100	国内
92	(2015)甬海法权字第162号	47188.05	财产	91166	100	100	100	国内
93	(2015)甬海法权字第163号	192399.36	财产	91166	100	100	100	国内
94	(2015)甬海法权字第164号	57013.14	财产	91166	100	100	100	国内
95	(2015)甬海法权字第165号	362419.29	财产	91166	100	100	100	国内
96	(2015)甬海法权字第166号	201960.98	财产	91166	100	100	100	国内
97	(2015)甬海法权字第167号	15912.95	财产	91166	100	100	100	国内
98	(2015)甬海法权字第168号	28332.26	财产	91166	100	100	100	国内
99	(2015)甬海法权字第169号	670746.45	财产	91166	100	100	100	国内
100	(2015)甬海法权字第170号	254714.91	财产	91166	100	100	100	国内
101	(2015)甬海法权字第171号	224746.33	财产	91166	100	100	100	国内
102	(2015)甬海法权字第172号	18939.95	财产	91166	100	100	100	国内
103	(2015)甬海法权字第173号	134576.21	财产	91166	100	100	100	国内
104	(2015)甬海法权字第174号	674243.36	财产	91166	100	100	100	国内

续表

序号	案 号	实际损失/元	损失类型	船舶总吨位/t	获赔比例/% 《海商法》	获赔比例/% 《1996年议定书》	获赔比例/% 《2012年修正案》	水域
105	(2015)甬海法权字第175号	60132.79	财产	91166	100	100	100	国内
106	(2015)甬海法权字第252号	16350.84	财产	91166	100	100	100	国内
107	(2015)甬海法权字第257号	7118.53	财产	91166	100	100	100	国内
108	(2015)甬海法权字第258号	61120.99	财产	91166	100	100	100	国内
109	(2015)甬海法权字第261号	61118.26	财产	91166	100	100	100	国内
110	(2015)甬海法权字第261号	10976.71	财产	91166	100	100	100	国内
111	(2015)甬海法商初字第538号	65758.40	财产	91166	100	100	100	国内
112	(2015)甬海法商初字第641号	71000.00	财产	797	100	100	100	国内
113	(2015)甬海法权字第265号	6613.29	财产	91166	100	100	100	国内
114	(2015)甬海法权字第272号	158026.33	财产	91166	100	100	100	国内
115	(2015)浙海终字第319号	1126218961	财产	54309	100	100	100	国内
116	(2015)津高民四终字第71号	88800000.00	财产	2983	32.75	78.45	100	国内
117	(2015)闽民终字第1402号	507063.72	财产	26835	100	100	100	国内
118	(2015)闽民终字第814号	1346279.55	财产	2985	100	100	100	国内
119	(2015)厦海商初字第660号	967248.80	财产	2997	100	100	100	国内
120	(2015)厦海商初字第661号	72492.34	财产	2997(第一被告)	100	100	100	国内
121		108738.50		26835(第二被告)	100	100	100	国内
122	(2015)厦海商初字第663号	126079.08	财产	2997	100	100	100	国内

续表

序号	案号	实际损失/元	损失类型	船舶总吨位/t	获赔比例/% 《海商法》	获赔比例/% 《1996年议定书》	获赔比例/% 《2012年修正案》	水域
123	（2015）厦海法商初字第664号	42840.00	财产	26835	100	100	100	国内
124	（2016）津72民初348号	760129.80	财产	1954	100	100	100	国内
125	（2016）粤72民初1429号	4039548.75	财产	2708	66.31	100	100	国内
126	（2016）沪72民初1453号	1524867.76	财产	4498	100	100	100	国内
127	（2016）浙72民初1634号	4249113.00	财产	2998	68.74	100	100	国内
128	（2016）鄂72民初2119号	666638.56	财产	6927	100	100	100	国内
129		285702.24	财产	10700	100	100	100	国内
130	（2016）浙72民初2974号	960000.00	财产	2612	100	100	100	国内
131	（2017）辽72民初483号	3880128.00	财产	2548	65.59	100	100	国内
132	（2017）浙民终581号	8958539.00	财产	54309	100	100	100	国内
133	（2017）粤72民初987号	4032000.00	财产	2708	66.44	100	100	国内
134	（2017）粤72民初989号	3312607.85	财产	2708	80.86	100	100	国内
135	（2017）鄂72民初928号	6175178.24	财产	6927	100	100	100	国内
136	（2017）鄂72民初928号	2646504.96	财产	10700	100	100	100	国内
137	（2017）鄂72民初1315号	1000000.98	财产	10700	100	100	100	国内
138	（2017）鄂72民初754号	2214870.56	财产	6927	100	100	100	国内
139	（2017）鄂72民初754号	949230.24	财产	10700	100	100	100	国内
140	（2017）鲁民终1348号	687745.36	财产	117	76.70	100	100	国内

续表

序号	案号	实际损失/元	损失类型	船舶总吨位/t	获赔比例/%				水域
					《海商法》	《1996年议定书》	《2012年修正案》		
141	(2017)鄂民终176号	330700.00	财产	864	100	100	100		国内
142	(2018)闽72民初853号	8161665.68	财产	2985	35.65	85.40	100		国内
143	(2018)沪72民初3932号	468817.80	财产	5614	100	100	100		国内
144	(2018)沪72民初1134号	11140044.09	财产	2971	26.02	62.32	94.10		国内
145	(2018)沪72民初1134号	1237782.68	财产	2638	100	100	100		国内
146	(2018)浙72民初1732号	4082112.79	财产	247	20.46	100	100		国内
147	(2018)闽民终1305号	20252265.16	财产	6362	28.29	67.77	100		国内
148	(2018)鄂72民初322号	8810000.82	财产	10700	100	100	100		国内
149	(2019)粤72民初1399号	64959977.00	财产	7102	9.77	23.41	35.34		国内
150	(2019)闽72民初1136号	1208561.59	财产	498	69.09	100	100		国内
151	(2019)闽72民初1136号	2244471.52	财产	2984	100	100	100		国内
152	(2019)闽72民初1215号	2529829.48	财产	4738	100	100	100		国内
153	(2019)闽72民初1152号	394963.12	财产	4738	100	100	100		国内
154	(2019)浙72民初1356号	3470000.00	财产	2747	78.13	100	100		国内
155	(2019)沪72民初111号	3750779.00	财产	1941	54.34	100	100		国内
156	(2019)鲁民终2921号	7550000.00	人身	1457	53.74	100	100		国内
157	(2019)闽民终759号	1954599.09	财产	2071	100	100	100		国内
158	(2020)闽民终1964号	13069595.00	财产	2993	22.32	53.45	80.71		国内

续表

序号	案 号	实际损失/元	损失类型	船舶总吨位/t	获赔比例/%			水域
					《海商法》	《1996年议定书》	《2012年修正案》	
159	（2020）浙72民初514号	1344600.00	财产	310	62.10	100	100	国内
160	（2021）鄂72民初197号	10238870.00	财产	29271	100	100	100	国内
161	（2021）浙72民初364号	109000000.88	财产	2315	21.56	51.65	77.99	国内
162	（2021）沪民终161号	1859571.30	人身	2879	100	100	100	国内
163		3750779.00	财产	2879	75.22	100	100	国内

第四章 海洋强国的推进与我国海事赔偿责任限制制度的完善

· 185 ·

由表 4-4 的数据分布可以得出如下结论：(1)国际海上运输案件所占比例小。我国法院审理的当事人申请海事赔偿责任限制的案件中，绝大多数是国内水路运输，国际运输所涉纠纷鲜有在我国法院提起诉讼。上述样本中，涉及国际货物运输的仅 4 个，占所有案件比例仅为 2.52%。是否因为我国采用较低的责任限额标准而导致国际运输中的索赔方"择地行诉"，目前没有直接的证据，但不难看出我国《海商法》并未因为较低的赔偿责任限额而受到更多船舶所有人的青睐，在我国提起诉讼的外国船东屈指可数。(2)人身伤亡损害所占比例小。我国法院审理的当事人申请海事赔偿责任限制的案件中，绝大多数是非人身伤亡损害赔偿的索赔。上述样本中，涉及人身伤亡的案件仅 2 个，占所有案件的比例仅为 1.26%。(3)根据我国现行《海商法》所确定的责任限额标准，上述案件平均获赔比例为 87.38%，其中财产损失的平均获赔比例为 88.44%，人身伤亡的平均获赔比例为 76.87%。但应该注意的是，随着时间的推移，实际获赔比例逐年下降。其中，获赔比例在 50% 以下的占据一定比例，甚至在 2019 年出现获赔比例仅有 9.77% 的案件。[①] (4)若根据《1996 年议定书》所确定的责任限额标准，上述样本中的案件平均获赔比例为 97.21%，其中财产损失平均获赔比例为 97.68%，人身伤亡的平均获赔比例达到 100%。[②]

综合以上论述，按照我国现行《海商法》所确立的责任限额标准，受损方往往只能获得极低比例的赔偿。如果考虑实际损失的因素，采《1996 年议定书》的标准能够涵盖大部分案件的实际损失，但由于个案的实际损失分布不均，仍然有相当一部分案件的获赔比例较低。如果采用《2012 年修正案》的标准，则除了极少数案件外，获赔比例都处于较高的水平，且大部分案件中索赔方得到全额赔偿。

3. 基于本国利益的选择

通过限制船方所面临的海上风险以实现船货之间利益的平衡，是海事赔偿责任限制的制度初衷之一，这是建立在海上风险相比于陆上风险更难以控制、

---

① 参见(2019)粤 72 民初 1399 号民事判决书。
② 对于责任的计算标准，分别采用我国《海商法》(《1976 年海事索赔责任限制公约》的标准)、《1996 年议定书》和《2012 年修正案》三种标准，并采用双轨制，即根据交通部《关于不满 300 总吨船舶及沿海运输、沿海作业船舶海事赔偿限额的规定》的规定，对于从事国际海上运输的船舶，其责任限额按照《海商法》第 210 条的标准计算；对于从事中华人民共和国港口之间货物运输或者沿海作业的船舶，其责任限额按照从事国际海上运输船舶责任限额的 50% 计算。此外，考虑到我国国内运输船舶吨位较小，500 吨以下的船舶仍然参照现行《海商法》设立独立的标准，其责任限额按照《1996 年议定书》和《2012 年修正案》2000 总吨的起算标准同等比例缩小。

预测和克服的基础之上的。但是,海上风险不是一成不变的,科学技术的发展、人类航行距离的扩大、货物运输方式的变革以及航运和贸易市场的变化都会影响海上风险。因此,无论是航运大国还是贸易大国,都需要不断调整航运政策以适应本国利益的需要。如果把海事赔偿责任限制制度比作平衡船货双方利益的杠杆,责任限额的调整,则将关系到这个杠杆的倾斜程度。对责任限额进行调整时应充分考虑对本国的航运和贸易业的可持续发展是否有利,同时应该着重考虑船方和货方利益的平衡,具体体现在海上运输经营主体与债权人利益的平衡,以及不同海上运输经营主体间利益的平衡上。

责任限额如果过高,其保护船方的作用将难以发挥,船方的利益将受到严重打击,进而影响我国航运业的发展;而责任限额如果过低或者停滞不前,将严重侵害货方的利益,不利于贸易业的发展。基于此,从理论层面观之,主要航运国家将尽可能降低或者限缩海事赔偿责任限额,从而将经营海上运输一方的责任控制在有限的范围内,进而起到促进本国航运业发展之效。而对以贸易业为支柱的国家而言,通过立法提高海事赔偿责任限额以保护贸易者利益的做法似乎成为必然。但是,笔者对主要航运国家和贸易国家的责任限额标准进行考察之后,发现情况与理论上的预测并不完全一致。

(二)海事赔偿责任限制的丧失条件

基于本章第二节的论述,我国《海商法》第 209 条存在过错主体难认定、举证责任分配不合理以及过错标准不明确三个方面的问题,对此,笔者提出下列完善建议:

1.责任主体

关于导致海事赔偿责任限制权利丧失的责任主体,最高人民法院认为应该限缩解释为"责任人本人"。[①] 笔者认为,上述最高人民法院的司法解释不仅不符合《海商法》第 209 条的立法初衷,亦不符合民法理论关于代理制度的规定,同时导致了司法实践中在认定"责任人本人"时产生困难。对该法第 209 条的"责任人"应该采广义解释,主要有以下理由:

首先,从立法初衷看,应该对"责任人"采广义解释。我国《海商法》第十一章"海事赔偿责任限制"是参照《1976 年海事索赔责任限制公约》制定的,但第 209 条有关海事赔偿责任限制的丧失条件的规定并未采用公约中"责任人本人

---

① 《最高人民法院关于审理海事赔偿责任限制相关纠纷案件的若干规定》第 18 条规定,《海商法》第 209 条规定的"责任人"是指海事事故的责任人本人。

的行为"(his personal act)的表述,而仅明确责任主体为"责任人"。从立法的初衷上看,显然有意规避"责任人本人"的表述,从而对"责任人"采广义解释,即责任主体包含责任人及其受雇人员、代理人。

其次,根据民法理论,应该对"责任人"采广义解释。在海上运输中,船长以及其他船员一般由船舶所有人或承运人雇佣,两者间是雇佣关系。除此之外,船长主管船上一切事务,具备一定的代理职能,可以在授权的范围内以船舶所有人或承运人的名义同第三人发生法律行为。[①] 譬如,我国《海商法》第72条明确规定船长签发的提单与承运人签发的提单具有同等效力,也就是说,船长的行为对承运人同样具有约束力。从这个意义上看,船长和船舶所有人或承运人之间亦存在代理关系。根据传统民法理论,对于雇员(船长或船员)在执行职务期间的行为所造成的后果,应该由雇主(船舶所有人或承运人)承担。此外,被代理人(船舶所有人或承运人)应该对代理人(船长)在执行职务期间的行为后果负责,在这种情况下,船舶所有人或承运人转承了船长的责任。[②] 海商法是民法的特别法,在雇员、代理人的行为及其法律效果方面本应遵循民法理论,但在丧失海事赔偿责任限制的条件上却与民法存在截然不同的规定。诚然,海事赔偿责任限制被认为是一项公共政策,可以根据国家利益的需要进行调整。[③] 将海事赔偿责任限制过错主体限定为责任人本人而不包括其雇佣人员、代理人,其实质是对海事赔偿责任限制权利的扩张,即使得海事赔偿责任限制的权利变得越来越难以丧失,此举扩大了船舶所有人限制赔偿责任的权利,有利于鼓励对航运业的投资。在我国航运业刚刚起步时,海事赔偿责任限制的规定向船舶所有人倾斜确实具有必要性,截至2024年,我国已经成为全球第三大航运国,[④] 商品贸易总量也稳居世界第一,[⑤] 因此不能仅仅单方面制定向船方倾斜的保护

---

① 参见司玉琢:《海商法专论》,中国人民大学出版社2018年版,第58~60页。
② 参见曹艳春:《雇主替代责任研究》,法律出版社2008年版,第72页。
③ See Thomas J. Schoenbaum, *Admiralty and Maritime Law* (Practitioner Treatise Series, 4th ed) Thomson West, 2009, p.136. See also Aleka Mandaraka-Sheppard, *Modern Maritime Law: Managing Risks and Liabilities*, Informa Law form Routledge, 2013, p.739.
④ See The Maritime Executive. Top 10 shipping Nations: China Sees Biggest Increase. https://www. maritime-executive. com/article/top-10-shipowning-nations-china-sees-biggest-increase, accessed on September 17, 2024.
⑤ 根据WTO的数据,2019年我国商品贸易出口额为2.499万亿美元,进口额为2.077万亿美元,总量居世界第一位。See World Trade Organization, World Trade Statistical Review 2020. p.82.https://www.wto.org/english/res_e/statis_e/wts2020_e/wts20_toc_e.htm, accessed on September 17, 2024.

措施,还要平衡船方和贸易方之间的利益。加之海陆相对风险逐渐弱化,这种与传统民法理论相违背的规定是否仍然具有必要性值得商榷。海商法特殊制度存在的基础是保证其与我国民事法律规范的协调,特别是《海商法》规定与《民法典》规定的协调。否则,保留与民法理论截然不同的规定,不仅会造成海商法与民法规范的冲突,还将导致海商法体系本身缺乏理论基础的依托,成为一系列缺乏法理的政策堆积而非法律规范。

最后,关于责任人本人的认定在司法实践中缺乏可操作性。在船舶所有人为自然人的情况下,对于本人的认定并无争议。但是在现代海上运输中,船舶所有人一般以法人的形式存在,如何认定法人本人的行为并无明确的标准。在具体的司法实践中应以法定代表人的行为作为法人本人的行为,还是应该考虑公司的董事会及其成员或公司的其他高级管理人员的行为?此外,是否应该考虑上述人员的行为是否在职权范围内?对于上述问题,我国立法并未给出答案,这给司法实践中认定法人本人的行为带来困难。同时,赋予经济上强者如船舶所有人、经理人、经营人等享受责任限制的权利,而经济上弱者如船舶所有人、经理人、经营人的雇佣人员却无法得到责任限制的保护,显然有失公平。[①]因此,海商法同时赋予责任主体的代理人和受雇人员在面临索赔时主张限制赔偿责任的权利。《1976年海事索赔责任限制公约》第1条第4项亦明确当责任主体"应当对其行为、疏忽或过失负有责任的任何人"遭受索赔时,亦可主张海事赔偿责任限制。我国《海商法》第205条也作出了类似的规定。由此可见,责任人与其代理人已经构成了利益共同体,在面临索赔时都可以主张责任限制,而当出现不当行为时,自然也应该同时丧失海事赔偿责任限制的权利。

2.举证责任

在民事诉讼法中,关于举证责任的规定一般包含三个方面的内容,分别为"谁主张,谁举证"、"举证责任倒置"以及"不证自明的事项"。[②] 从上述三个方面的逻辑看,在举证责任的认定中,首先应排除不需要证明的事项,对此,当事双方都无举证义务。《最高人民法院关于民事诉讼证据的若干规定》第10条就明确规定了自然规律以及定理、定律、众所周知的事实、根据法律规定推定的事实等七项无须举证的事项。除了上述免证事项,对于须举证的内容,一般采用的是"谁主张,谁举证"原则,即对自己有利的事实,当事人应当提出相应的证据证

---

① 张新平:《海商法》,台湾五南出版公司2016年版,第50页。
② 叶自强:《举证责任及其分配标准》,法律出版社2005年版,第161页。

明,这通常被作为一项原则予以规定。我国《民事诉讼法》亦明确规定对于主张免责权的举证责任,应遵循"谁主张,谁举证"的规则。① 譬如,因不可抗力不能履行合同的,应当及时通知对方并在合理期限内提供证明。② 此外,我国《海商法》也普遍遵循"谁主张,谁举证"的规定。承运人主张免责时,对于免责的事由负举证责任。③ 譬如,承运人主张免除活动物灭失或者损害的责任时,必须证明业已履行托运人关于运输活动物的特别要求;同时,还须证明根据实际情况,灭失或者损害是由于运输活动物的固有特殊风险造成的。④ 除了上述一般规则,对于少数特殊的事项,法律还明确了"举证责任倒置"这种特殊的规则。所谓举证责任倒置,是指为了弥补"谁主张,谁举证"的一般举证原则的不足,针对某些特殊的案件,将本由己方承担的证明责任改由对方当事人承担的做法。⑤ 譬如,在工伤纠纷中,由于职工对有关工伤认定的证据获取能力上的不足,为了保护弱势的职工一方,对于职工主张工伤损害赔偿的,由用人单位对职工是否为工伤负举证责任。⑥ 而在侵权责任法中,对于某些特定情况,侵权人对其行为没有过错应负举证责任,即适用过错推定原则。⑦ 这种做法使得部分特殊的侵权中,被侵权人处于有利地位,有效遏制和制裁侵权行为。⑧

由此可见,民事诉讼中"谁主张,谁举证"是原则,而"举证责任倒置"仅存在于少数特殊的情况中。前者之所以为原则,其原因在于:无论是原告还是被告,不仅与案件有直接利害关系,而且对案情都最熟悉,为了证明自己所提出的主张或否定对方的请求,必然竭尽全力寻找对自己有利的证据或证人。⑨ 而"举证责任倒置"的特殊规则源于法律的明确规定,且多为出于对控制证据弱势一方的保护。因此,举证责任倒置作为一种特殊性规定,必须受到一定条件的限制。首先,举证责任的倒置应由法律明确规定。这也决定了举证责任倒置的规定具有强行性,无论当事人是否提出,法官都应该对这一规则予以适用,而无自由裁量之空间。其次,举证责任倒置的适用范围具备一定的限度,必须在原告就某

---

① 《民事诉讼法》第64条规定,当事人对自己提出的主张,有责任提供证据。
② 参见我国《民法典》第590条。
③ 参见《海商法》第51条。
④ 参见《海商法》第52条。
⑤ 张卫平:《民事诉讼法》,法律出版社2016年版,第240页。
⑥ 参见《工伤保险条例》第19条。
⑦ 例如,对于饲养动物致人损害引起的侵权诉讼,由动物饲养人或管理人就被侵权人的过错承担举证责任。
⑧ 参见杨立新:《侵权责任法》,法律出版社2018年版,第61页。
⑨ 参见宋纯新主编:《民事诉讼举证责任》,中国方正出版社2001年版,第17页。

事由的证明出现举证障碍的范围内,才能适用举证责任的倒置,也就是说,需要衡量诉讼双方取证能力的强弱来确定是否适用举证责任倒置的规则。再次,举证责任倒置的主要动因,是出于保护弱者权益的需要,这里的弱者,指对于案件证据的获取处于弱势地位的当事人。最后,被告就某事由的存在与否必须具备证明的可能性;否则,法律将证明责任强加给被告将带来不公平。①

关于举证责任,我国《海商法》第209条采取了举证责任倒置的规定,即要求索赔方证明责任人不存在过错行为。笔者认为,在海事赔偿责任限制丧失条件中采用举证责任倒置的规定并不符合上述举证责任倒置的适用条件,不具备正当性。一方面,举证责任倒置的目的在于保护诉讼中的弱者,而现代海上运输中,船舶所有人往往以大型企业的形式存在,拥有专业的航海知识,同时掌握大量行业信息,显然不再是所谓的"弱者"。诚然,在航海技术尚不发达之前,海陆风险具有较大的差异性,加之船队规模较小,船舶所有人往往需要独自面对难以估量的海上风险,在海上冒险中处于相对弱势的地位。但是,随着现代以来海陆风险差异性的弱化,船舶所有人所面临的海上风险逐渐缩小,而船队规模的不断扩张亦使得船方力量逐渐壮大,单船船东也逐渐被大型航运企业所取代。在这种背景下,仍然将船舶所有人作为"弱者"进行保护的做法显然已不具备正当性。另一方面,责任限制倒置的前提是提出主张的一方对于证据的提出存在障碍,而相对方具备提出证据的可能性。但是,在海上运输中,船舶和货物往往由船舶所有人及其代理人控制,对于船货损失的情况以及上述损失是否由责任人主观过错造成,通常只有船舶所有人及其代理人掌握相关证据,而索赔方往往远在千里之外,对于上述证据并没有获取的可能性。在这种情况下,如果仍然将举证责任分配给索赔方,显然不公。

3.过错标准

我国《海商法》第209条采用的丧失赔偿责任的标准为"故意或者明知可能造成损失而轻率地作为或者不作为"(committed with the intent to cause such loss, or recklessly and with knowledge that such loss would probably result)。上述规定虽然有利于防止责任方对责任限制权的滥用,但所采取的标准与我国民法体系下对于过错的认定却存在差异。

在我国民法体系下,过错分为故意和过失两种基本形态。所谓故意,指行为人预见自己行为的结果但仍然希望它发生或者听任它发生的主观心理状态。

---

① 参见王利明:《论举证责任倒置的若干问题》,载《广东社会科学》2003年第1期。

故意又可区分为直接故意和间接故意,前者指行为人明知其行为必将产生某一后果但仍然积极地追求该后果的发生,而后者指行为人明知其行为可能产生某一后果但仍然放任这种后果的发生。而所谓过失,指行为人对于自己行为的结果应当预见或者能够预见而没有预见,亦可指行为人对自己行为的结果虽然预见了却轻信能够避免,前者为疏忽,后者为懈怠。过失是行为人对自己应负注意义务的违反,根据所违反的注意义务的不同可以区分为三种过失类型:违反普通人的注意义务的过失为重大过失,违反与处理自己事务为同一注意义务的过失为具体过失,违反善良管理人的注意义务的过失为抽象过失。①

而在英美法系中,对过错的分类则有所不同,过错一般按照行为人是否注意或预见的状态与程度分为实际心理状态的过错与非实际心理状态的过错。前者包括故意(intent)、放任(wanton)和懈怠(reckless),指行为人明知会或已经预见到会损害他人利益而故意或轻率地作为或不作为。而后者指对损害结果的发生既不希望也没预见但应当预见并避免其损害的发生。② 由此观之,上文所指明知可能造成损害而"轻率地作为或者不作为"(reckless act or omission)应对应英美法传统中所指的放任或懈怠,易言之,《海商法》第209条规定的"故意或明知可能造成损害而轻率地作为或者不作为"所对应的应为英美法过错体系中的"实际心理状态的过错",包括故意、放任和懈怠。

那么,在我国的民法体系下,上述过错标准又应该如何认定?如果单纯考虑"轻率地作为或者不作为",可理解为我国民法中的"重大过失",但是如果考虑"明知"的因素,就应该排除"过失"的认定。因为公约所采用的是"probably"而非"possible",这表明结果的发生具有极高的可能性,而过失指行为人对自己行为的后果应当预见或能够预见而未预见,抑或已经预见到了行为的后果而轻信能够避免但最终未能避免,这显然不属于明知结果的发生具有极高的可能性。此外,在我国民法体系下,所谓故意的认定不仅仅包含条文中明确规定的"故意",还包括"明知",因为"明知"已经表明了当事人已经预见到了其行为可能产生损害后果。譬如,《民法典》第1207条规定明知产品存在缺陷仍然生产、销售而造成他人死亡或健康严重损害的,被侵权人有权主张惩罚性赔偿。此处

---

① 参见杨立新:《侵权责任法》,法律出版社2018年版,第95~97页;王利明:《侵权责任法研究》(上卷),中国人民大学出版社2016年版,第339~361页;张新宝:《侵权责任法》,中国人民大学出版社2016年版,第34~39页;方新军:《侵权责任法学》,北京大学出版社2013年版,第112~118页。

② 参见邓瑞平等:《海上侵权法比较研究》,厦门大学出版社2013年版,第135页。

即通过惩罚性赔偿对故意销售存在缺陷的产品进行惩戒。基于此,笔者认为,"明知可能造成损害而轻率地作为或者不作为"应对应我国法下的"故意",更进一步说,由于行为人对损害结果采取的是放任或懈怠的态度,且"明知可能"说明行为人已经预见到损害结果可能发生而非必然发生,因此与"间接故意"的标准更为类似。海商法具有很强的英美法属性,这不可避免地将产生与我国大陆法传统的冲突,给司法实践带来不确定性。因此,应当实现《海商法》的本土化。对此,《海商法》第209条的"故意或明知可能造成损害而轻率地作为或者不作为"应对应我国的过错标准进行调整,改为"故意",此处所指故意,为广义的故意,包括直接故意和间接故意。

此外,有学者认为对过错的区分在刑法中对定罪量刑具有重要意义,但在民法中意义不大。① 本书认为,这种观点仅适用于一般情况,对于过错程度的区分在某些情形下仍然具有重要意义。在侵权行为的法律效果方面,区分故意与过失仍然大有裨益。② 在法律有特别规定之处以及共同过错、与有过失和第三人过错等情况下,过错程度的轻重甚至对当事人责任的承担具有决定性作用。③ 而《合同法》项下,虽然违约责任通常并不以过错为要件,但是,合同法中亦存在若干适用"过错责任主义"的特别规定,譬如,旅客运输合同项下,旅客随身物品毁损或灭失时,只有当承运人有过错时,才需要承担责任。④ 不仅如此,在某些情况下,区分过错的程度对于违约责任的承担甚至具有决定性作用——在无偿委托合同中,只有因受托人故意或重大过失造成损失的,委托人才可以请求赔偿损失。⑤ 此外,在海商法中,区分故意和过失亦决定了承运人和船舶所有人是否能够免除或限制赔偿责任。在司法实践中处理涉及海事赔偿责任限制的案件时,通常会对责任人的主观过错程度进行判断,如果权利人存在故意,无论是直接故意还是间接故意,都无权主张海事赔偿责任限制;但如果责任人只是存在过失,则仍然可以主张海事赔偿责任限制。

---

① 参见郑玉波:《民法债编总论》,中国政法大学出版社2004年版,第139页。
② 参见王泽鉴:《侵权行为法》,中国政法大学出版社2001年版,第253页。
③ 杨立新:《侵权责任法》,法律出版社2018年版,第87页。
④ 参见我国《民法典》第824条。
⑤ 参见我国《民法典》第929条。

结论

海商法是"追求利益平衡的法",海事赔偿责任限制制度是海商法的一个缩影,该制度通过限制船方所承担的海上风险从而实现对海上活动中风险的公平分配,旨在提高"海上命运共同体"的抗风险能力,进而促进行业的发展。海事赔偿责任限制的制度设计是否合理,关系到一国航运和贸易业的兴衰。现代以来,科学技术的发展提高了人类抵御海上风险的能力,而替代性风险分散机制的普及以及海上运输经营方式的改变又在一定程度上削弱了船舶所有人所面临的海上风险,这使得海事赔偿责任限制所立足的海陆风险具有差异性的客观事实受到冲击,海事赔偿责任限制存在的正当性因此受到部分学者的质疑。

但是,居高不下的海难事故数量已然表明人类在浩瀚的海洋面前依然显得渺小,新兴技术所带来的船舶大型化和自动化等特性虽然在一定程度上提高了船舶的抗风险能力,但同时也带来了潜在的新风险——船载货物的增加意味着单次海难事故所造成的损失也将随之提高,人工智能技术的应用提高了船舶的自动化水平,但也意味着人类对海上航行的控制能力将减弱,在弱人工智能时代将带来一系列不确定的风险。总而言之,随着人类抵御风险能力的提高,海事赔偿责任限制制度存在的正当性受到冲击。但是在可预见的将来,人类完全战胜海洋几无可能,海陆风险的差异性仍将长期存在。在海事领域保留责任限制的规定是公平分散海上风险的必然要求,也是促进航运和贸易业稳定发展的需要,海事赔偿责任限制制度的存在具有必要性。

海上风险受到多种因素的影响,从古代到现在,海陆风险的差异性不断改变,海商法特殊制度也因此不断进行着调整,以平衡船货之间的利益。海事赔偿责任限制制度的具体内容亦随着客观情况的变化不断进行着调整。因此,海事赔偿责任限制制度显然不应该因为海上风险的变迁而彻底废除,而是通过制度的革新以因应客观情况变化的冲击,维持船方和货方利益的平衡,重新寻找保护航运业与维护受害人利益的平衡点。唯有如此,才能在确保海上风险得到控制的同时,树立海事赔偿责任限制制度的正当性。

在海事赔偿责任限制制度正当性重塑的过程中,不应该再"孤军奋战",而应该以传统法学理论为依托,承认海陆风险差异性弱化的客观现实,不仅仅看到海商法特殊制度的特性,同时亦应该看到其与一般民事损害赔偿制度的共性。海商法源于航运习惯,历经了从习惯法到国家立法再到国际公约的演变过程,与陆上法律制度相比具有很强的特殊性。但是,从古代到中世纪再到近代,海商法的自体性经历了从形成到增大再到逐渐弱化的过程,现代海商法已经无法以其自体性自居,这决定了海商法的特别制度虽然可以具有特殊性,但绝对无法自成体系。海商法当属民法的特别法,而海事赔偿责任限制制度则是民法损害赔偿制度的特别规定。

在民法体系下,海事赔偿责任限制本质上是在侵权或违约责任成就之后,责任人所主张的对抗索赔方请求权的特别免责事由。但应该明确的是,免除全部或部分赔偿责任的前提是责任的成就,因此,免责事由并非责任的构成要件,也不是寄生于索赔方请求权的被动权利,而是法律基于平等保护索赔方和被索赔方权益的考量,赋予被索赔方对抗索赔方请求权的法定权利,权利人可以主动行使该项权利而非基于索赔进行被动回应。海事赔偿责任限制与民法上的免责事由具有相似的价值追求和运行机理,都是在特定事由下权利人得以免除或者减轻赔偿责任的权利,是一种免责权。

对于我国海事赔偿责任限制制度的完善,应顺应海事赔偿责任限制立法的潮流,遵循责任限制权利主体扩张、责任限制限额提高和责任限制丧失条件逐渐严格的趋势,以民法理论为指导,以免责权体系的构建为契机,在保留有限特殊性的同时立足于民事损害赔偿制度的普遍性。在具体制度的构建上,海事赔偿责任限制的权利主体范围应逐步扩张,使得所有面临海上风险的主体都得到平等保护;在海事赔偿责任限制的权利客体方面,非限制性海事请求的规定应该明确,以明晰海事赔偿责任限制的保护范围;在海事赔偿责任限制的权利内容方面,海事赔偿责任限制的丧失条件应逐渐严格化,以确保其与民法免责权的丧失标准保持一致。责任限额应逐渐向实际损失靠拢,只有在损失特别重大的案件中,海事赔偿责任限制控制风险的"安全阀"才得以发挥。

参考文献

一、著作类

（一）中文文献

［1］何丽新等：《〈海商法〉修订中重大问题研究》，法律出版社2023年版。
［2］陈小曼：《海事赔偿责任限制制度研究》，华中科技大学出版社2019年版。
［3］蔡佩芬：《海商法》，台湾元照出版有限公司2017年版。
［4］程啸：《侵权责任法教程》，中国人民大学出版社2017年版。
［5］崔建远：《合同法》，法律出版社2015年版。
［6］陈安：《国际海事法》，鹭江出版社1989年版。
［7］杜景林、卢谌：《德国商法典》，法律出版社2010年版。
［8］傅廷中：《海商法》，法律出版社2017年版。
［9］傅廷中：《海商法：理论、原则与制度》，法律出版社2014年版。
［10］冯兴耿：《航海技术辩证法》，大连海事大学出版社1995年版。
［11］郭佳宁：《侵权责任免责事由研究》，中国社会科学出版社2014年版。
［12］郭丽军：《海上保险学》，对外经贸大学出版社2010年版。
［13］郭瑜：《海商法的精神——中国的实践和理论》，北京大学出版社2005年版。
［14］韩世远：《合同法总论》，法律出版社2018年版。
［15］胡正良主编：《海事法》，北京大学出版社2016年版。
［16］何勤华：《外国法制史》，法律出版社2015年版。
［17］何丽新、谢美山：《海事赔偿责任限制研究》，厦门大学出版社2008年版。

[18] 何勤华、魏琼:《西方商法史》,北京大学出版社2007年版。

[19] 何丽新、饶玉琳:《海商法》,厦门大学出版社2004年版。

[20] 贾林青:《海商法》,中国人民大学出版社2012年版。

[21] 江朝国:《保险法基础理论》,中国政法大学出版社2002年版。

[22] 柯泽东:《海商法:新世纪几何观海商法学》,台湾元照出版有限公司2006年版。

[23] 刘宗荣:《海商法》,辰皓国际出版制作有限公司2016年版。

[24] 罗结珍:《法国商法典》,北京大学出版社2015年版。

[25] 刘成杰:《日本最新商法典译注》,中国政法大学出版社2012年版。

[26] 刘建民、刘言浩:《商事侵权责任法》,复旦大学出版社2012年版。

[27] 李天生:《船货利益平衡原则研究》,法律出版社2012年版。

[28] 陆儒德:《海洋·国家·海权》,海潮出版社2000年版。

[29] 马得懿:《海商法及其哲理化初论》,中国商务出版社2008年版。

[30] 饶正瑞:《海商法论》,台湾三民书局2018年版。

[31] 司玉琢、张永坚、蒋跃川:《中国海商法注释》,北京大学出版社2019年版。

[32] 司玉琢:《海商法专论》,中国人民大学出版社2018年版。

[33] 司玉琢主编:《海商法》,法律出版社2018年版。

[34] 司玉琢:《海商法大辞典》,人民交通出版社1998年版。

[35] 司玉琢、吴兆麟:《船舶碰撞法》,大连海事大学出版社1995年版。

[36] 王泽鉴:《损害赔偿》,北京大学出版社2017年版。

[37] 王玫黎、倪学伟:《海商法律实务》,厦门大学出版社2017年版。

[38] 温世扬:《保险法》,法律出版社2016年版。

[39] 王利明:《侵权责任法研究》,中国人民大学出版社2016年版。

[40] 王利明:《民法总论》,中国人民大学出版社2015年版。

[41] 王利明、房绍坤、王轶:《合同法》,中国人民大学出版社2013年版。

[42] 王胜明:《中华人民共和国侵权责任法释义》,法律出版社2013年版。

[43] 王小波:《〈罗得海商法〉研究》,中国政法大学出版社2011年版。

[44] 王利明:《合同法研究》,中国政法大学出版社2011年版。

[45] 王泽鉴:《民法思维:请求权基础理论体系》,北京大学出版社2009年版。

[46] 王泽鉴:《民法总则》,北京大学出版社2009年版。

[47] 王泽鉴:《侵权行为法》,中国政法大学出版社2001年版。

[48] 吴焕宁:《海商法》,法律出版社1996年版。

[49] 徐国栋:《优士丁尼〈法学阶梯〉评注》,北京大学出版社 2019 年版。

[50] 徐国栋主编:《民法总论》,厦门大学出版社 2018 年版。

[51] 徐国栋:《民法哲学》(增订本),中国法制出版社 2015 年版。

[52] 徐国栋:《民法基本原则解释——成文法局限性之克服》(增订本),中国政法大学出版社 2001 年版。

[53] 向明华:《海事法要论》,法律出版社 2009 年版。

[54] 许谨良:《风险管理》,中国金融出版社 2015 年版。

[55] 杨立新:《侵权责任法》,法律出版社 2018 年版。

[56] 杨忠海:《保险学原理》,北京交通大学出版社、清华大学出版社 2018 年版。

[57] 杨立新:《侵权损害赔偿》,法律出版社 2016 年版。

[58] 杨立新:《侵权责任法》,复旦大学出版社 2016 年版。

[59] 杨俊杰:《海事请求责任限制》,中国人民公安大学出版社 2013 年版。

[60] 杨仁寿:《最新海商法论》,自版 2010 年版。

[61] 杨立新:《侵权损害赔偿》,法律出版社 2008 年版。

[62] 由嵘、张雅利、毛国权:《外国法制史参考资料汇编》,北京大学出版社 2004 年版。

[63] 於世成、杨召南、汪淮江:《海商法》,法律出版社 1997 年版。

[64] 张虹、陈迪红:《保险学原理》,清华大学出版社 2018 年版。

[65] 周学锋、左红娟:《海商法》,海洋出版社 2017 年版。

[66] 张新宝:《侵权责任法》,中国人民大学出版社 2016 年版。

[67] 张丽英主编:《海商法》,中国政法大学出版社 2015 年版。

[68] 张丽英:《海商法学》,高等教育出版社 2016 年版。

[69] 张湘兰:《海商法》,武汉大学出版社 2014 年版。

[70] 卓志:《巨灾风险管理制度创新研究》,经济科学出版社 2014 年版。

[71] 张湘兰、张辉:《国际海事法新发展》,武汉大学出版社 2012 年版。

[72] 张民安、杨彪:《侵权责任法》,高等教育出版社 2011 年版。

[73] 张湘兰:《海商法》,武汉大学出版社 2008 年版。

[74] 张新宝:《侵权责任法原理》,中国人民大学出版社 2005 年版。

[75] 曾隆兴:《详解损害赔偿法》,中国政法大学出版社 2004 年版。

[76] 郑玉波:《民法债编总论》,中国政法大学出版社 2004 年版。

[77] 张新平:《海商法》,中国政法大学出版社 2002 年版。

[78] 曾世雄:《损害赔偿法原理》,中国政法大学出版社 2001 年版。

[79] 张湘兰、郑瑞平、姚天冲主编:《海商法论》,武汉大学出版社2001年版。

[80] 赵德铭、何丽新等:《国际海事法学》,北京大学出版社1999年版。

[81] 曾隆兴:《现代损害赔偿法论》,台湾三民书局1997年版。

[82] 曾世雄:《损害赔偿法原理》,中国美术著作奖励委员会1986年版。

(二)译文文献

[1] [英]爱德华滋:《汉穆拉比法典》,沈大銈译,曾尔恕校,中国政法大学出版社2005年版。

[2] [英]彼得·斯坦、约翰·香德:《西方社会的法律价值》,王献平译,中国法制出版社2004年版。

[3] 《摩奴法典》,[法]迭朗善译,马香雪转译,商务印书馆2017年版。

[4] [美]E.博登海默:《法理学——法律哲学与法律方法》,邓正来译,中国政法大学出版社2004年版。

[5] [英]莱弗里:《征服海洋》,邓峰译,中信出版社2017年版。

[6] [美]G.吉尔摩、C.L.布莱克:《海商法》,杨召南等译,中国大百科全书出版社2000年版。

[7] [德]汉斯·布洛克斯、沃尔夫·迪特里希·瓦尔克:《德国民法总论》,张艳译,中国人民大学出版社2019年版。

[8] [美]哈罗德·J.伯尔曼:《法律与革命:西方法律传统的形成》,法律出版社2018年版。

[9] 欧洲侵权法小组:《欧洲侵权法原则:文本与评注》,于敏、谢鸿飞译,法律出版社2009年版。

[10] [加拿大]威廉·台特雷:《国际海商法》,张永坚等译,法律出版社2005年版。

[11] [德]乌尔里希·贝克:《世界风险社会》,吴英姿、孙淑敏译,南京大学出版社2004年版。

[12] [加拿大]威廉·泰特雷:《国际冲突法:普通法、大陆法及海事法》,刘兴莉译,黄进校,法律出版社2003年版。

[13] [法]伊夫·居荣:《法国商法》,罗结珍、赵海峰译,法律出版社2004年版。

[14] [美]约翰·H.威格摩尔:《世界法系概览》,何勤华等译,上海人民出版社2004年版。

(三)外文文献

[1] A. G. GUEST, E. P. Ellinger, et al., *Benjamin's Sale of Goods*, Sweet

& Maxwell, 2006.

[2] Aleka Mandaraka-Sheppard, *Modern Admiralty Law: with Risk Management Aspects*, Cavendish Publishing, 2001.

[3] Aleka Mandaraka-Sheppard, *Modern Maritime Law and Risk Management*, Informa Law, 1988.

[4] Aleka Mandaraka-Sheppard, *Modern Maritime Law: Managing Risks and Liabilities*, Informa Law form Routledge, 2013.

[5] Alen E. Branch, *Elements of Shipping* (7th Edition), Springer US, 2013.

[6] Anthony Giddens, *The Consequences of Modernity*, Cambridge Polity Press, 2013.

[7] Anthony Rogers, Joson Chuah, Martin Dockray, *Cases and Materials on the Carriage of Goods by Sea*, Routledge, 2016.

[8] Barnabas W. B. Reynolds, Michael N. Tsimplis, *Shipowners' Limitation of Liability*, Kluwer Law International, 2012.

[9] Brayan A. Garner, *Black's Law Dictionary*, Thomson Reuters, 2014.

[10] Chen Xia, *Limitation of Liability for Maritime Claims: A Study of U. S. Law, Chinese Law and International Conventions*. Kluwer Law International, 2001.

[11] Christopher Hill, Yash Kulkarni, *Maritime law*, Taylor & Francis, 2017.

[12] C. J. Colombos, A. P. Higgins, *The International Law of the Sea*, Longmans, 1967.

[13] David M. Walker, *The Oxford Companion to Law*, Clarendon Press, 1980.

[14] Douglas Guilfoyle, *Shipping Interdiction and the Law of the Sea*, Cambridge University Press, 2009.

[15] Frank L. Maraist, Thomas C. Galligan Jr, Catherine M. Maraist, *Cases and Materials on Maritime Law*, West Academic, 2016.

[16] Frederic R. Sanbo, *Origins of the Early Marine & English Commercial Law*, New York William S Hein & Co, 1938.

[17] Geoffrey P. Miller, *The Law of Governance, Risk Management and Compliance*, Wolters Kluwer Law & Business, 1988.

[18] Grant Gilmore, Clarles L. Black, *The Law of Admiralty*, The Foundation Press, 1975.

[19] Hassan Khalilieh, *Admiralty and Maritime Laws in the*

Mediterranean Sea (ca. 800-1050), Koninklijke Brill NV, 2006.

[20] Indira Carr, *International Trade Law*, Routledge, 2014.

[21] John E. Adamson, *Business Law*, South Western Educational Publishing, 2010.

[22] John F. Wilson, *Carriage of goods by Sea*, Pearson Education, 2008.

[23] John F. Wilson, *Carriage of Goods by Sea*, Person Education Limited, 2001.

[24] John Reeves, *A History of the Law of Shipping and Navigation*, Gale Ecco, Print Editions, 2010.

[25] Martin Stopford, *Maritime Economics* (3rd Edition), Routledge, 2009.

[26] Michael Bundock, *Shipping Law Handbook*, Informa Routledge, 2011.

[27] Michael G. Bridge, *Benjamin's Sales of Goods* (8th Edition), Sweet & Maxwell, 2012.

[28] Michael G. Bridge, *The International Sale of Goods: Law and Practice*, Oxford University Press, 2007.

[29] Michael Lunney, Ken Oliphant, *Tort Law: Text and Materials*, Oxford University Press, 2010.

[30] Michael White, *Australian Maritime Law*, The Federation Press, 2014.

[31] Nicholas Gaskell, *Limitation of Shipowner's Liability: the New Law*, Sweet & Maxwell, 1986.

[32] Nigel Meeson, *Admiralty Jurisdiction and Practice*, LLP Professional Publishing, 2000.

[33] Norman A. MartÍnez GutiÉrrez, *Limitation of Liability in International Maritime Conventions: the Relationship between Global Limitation Conventions and Particular Liability Regimes*, Routledge, 2011.

[34] Patrick Griggs, Richard Williams, Jeremy Farr, *Limitation of Liability for Maritime Claims*, Informa Law from Routledge, 2004.

[35] Philip D. Souza, *Seafaring and Civilization: Maritime Perspectives on World History*, Profile Books Ltd, 2002.

[36] Rhidian Thomas, *The Modern Law of Marine Insurance: Volume four*, CRC Press, 2015.

[37] Robert Force, *Admiralty and Maritime Law*, Federal Judicial Center, 2013.

[38] Robert Force, A. N. Yiannopoulos, Martin Davies, *Admiralty and Maritime Law*, Beard Books, 2005.

[39] Robert Force, *The Law of Maritime Personal Injuries*, West, 2004.

[40] Robert P. Grime, *Shipping Law*, Sweet & Maxwell, 1991.

[41] Robert Stokes, *Commercial Law*, Sweet & Maxwell, 2017.

[42] Sharon Li, Colin Ingram, *Maritime law and policy in China*, Routledge-Cavendish, 2013.

[43] Simon Baughen, *Shipping Law*, Routledge, 2012.

[44] Simon Baughen, *Shipping Law*, Routledge, 2015.

[45] Simon Gault, Steven Hazelwood, Andrew Tettenborn, *Marsden on Collisions at Sea*, Sweet & Maxwell, 2003.

[46] Stanley S. Jados, *Consulate of the Sea and Related Documents*, The University of Alabama Press, 1975.

[47] Susan Hodges, Christopher Hill, *Principles of Maritime Law*, LLP Professional Publishing, 2001.

[48] Thomas J. Schoenbaum, *Admiralty and Maritime Law*, West, 2012.

[49] Tony Weir, *Tort Law*, Oxford University Press, 2002.

[50] Travers Twiss, *The Black Book of the Admiralty: with an Appendix*, Cambridge University Press, 2012.

[51] Walter Ashburner, *The Rhodian Sea-Law*, The Lawbook Exchange Ltd., 2001.

[52] Wayne K. Talley, *Maritime Economics*, Blackwell Publishing Ltd, 2012.

[53] Yvonne Baatz, *Maritime Law*, CRC Press, 2014.

[54] Yvonne Baatz, *Maritime Law*, Sweet & Maxwell, 2011.

[55] Zepneroya Ozcayir, *Liability for Oil Pollution and Collisions*, Informa Law, 1998.

二、论文类

（一）中文文献

[1] 曹兴国:《责任限制制度的适用理念与立法调适——以〈海商法〉修改为中心》，载《中国海商法研究》2023年第2期。

[2] 何丽新、王沛锐:《民法公平原则下海事赔偿责任限制正当性之重塑》，载《中山大学学报（哲学社会科学版）》2021年第2期。

［3］曹兴国、初北平：《作为特别法的〈海商法〉的修改——制度体系、修法时机及规范设计》，载《政法论丛》2018年第1期。

［4］傅廷中：《海事赔偿责任限制与承运人责任限制关系之辨》，载《中国海商法研究》2018年第2期。

［5］傅廷中：《船舶优先权与海事赔偿责任限制的价值冲突与协调》，载《法学研究》2013年第6期。

［6］冯珏：《论侵权法中的抗辩事由》，载《法律科学》2011年第4期。

［7］傅廷中：《论港口经营人在国际贸易运输中的法律地位》，载《清华法学》2008年第5期。

［8］郭传凯：《人工智能风险规制的困境与出路》，载《法学论坛》2019年第6期。

［9］郭靖祎：《海商法与破产法的冲突与弥合》，载《华东政法大学学报》2018年第1期。

［10］关正义、陈敬根：《无船承运人相关法律问题研究》，载《中国海商法年刊》2007年刊。

［11］郭锋：《民商分立与民商合一的理论评析》，载《中国法学》1996年第5期。

［12］胡正良、孙思琪：《我国〈海商法〉修改的基本问题与要点建议》，载《国际法研究》2017年第4期。

［13］黄永申：《试探海事赔偿责任限制的法律历史渊源——〈康索拉度海商法〉》，载《中国海商法研究》2015年第2期。

［14］海洋行政体制改革的法律保障研究课题组：《集装箱箱位承租人海事赔偿责任限制问题研究》，载《法学杂志》2014年第6期。

［15］何丽新：《论新民商立法视野下〈中华人民共和国海商法〉的修订》，载《中国海商法研究》2011年第2期。

［16］何丽新、钱小敏：《"船舶经营人"的识别——兼评〈最高人民法院关于审理海事赔偿责任限制相关纠纷案件的若干规定〉第12条》，载《中国海商法研究》2011年第1期。

［17］何丽新、陈永灿：《海商法特性论》，载《中国海商法年刊》2009年刊。

［18］胡正良：《论〈海商法〉修改的必要性》，载《当代法学》2003年第12期。

［19］刘天骄：《大西洋立法者之争——从〈航海法案〉看英第一帝国秩序的变迁》，载《开放时代》2016年第6期。

［20］李天生：《论航次承租人海事赔偿责任限制权》，载《大连海事大学学报（社会科学版）》2015年第5期。

[21] 李伟:《论海事赔偿责任限制的本质及其法律属性》,载《社会科学辑刊》2011年第4期。

[22] 李怀涛、陈治国:《贝克风险社会理论评析》,载《贵州社会科学》2010年第11期。

[23] 刘乔发:《无船承运人能否成为海事赔偿责任限制主体》,载《中国海事》2006年第10期。

[24] 雷霆:《论在我国援用海事赔偿责任限制的性质及其影响》,载《中国海商法年刊》2001年刊。

[25] 刘晓雯:《论海事赔偿责任限制权利的丧失》,载《山东对外经贸》2000年第5期。

[26] 刘凯湘、张海峡:《论不可抗力》,载《法学研究》2000年第6期。

[27] 梅立润:《人工智能到底存在什么风险:一种类型学的划分》,载《吉首大学学报(社会科学版)》2020年第2期。

[28] 马得懿:《作为补充型特别民法之海商法的丰富性与体系性》,载《社会科学战线》2016年第8期。

[29] 彭先伟:《集装箱箱位承租人海事赔偿责任限制问题初探》,载《中国海商法年刊》2010年刊。

[30] 司玉琢、李天生:《论海法》,载《法学研究》2017年第6期。

[31] 孙思琪:《海商法独立法律部门说之商榷——兼论民法特别法说之依据》,载《海大法律评论》2014—2015年刊。

[32] 邵琦、李薇:《海上拖航侵权中连带责任下的海事赔偿责任限制问题探讨》,载《中国海商法研究》2013年第1期。

[33] 司玉琢:《海事赔偿责任限制优先适用原则研究——兼论海事赔偿责任限制权利之属性》,载《环球法律评论》2011年第3期。

[34] 施文、伍载阳:《海事赔偿责任限制的几个问题》,载《法学研究》1994年第3期。

[35] 吴世坤、郭春甫:《社会重大风险起源、界定与防范化解》,载《社会治理》2019年第5期。

[36] 吴胜顺:《〈海商法〉规范二分法及其应用》,载《中国海商法研究》2016年第4期。

[37] 王婷婷、单红军:《论试航新造船的海事赔偿责任限制权利》,载《山东大学学报(哲学社会科学版)》2015年第3期。

[38] 王世涛、汤喆峰:《论海商法之于民法的独立性》,载《中国海商法研究》

2012 年第 3 期。

[39] 邬先江、陈海波:《海事赔偿责任限制制度的法理基础及其历史嬗变》,载《浙江社会科学》2010 年第 11 期。

[40] 王建瑞:《海事赔偿责任限制制度的十个问题》,载《中国海商法年刊》2010 年刊。

[41] 王保树:《商事通则:超越民商合一与民商分立》,载《法学研究》2005 年第 1 期。

[42] 邬先江:《船舶承租人海事赔偿责任限制权利初探——兼评"The CMA Djakarta"轮案》,载《河北法学》2005 年第 4 期。

[43] 汪渊智:《形成权理论初探》,载《中国法学》2003 年第 3 期。

[44] 谢潇:《侵权责任免责权:既有理论商榷基础上的概念构造尝试》,载《政治与法律》2018 年第 8 期。

[45] 夏元军:《海事赔偿责任限制权利的扩张与平衡》,载《上海大学学报(社会科学版)》2017 年第 4 期。

[46] 谢志刚、周晶:《重新认识风险这个概念》,载《保险研究》2013 年第 2 期。

[47] 徐仲建:《论船舶优先权与海事赔偿责任限制的冲突和协调》,载《法学杂志》2012 年第 1 期。

[48] 许美玲:《船舶所有人责任限制制度之历史发展与国际统一法化之研究》,载《东吴法律学报》1997 年 1 月刊。

[49] 徐国栋:《公平与价格—价值理论——比较法研究报告》,载《中国社会科学》1993 年第 6 期。

[50] 谢庆演:《略论船舶所有人的责任限制问题》,载《法学评论》1985 年第 1 期。

[51] 余晓汉:《论海事赔偿请求限制性与非限制性之识别》,载《环球法律评论》2017 年第 4 期。

[52] 易军:《民法公平原则新诠》,载《法学家》2012 年第 4 期。

[53] 杨荣波:《海事赔偿责任限制制度的补充赔偿机制》,载《中国海商法研究》2012 年第 4 期。

[54] 尹奎杰:《论权利思维的逻辑属性》,载《法律科学》2008 年第 3 期。

[55] 郑晓剑:《侵权损害完全赔偿原则之检讨》,载《法学》2017 年第 12 期。

[56] 仲海波:《我国海事赔偿责任限额完善之研究》,载《海大法律评论》2016—2017 年刊。

[57] 朱清、马洪江:《试论民法损害赔偿之因果关系在海商法中的意义》,载

《大连海运学院学报》1983年第1期。

(二)译文文献

[1] [美]詹姆斯·J. 多诺万:《船东责任限制的起源与发展》,段庆喜译,载梁慧星主编:《民商法论丛》(第37卷),法律出版社2007年版。

[2] [加拿大]威廉·台特雷:《论船舶优先权法律冲突》,王立志、李志文译,载《比较法研究》2007年第1期。

(三)外文文献

[1] A. H. E. Popp, Limitation of Liability in Maritime Law-An Assessment of Its Viability from a Canadian Perspective, 24 *Journal of Maritime Law and Commerce*, 1993(1).

[2] Allen Jacqueline, To Limit or Not to Limit: Limitation of Liability on West Australian Waters- A Call for Reform, 24 *Australian & New Zealand Maritime Law Journal*, 2010(2).

[3] Arthur M. Boal, Efforts to Achieve International Uniformity of Law Relating to the Limitation of Shipowners' Liability, 53 *Tulane Law Review*, 1978(2).

[4] Attilio M. Costabel, One Hundred and Sixty Years of Solitude-Limitation of Liability Act and Fairness in Admiralty Acts, 42 *Journal of Maritime Law and Commerce*, 2011(1).

[5] Carter T. Gunn, Limitation of Liability: United States and Convention Jurisdictions, 8 *The Maritime Lawyer*, 1983(1).

[6] Craig H. Allen, Limitation of Liability, 31 *Journal of Maritime Law and Commerce*, 2000(2).

[7] David Steel, Ships are Different: the Case for Limitation of Liability, *Lloyd's Maritime and Commercial Law Quarterly*, 1995(1).

[8] Debra L. Doby, The Wreck of the Andrew J. Barberi: Revaluating the Role of the U.S. and E.U. Limitation of Liability Statutes, 23 *Florida Journal of International Law*, 2011(2).

[9] Dennis J. Stone, The Limitation of Liability Act: Time to Abandon Ship, 32 *Journal of Maritime Law & Commerce*, 2001(1).

[10] Donald C. Greenman, Limitation of Liability: A Critical Analysis of United States Law in an International Setting, 57 *Tulane Law Review*, 1982(5).

[11] Donald C. Greenman, Limitation of Liability Unlimited, 32 *Journal of Maritime Law and Commerce*, 2001(1).

[12] Gauci Gotthard, Limitation of Liability in Maritime Law: An Anachronism? 19 *Marine Policy*, 1995(1).

[13] Gormley W. Paul, The Development of the Rhodian-Roman Maritime Law to 1681:with Special Emphasis on the Problem of Collision, *Inter-American Law Review*,1961(3).

[14] Gray Allan, James Matthew, Comment on the Plot of the Pilot: Pilotage and Limitation of Liability in Maritime Law, 25 *Australian & New Zealand Maritime Law Journal*, 2011(1).

[15] Graydon S. Staring, The Roots and False Aspersions of Shipowner's Limitation of Liability, 39 *Journal of Maritime Law & Commerce*, 2008(3).

[16] Hyun Kim, Shipowners' Limitation of Liability: Comparative Utility and Growth in the United States, Japan, and South Korea, 6 *U. S. F. Maritime Law Journal*,1994(2).

[17] James J. Donovan, The Origins and Development of Limitation of Shipowners' Liability, 53 *Tulane Law Review*, 1979(4).

[18] Jason A. Schoenfeld, Michael M. Butterworth, Limitation of Liability: the Defense Perspective, 28 *Tulane Maritime Law Journal*, 2004(2).

[19] Jill A. Schaar, The Shipowners' Limitation of Liability Act: Still Afloat or Sinking Fast, 24 *Tulane Law Journal*,2000(1).

[20] Joseph C. Sweeney, Limitation of Shipowner Liability: Its American Roots and Some Problems Particular to Collision, 32 *Journal of Maritime Law & Commerce*, 2001(1).

[21] Karan Hakan, Revising Liability Limits in International Maritime Conventions: A Turkish Perspective, 34 *Journal of Maritime Law & Commerce*, 2003(4).

[22] Kenneth H. Volk, Nicholas H. Cobbs, Limitation of Liability, 51 *Tulane Law Review*, 1976(2).

[23] Leslie J. Buglass, Limitation of Liability from a Marine Insurance Viewpoint, 53 *Tulane Law Review*, 1978(2).

[24] Lord Mustill, Ships are Different- or are they? *Lloyd's Maritime and Commercial Law Quarterly*, 1992(4).

[25] Mark A. White, The 1851 Shipowners' Limitation of Liability Act: Should the Courts Deliver the Final Blow, 24 *Northern Illinois University Law Review*, 2004(1).

[26] Muhammad M. Billah, Economic Analysis of Limitation of Shipowners' Liability, 19 *USF Maritime Law Journal*, 2006(1).

[27] O'Donnell Joyce Kittredge, Disaster off the Coast of Belgium: Capsized Ferry Renews Concerns over Limitation of Shipowner Liability, 10 *Suffolk Transnational Law Journal*, 1986(1).

[28] Patrick J. Bonner, Limitation of Liability: Should It Be Jettisoned after the Deepwater Horizon, 85 *Tulane Law Review*, 2011(1).

[29] Patrick J. Bonner, Maritime Law- Twelve Years into the Century, 26 *Australian & New Zealand Maritime Law Journal*, 2012(1).

[30] Paul D. Hardy, Michael A. Piscitelli, A Potential Death Knell for Limitation of Shipowner Liability, 20 *The Forum*, 1984(1).

[31] Robert S. Crowder, Is a LASH Lighter a Vessel for Purposes of Shipowner Limitation of Liability? 22 *Tulane Maritime Law Journal*, 1997(1).

[32] Serge Killingbeck, Limitation of Liability for Maritime Claims and Its Place in the Past Present and Future-How Can It Survive, 3 *Southern Cross University Law Review*, 1999(1).

[33] Thomas Michael, British Concepts of Limitation of Liability, 53 *Tulane Law Review*, 1978(2).

[34] Vincent J. Foley, Post-Deepwater Horizon: the Changing Landscape of Liability for Oil Pollution in the United States, 74 *Alabama Law Review*, 2010(2).

[35] Walter W. Eyer, Shipowners' Limitation of Liability: New Directions for an Old Doctrine, 16 *Stanford Law Review*, 1963(1).

[36] Woonings Kerryn, The Plot of Pilot: Pilotage and Limitation of Liability in Maritime Law, 24 *Australian & New Zealand Maritime Law Journal*, 2010(2).

后记

本书脱胎于吾之博论,复加增修而成。承蒙厦门大学出版社郑晓曦编辑和诸位专家悉心勘正,乃得梓行,于此拜谢。文中观点论证,虽竭虑求详,然舛漏之处,恐难尽免,尚祈诸读者斧正。值此付梓之际,忆及攻博旧事,历历在目,慨然命笔,聊志数载寒窗之迹。

鹭岛形胜,人杰地灵。更有百年名校卓然其上者,名曰厦大,有南方之强美誉也。放眼东南隅,学风于斯盛。校训曰:"自强不息,止于至善。"吾慕名而来,求学于此,倍感荣幸。羁旅之身,栖乎鹰园,吾学海商法,时睹环瀛,襟怀益广。

恩师宽宏,不以吾鄙陋,许吾随侍左右,托吾以重任,领吾同研学术。吾初入鹰园,才学尚浅,时有力不从心之感,望洋兴叹。恩师诲吾曰:"树高千尺,营养在其根,唯有夯实基础,方能触类旁通。"幸蒙恩师不弃,常为吾匡谬指正,诲吾不倦,此情铭于心,没齿不忘。得恩师力助,吾之学业渐臻佳境。恩师常有言曰:"研学之难,博士为最,必历万难始有所获,君等每学须至力尽可止。"此诚力行校训之所言也,吾读博四载,亦践行之,未敢忘却。恩师桃李遍及天下,严律之下,弟子尽皆成材,同门谢潇、池骋、子鉴、鹏鹏、建飞、静颖、阎语诸师兄师姐,皆为吾之楷模。

博士者,博学乃其一也,治学其本,旨在为人。故恩师博吾以文,约吾以礼,不惟于学予吾力助,为人亦身教之。恩师事务繁钜,然更重弟子品德,待人接物诸事,皆躬亲束之,无一遗漏。恩师常有言曰:"予非重己之得失,予之所求,弟子皆成材。"有师若此,诚三生之幸也。恩师为弟子奔忙,殚精竭虑,诸生感涕,不负所望,皆亲如手足,每见困窘,定协力互助。恩师之教诲,同门之互勉,吾学业可成之倚仗也,美山、新宇、伟强、张敏、陈亚、清姬、郑晔、燕婷、瑞锋、白羽、永灿、石丹、锦辉、金招、燕燕、小青、吴琦、大庞、程闽、彭凯、吴迪、纯静、冰玲、卓鲲、泽君、鑫慧、纪辉、元秀、骋伟、东平、灵慧、思颖诸师兄师姐,尝助吾、励吾、导吾,于此致谢。

学生学业之成,亦仰赖法学院诸恩师指点,民商法教研室蒋月老师、徐国栋老师、丁丽瑛老师、郑永宽老师、郑晓剑老师、夏雅丽老师,于每日之授课,于论题之择选,至论文之修缮,耳提面命,不胜感激。

师恩难忘,友情亦然。吾与诺兄尝为考博交锋,如今竟成挚友。每有所成同欢欣,偶有落魄共分忧,似诺兄般知我谅我者,屈指可数也。若无诺兄并肩,吾之学业恐难成。吾求学数载,平日亦幸得兄弟姊妹之关顾,铭感在心。徐婧、欣蕾、孙菁、虹宇、钟虎、美君、雪琪、嘉诚同吾尝尽学术之酸甜苦辣,得诸知己,幸甚幸甚。志勇、劲杨、杨光、瀛彪诸同窗,尝予吾强援,同窗情谊永铭于心。昊泽、新承、陈易、玥明、哲昊、乃容、玲玉、舒涵、霖琦、余悦、紫译、蕴卓诸师弟师妹,亦鼎力助吾,一并谢之。

家亲支持实为吾游学之后盾。自入大学,吾游学已届十载。鹭岛距桑梓区区四百里,然其间返乡不过三五次,实感愧疚。家严少语,然吾每有求,家父未尝不竭力解吾之难。家慈事繁,然吾若数日无甚音讯,必以温言嘘寒问暖。父母生吾、育吾、诲吾,其恩如山,无以为报,必当勤学,成济世之才,方不负父母殷殷期盼。

吾于此谢吾之伴侣,得君支持,论文方有其成。吾与伴侣识于鹰园,为学繁忙,罕有出游玩乐之时,深感负疚。所幸伴侣知吾伴吾,为吾分忧,吾得以安心研学。希冀日后携手共进,研学之余,领略天下美景。此外,宇兄、月姊于吾初至鹭岛,举目无亲之时,常延吾至其家,盛情款待,予吾温暖,深表感谢。

读博虽艰辛,亦有其乐,论文初刊印,观点得首肯,欣喜若狂。与志同道合者辩论学术之畅快,个中之妙,未历读博者万难会意。求学之途获师生之谊、兄弟之谊、友谊、爱情,皆吾一生之财富也。窃以为,读博者,历练也,莫论结果,坚持不懈,身心必历蜕变。皆云前路途非坦,吾携坚韧奋力行。

王沛锐
2025 年 5 月